ビギナーのための

新 航空貨物 100問100答

Daily Cargo編集部編

海事プレス社

本書の使い方

本書は航空貨物あるいは航空業界でポイントとなる基本的事項を100の質問に集約し、それぞれについて解説しています。これから航空貨物に携わる人、すでに関係している人にとっても、これだけは知っておきたい、という事項を網羅しています。

質問は内容によって四つのカテゴリー（「入門編」「初級編」「中級編」「応用編」）に整理して掲載しています。

巻頭資料（「一般的な国際航空貨物輸送の流れ」「空港の要素」）で、航空貨物輸送や空港のイメージを頭に入れて読み進めていただくと、より理解が深まります。

巻末には航空貨物に関わる統計、航空貨物に関連する企業、日本の空港、航空機への貨物搭載位置に関する図など、各種資料を掲載しています。航空貨物に関する知識をより深めるための資料として活用いただけます。

巻頭資料 一般的な国際航空貨物輸送の流れ 11
巻頭資料 空港の要素（成田国際空港の施設配置） 12

入門編

Q01 ライト兄弟から始まった!!▼▼航空輸送のルーツはどこにありますか？ 14
Q02 飛行機の原理▼▼飛行機はどうして空を飛べるのですか？ 16
Q03 エアカーゴの品目▼▼航空貨物ではどんなものが運ばれているのですか？ 18
Q04 航空貨物は経済成長に貢献▼▼世界でどのくらいの航空貨物が運ばれているのですか？ 20
Q05 エアカーゴ輸送の価格▼▼航空輸送は海上輸送に比べて値段が高いのですか？ 22
Q06 エアカーゴ輸送のスピード▼▼航空輸送だと翌日には貨物が到着するのですか？ 24
Q07 空港の要素▼▼空港にはたくさんの建物がありますね 26
Q08 航空貨物輸送に携わるプレーヤー▼▼どんな人が働いているのですか？ 28
Q09 飛行機の種類▼▼「B777」の「B」って何ですか？ 30
Q10 貨物専用機▼▼フレイターと旅客機はどう違うの？ 32
Q11 貨物の航空機搭載▼▼どういうふうに貨物を飛行機に載せるのですか？ 34

もくじ

Q12 航空業界のスケジュール▼▼夏・冬があり、春・秋はないの？ 36
Q13 フライトスケジュールの読み方▼▼「デイ・スリー」ってどういう意味ですか？ 38
Q14 飛行機の出発時刻▼▼時刻表通りに飛び立つことはあまりないですよね？ 40
Q15 航空会社の短縮コード▼▼2文字と3文字がありますが、どう違うの？ 42
Q16 空港の短縮コード▼▼航空券に書かれた空港名が暗号のようで分かりませんでした！ 44
Q17 TC1・TC2・TC3▼▼世界が大きく三つに分けられていると聞きましたが？ 46
Q18 航空貨物運送状（AWB）▼▼AWBには何を書けばいいの？ 48
Q19 航空会社のオペレーション▼▼飛行機に貨物を載せるだけではないのですか？ 50
Q20 フォワーダーの業務▼▼航空輸送でのフォワーダーの役割は何ですか？ 52
Q21 国際宅配・エクスプレス／郵便▼▼もっと手軽に国際輸送できる手段はないですか？ 54
Q22 空港の種類▼▼「空港」と「飛行場」に違いはあるの？ 56
Q23 日本一の港!?▼▼成田空港が日本で最大の貿易港って本当ですか？ 58
Q24 航空会社の貨物輸送ランキング▼▼世界一の貨物輸送航空会社はどこですか？ 60
Q25 空港貨物ランキング▼▼世界で一番貨物を取り扱っている空港はどこですか？ 62

初級編

Q26 上屋とは▼▼何と読むのでしょうか？ 64
Q27 コンテナ・パレットの種類▼▼ULDって何ですか？ 66
Q28 地上支援機材（GSE）▼▼航空機の周りのさまざまな車両は何をしているのですか？ 68
Q29 ペイロードとACL▼▼貨物はどのくらい搭載できるのですか？ 70
Q30 航空会社のビジネスモデル▼▼旅客や貨物の輸送などさまざまですね 72
Q31 航空輸送の形態▼▼定期便と臨時便、チャーター便は何が違うの？ 74
Q32 トランジット▼▼〝カリリク〟って何ですか？ 76
Q33 ハブ空港の仕組み▼▼ハブ・アンド・スポークとはどういうことですか？ 78
Q34 テクニカルランディング▼▼どうしてテクランが必要なのですか？ 80
Q35 オンライン／オフラインの意味▼▼全ての航空会社が乗り入れているわけではないのですか？ 82
Q36 ロードフィーダーサービスの役割▼▼トラックで運んでも航空輸送なのですか？ 84

もくじ

Q37 世界の窓口CIQ▼▼貨物の「入国審査」は誰が担当しているの？ 86
Q38 関税▼▼関税はどうして支払う必要があるのですか？ 88
Q39 通関▼▼誰が、どうやって行っているのですか？ 90
Q40 保税蔵置場▼▼輸出貨物や輸入貨物の置き場所は決められているそうですね？ 92
Q41 レディ・フォー・キャリッジ▼▼貨物発送時にどのような作業が必要ですか？ 94
Q42 航空貨物の梱包▼▼誰に梱包の責任があるのですか？ 96
Q43 危険物の対象拡大▼▼電池が危ないと言われますがなぜですか？ 98
Q44 貿易の基本インコタームズ▼▼FOB、C&F、CIFってよく聞きますが？ 100
Q45 航空貨物運送約款▼▼運送約款に書かれている内容とその効力は？ 102
Q46 他法令関係の内容▼▼よく他法令関係といいますが、いったいどんな関係ですか？ 104
Q47 国際民間航空機関（ICAO）▼▼ICAOは何をしているところですか？ 106
Q48 国際航空運送協会（IATA）▼▼IATAの仕事とは何ですか？ 108
Q49 国際宅配便の強み▼▼航空混載貨物サービスとどう違うのですか？ 110
Q50 国内航空貨物の特徴▼▼国際航空貨物輸送とは何が違うのでしょうか？ 112

中級編

Q51 民間航空運航の基本ルール▼▼どこにでも旅客や貨物を輸送できるのですか? —— 114
Q52 共同で運ぶコードシェア▼▼二つの航空会社の便名が一緒に付いている場合がありますが? —— 116
Q53 航空会社のアライアンス▼▼まとまることによってどんなメリットがあるのですか? —— 118
Q54 航空会社のインターライン▼▼自社便が飛んでいない地点へも貨物を運べるそうですね? —— 120
Q55 オープンスカイの役割▼▼開かれた空って何ですか? —— 122
Q56 夜間飛行制限時間▼▼カーフューという言葉を耳にしますが —— 124
Q57 空港の利用料金▼▼日本の空港の着陸料は高いといわれますが? —— 126
Q58 航空会社上屋の役割▼▼どこからどこまでが上屋の仕事なのですか? —— 128
Q59 空港での無料保管期間▼▼到着後の貨物は無料で保管してもらえるのですか? —— 130
Q60 フォワーダーの空港外施設▼▼自分たちで倉庫拠点を持つメリットは何ですか? —— 132
Q61 インタクト輸送▼▼インタクトのメリットとは何ですか? —— 134

Q62 **航空運賃の仕組み**▼▼料金表のようなものがあると聞きました 136
Q63 **混載運賃と荷主の支払い**▼▼直接、航空会社に依頼した方が安いのでは？ 138
Q64 **実勢運賃**▼▼フォワーダーはどうやって運賃を決めているの？ 140
Q65 **燃油サーチャージ**▼▼燃油価格が上がると航空運賃も上がるのですか？ 142
Q66 **航空会社の高付加価値サービス**▼▼いつもより気を付けて運んで欲しいのですが… 144
Q67 **イールドの重要性**▼▼統計用語のトンキロとは何を指す単位でしょうか？ 146
Q68 **貨物輸送保険の役割**▼▼紛失・盗難などのリスクが怖いです 148
Q69 **信用状（L／C）**▼▼支払いを保証してくれるような仕組みってあるの？ 150
Q70 **航空貨物関連の統計**▼▼日本には何万トンの貨物が出入りしていますか？ 152
Q71 **航空貨物関連の法律**▼▼航空事業に関係する法律にはどんなものがありますか？ 154
Q72 **世界に通じる国際航空貨物取扱士**▼▼なぜディプロマホルダーが必要なのですか？ 156
Q73 **航空貨物書類の電子化**▼▼手書きだと、間違えたときに書き直すのが面倒です 158
Q74 **航空貨物運賃精算のCASS**▼▼精算の仕組みと役割はどうなっているの？ 160
Q75 **通関情報処理システムのNACCS**▼▼航空貨物の通関はIT化されていると聞きました 162

応用編

Q76 ロジスティクスとは何か▼▼人によって意味が違うので困惑しています　164
Q77 3PL／4PL／LLP▼▼物流企業の呼び方が良く分かりません！　166
Q78 フォワーダーの変革▼▼ロジスティクス4・0って何ですか？　168
Q79 eコマースの航空輸送▼▼越境ECで航空輸送が多く使われていると聞きました　170
Q80 成田国際空港の拡張▼▼将来、3本目の滑走路ができるのですか？　172
Q81 羽田空港の国際貨物ターミナル▼▼最近、急激に取扱量が伸びているのですか？　174
Q82 羽田空港の国際線▼▼ネットワーク拡大が続いているようですね　176
Q83 関西国際空港の現在、未来▼▼先進的な貨物施策を打ち出していると聞きます　178
Q84 日本一のモノづくり圏のゲートウエー▼▼中部国際空港はどのように活用されていますか？　180
Q85 地方空港の国際貨物量▼▼新千歳からの航空輸出が増えているのですか？　182
Q86 し烈な空港間ゲートウエー競争▼▼海外主要空港で機能拡張が進んでいるようですね？　184

もくじ

Q87 **AEO制度**▼▼取得するとどのようなメリットがあるのでしょうか？ 186
Q88 **申告官署の自由化**▼▼輸出入申告がどこからでもできるようになったと聞きました 188
Q89 **米国向け航空貨物の搭載前報告**▼▼貨物情報を間違えて送信したらどうなるのですか？ 190
Q90 **航空貨物の事前報告制度の拡充**▼▼日本に輸入する貨物にも詳細な報告を求めるのですか？ 192
Q91 **KS/RA制度**▼▼航空機への搭載は、爆発物検査が必要と聞きました 194
Q92 **モントリオール条約/モントリオール第四議定書**▼▼加盟国が増えているそうですね？ 196
Q93 **経済/貿易協定**▼▼EPA、FTAとは何ですか？ どんな違いがあるの？ 198
Q94 **世界の貿易関連機関**▼▼WCO、WTOって何ですか？ 200
Q95 **首都圏空港の貨物搬入体制**▼▼羽田から出発する貨物を成田に持ち込んでいるのですか？ 202
Q96 **地方空港の国際貨物推進策**▼▼地域活性化に航空貨物が貢献しているのですか？ 204
Q97 **多発する自然災害**▼▼BCPとは何ですか？ 206
Q98 **航空業界の環境問題**▼▼排出権取引が導入されるそうですね？ 208
Q99 **ワンレコード**▼▼将来、書類でのやり取りはなくなりますか？ 210
Q100 **エアカーゴのイノベーション**▼▼空港や航空分野はどう変わっていくのでしょう？ 212

統計・資料編

資料① 日本発着の国際航空貨物取扱量の推移 214
資料② 日本発着の航空貨物貿易額の推移 214
資料③ 2018年の航空貨物貿易額の地域別内訳 215
資料④ 2018年の航空貨物貿易額の主要品別内訳 215
資料⑤ 輸出航空混載(利用運送)貨物実績の推移 216
資料⑥ 輸入航空貨物実績の推移 216
資料⑦ 2018年の輸出航空混載(利用運送)貨物実績の仕向地別内訳 217
資料⑧ 主な邦人定期航空会社と日本乗り入れ外国定期航空会社一覧 218
資料⑨ 航空貨物運送協会(JAFA)会員企業一覧(正会員、準会員) 220
資料⑩ 国際航空貨物航空会社委員会(BIAC)会員企業一覧 222
資料⑪ 日本の空港一覧(ヘリポート・非公共用飛行場を除く) 222
資料⑫ 主要貨物機の搭載レイアウト例 223

一般的な国際航空貨物輸送の流れ

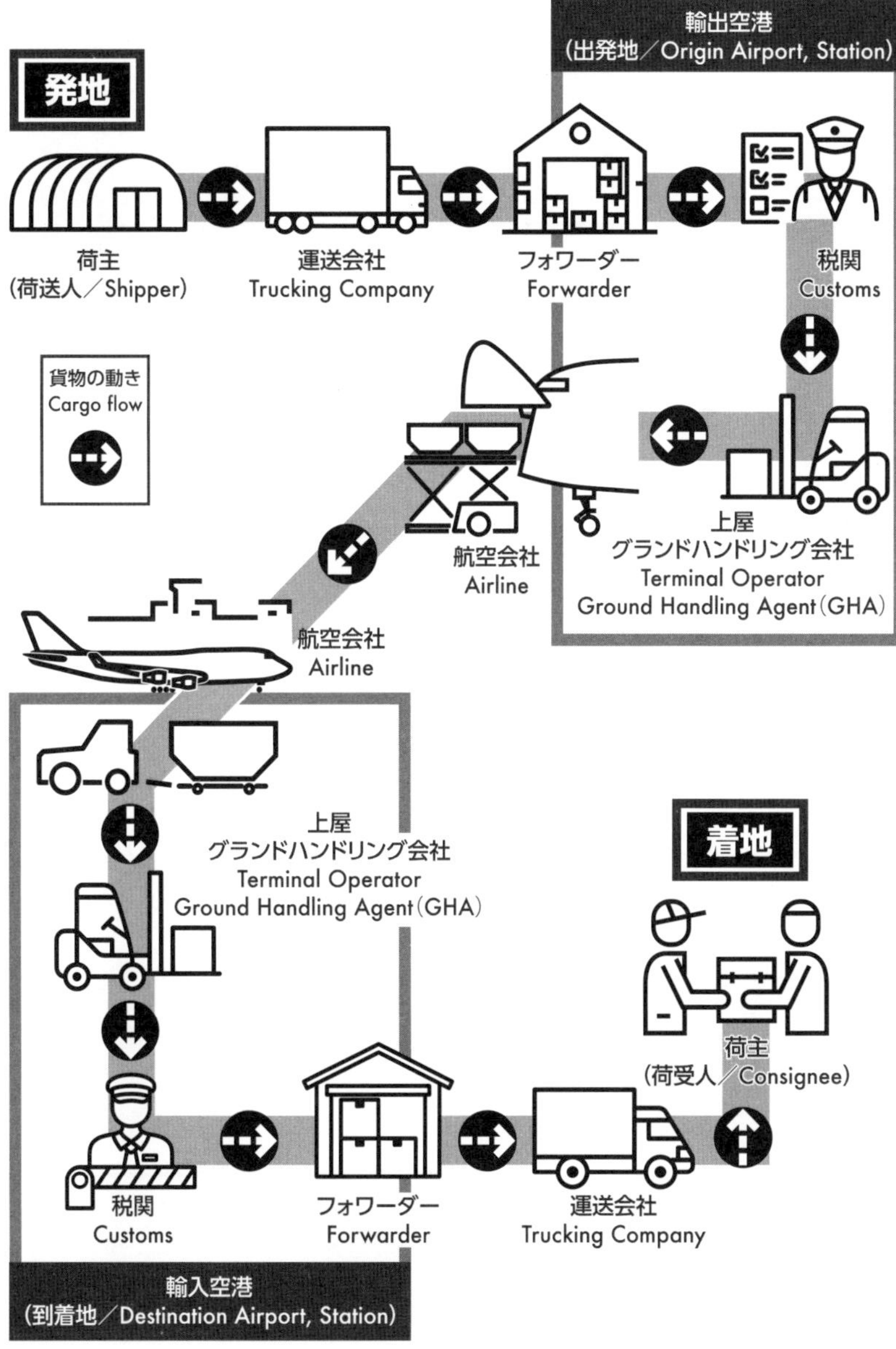

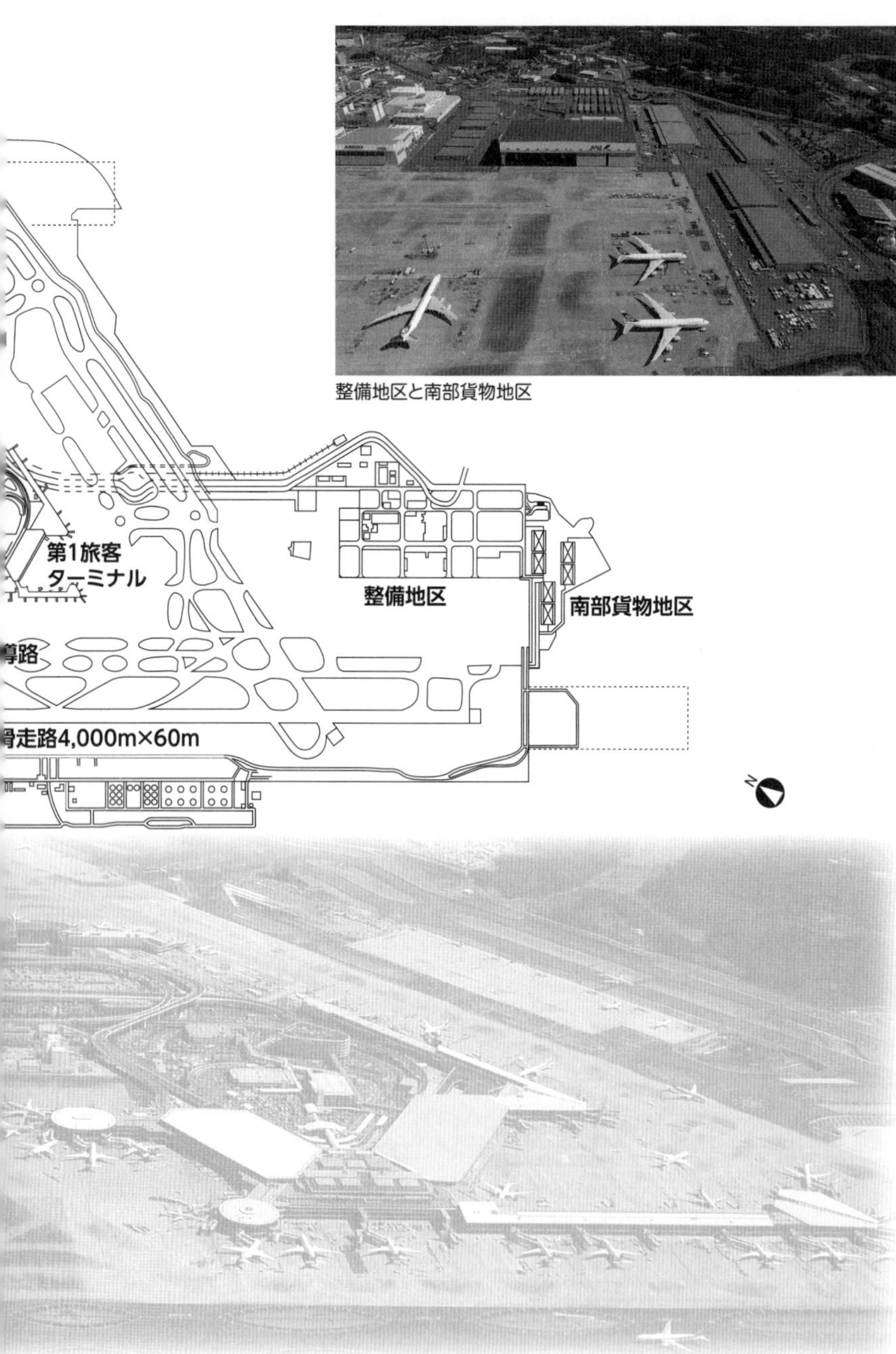

整備地区と南部貨物地区

空港の要素（➡ Q07〈26 ページ〉）

成田国際空港の施設配置

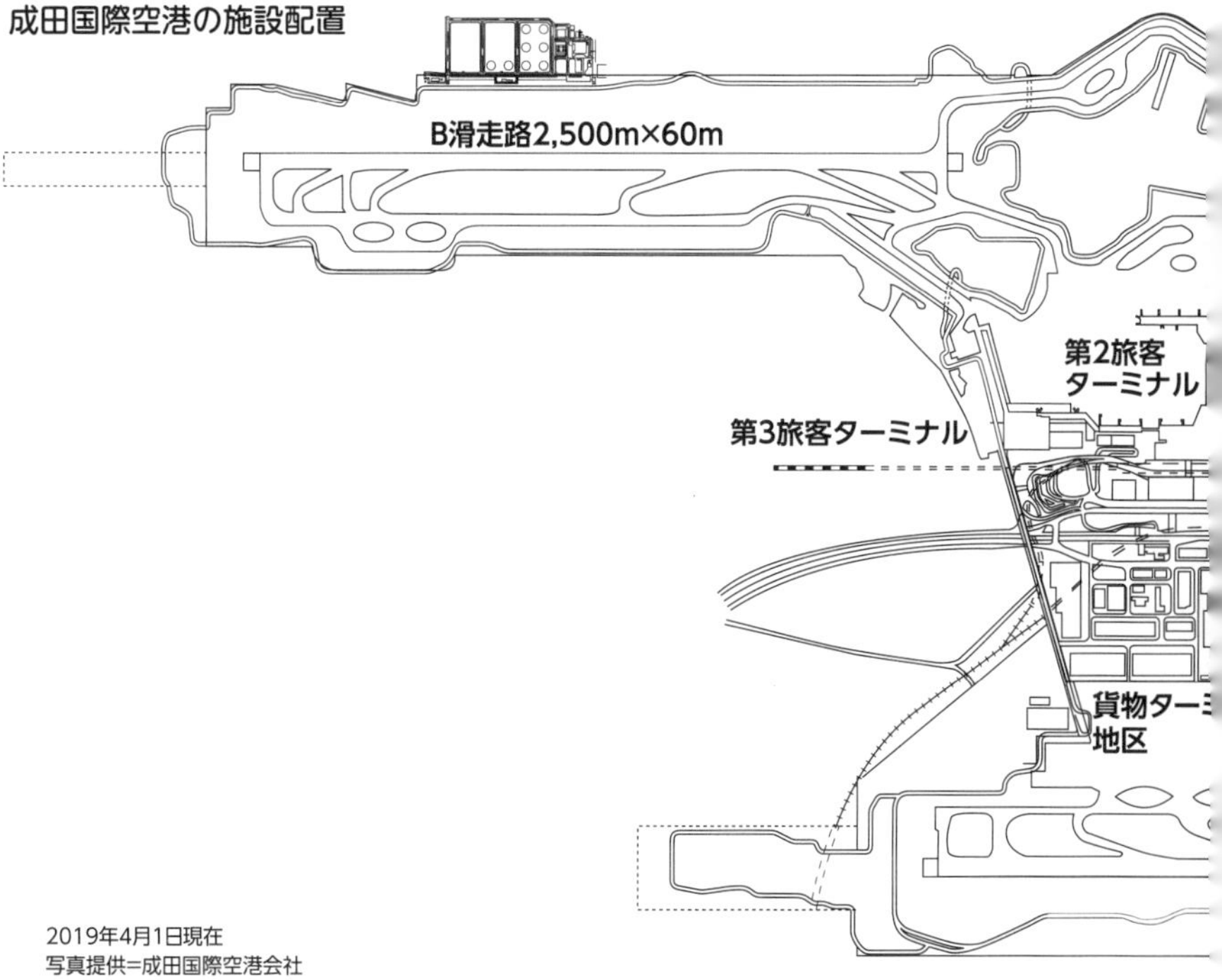

B滑走路2,500m×60m

第2旅客
ターミナル

第3旅客ターミナル

貨物ターミ
地区

2019年4月1日現在
写真提供=成田国際空港会社
成田国際空港振興協会資料を基に作成

貨物ターミナル地区

入門編

Question 01

航空輸送のルーツはどこにありますか?

ライト兄弟から始まった!!

かの有名なアメリカのライト兄弟が世界で最初の動力飛行に成功したのは1903年12月17日の朝でした。これが航空史の始まりです。兄のウィルバーと弟のオービルは、ノースカロライナ州キティホークにある海岸の砂丘キル・デビル・ヒルズで、距離にして約36・6メートルの飛行に成功しました。飛行機は自作エンジンを搭載した、主翼が2枚の複葉機「フライヤー号」でした。

1908年にはバージニア州で公開飛行が行われ、フランス・パリでの公開後、ドイツでも生産が開始され世界に広まっていきました。当時、飛行機開発は各国で行われていました。ライト兄弟の成功は世界を刺激し、その後の数年間でより優れた飛行機が開発され、飛行大会なども行われるようになりました。1909年にはフランスのルイ・ブレリオによる、主翼が1枚の単葉機「ブレリオXI号」が、イギリスと欧州大陸をつなぐドーバー海峡横断飛行に成功しました。大きな主翼が一つで、見た目は現在の航空機にだいぶ近づいています。

最初の航空貨物輸送は諸説ありますが、1910年11月に米オハイオ州のデイトン郊外から

9月20日の「空の日」は、1940年に始まった「航空日」が起源です。当時は9月28日でした。その後戦争による中断はありましたが、1958年に9月20日開催で復活し、民間航空再開40周年に当たった1992年から「空の日」となりました。

1903年12月17日のライト兄弟の初飛行の模様

コロンバスに向け、布地を輸送したのが最古のようです。１９０３年に初飛行に成功したモデルを改良した「ライトB型」によるもので、距離にしておよそ65マイル（約１０５キロ）を71分で結んだといいます。貨物輸送のための飛行としては、１９１１年７月に英国内で電灯を1ケース空輸したのが始まりとされる説が多いです。同年にはインド、イタリアで航空郵便輸送が行われたという記録も見られます。

「フライヤー号」の頃、飛行機の素材はエンジン以外は布と木製でしたが、徐々に金属が採用されるようになり、エンジンはピストン式（レシプロエンジン）からジェットエンジンに変わっていきます。**１９４９年７月には、英国製コメットが民間ジェット旅客機として初飛行を遂げ、ジェットエンジンの時代に突入しました。**１９５７年末にボーイング７０７型機、翌年5月にダグラス・エアクラフトのＤＣ8型機が初飛行に成功しています。

Memo

日本における初動力飛行は、1910（明治43）年12月19日、フランス製のアンリ・ファルマン複葉機に乗り込み、東京の代々木練兵場で飛行した徳川好敏大尉であるとされています。同じ日に日野熊蔵大尉もドイツ製のグラーデ単葉機で飛行しています。

Question 02

飛行機の原理

飛行機はどうして空を飛べるのですか？

飛行機には「揚力」を作り出す工夫がしてあるからです。「揚力」とは、ものを持ち上げる力のことです。飛行機を前へ押しやる力、つまり「推力」を人工的に発生させて空気の流れを作り出し、その空気の流れに翼の形状を利用した変化を加えることで「揚力」が生み出されます。

前へ押しやる力は、翼の下にあるジェットエンジンまたはプロペラが作り出します。ジェットエンジンの場合ですと、エンジン内部にあるファンブレードの回転によって空気をエンジンに吸い込み、そして後方に吐き出します。この猛烈な勢いが飛行機を前面に押し出すわけです。これにより、飛行機の周辺に空気の流れが生まれます。

次に、翼の形状が空気の流れに変化を生じさせます。翼の断面をよく見ると、上部に膨らみを持たせてあります。この膨らみが、空気の流れに変化を生じさせるポイントです。

空気が翼に触れると、空気の流れは翼の上と下に分かれます。2本の流れは翼の後部で再び合流しようとします。膨らみを持った翼の上面は、下面よりも表面の距離が長いので、翼後部で合流するためには、上面側を走る空気の流れのスピードが速くないとうまく合流できません。

けです。ただ、このプロペラが回転すると、回転とは逆の方向に機体を回転させようとする力が働きます。後部にあるプロペラがこの力を押さえ付けるとともに、ヘリコプターを前進させる推力の役割、そして方向変換の役割も担っています。

こうした過程を通じて空気に変化が生じます。翼上面の気圧が低くなり、翼を押さえ付ける力が下面からくる力よりも弱くなります。逆に言うと、下面からくる力がより強くなります。これがものを持ち上げる力、つまり「揚力」を生むわけです。

しかし、飛行機はとても重いので、この揚力もそれなりに強くなければ飛行機が持ち上がりません。例えば翼の面積が500平方メートル（500万平方センチメートル）、重量が500トン（5億グラム）の飛行機を浮かすためには、翼の面積1平方センチメートル当たり約100グラム以上の揚力（差圧）を生じさせることが必要です。計算式に表すと、5億グラム÷500万平方センチメートルとなります。より大きな揚力を作り出すには、より大きな差圧が必要です。この差圧を生み出すために、飛行機はあんなに速いスピードを出して滑走路を疾走しているのです。

ただし、これらはあくまでも理論的なことです。飛行機が安全に飛ぶために、何度も厳しい飛行試験が繰り返されているのです。

揚力を作り出す原理

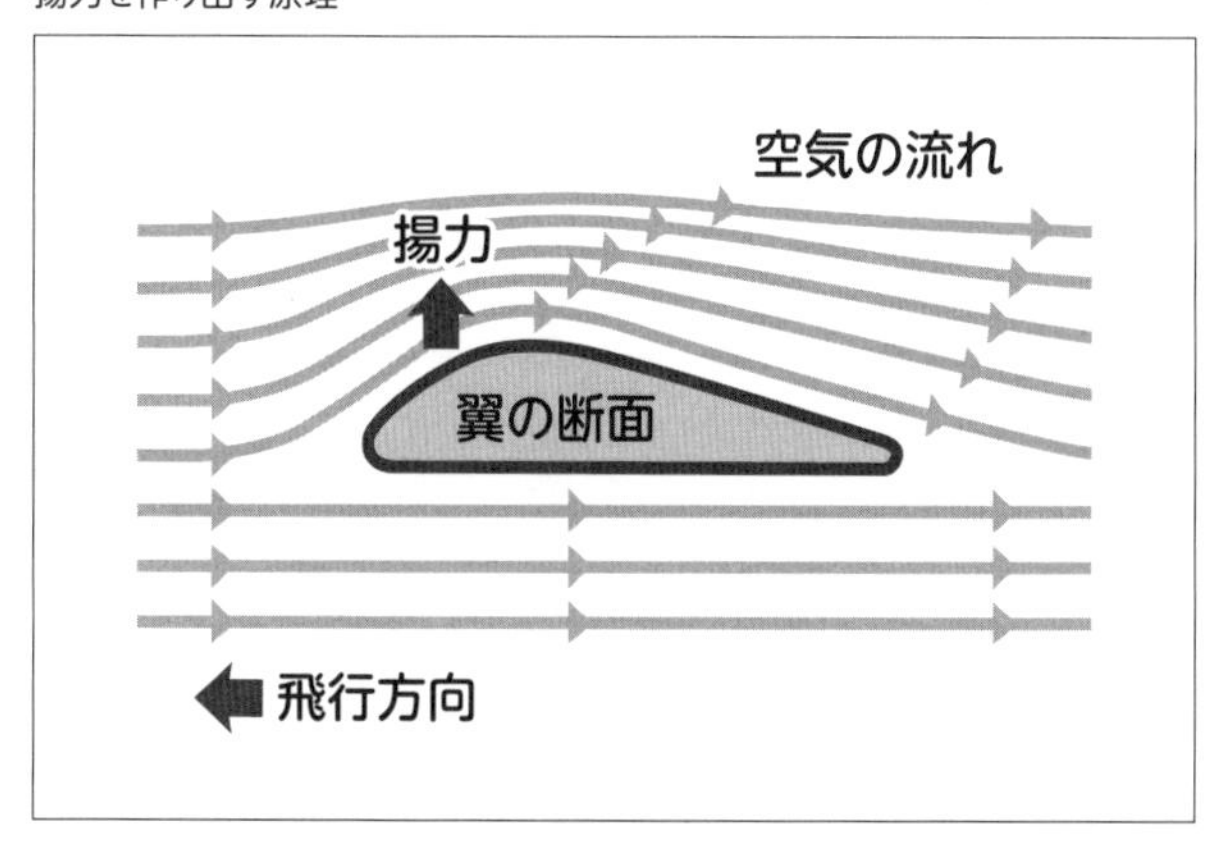

Memo

ヘリコプターはどうして飛ぶことができるのでしょうか。基本的には飛行機と同じ原理です。一番大きなプロペラが、飛行機でいう翼の役割を果たしています。プロペラが高速で回転して、空気の流れを作り出し、飛行機と同じように揚力を生み出すわ

Question 03

エアカーゴの品目

航空貨物ではどんなものが運ばれているのですか？

貨物室に収まるものであれば、何でも運んでいると言ってもいいでしょう。

航空輸送の特徴は、何といってもそのスピードにあります。スピードが要求される高額なものが、航空機で多く運ばれています。

代表的なものでは、スマートフォンなどの電子機器や自動車、建機、産業機械とそれらの部品などが多く運ばれています。工場が世界中に展開している現在、海外から「すぐに部品を届けてほしい」と言われたら、短期間・短時間で輸送しなければなりません。２０１１年３月の福島第一原子力発電所の事故に伴う節電・電力・原発対策として、発電機用タービンなどの大型機械がチャーター便で輸入されました。また、２０１５年２、３月には成田国際空港や中部国際空港から北米向けに大型の貨物専用機を使ったチャーター便・臨時便が４００便ほど運航されました。原因は北米西岸港湾の荷役作業が遅延し、通常は海上輸送されている自動車関連部品を緊急輸送する必要があったからです。

最近はインターネットの世界的な普及によりオンライン取引が活発化し、さまざまな商品・

高品質な農水産物を求める海外の需要は底堅いものがあるようです。鮮度維持のために鮮魚や牛肉、また品質確保という観点も含めて、モモ、ブドウなどがよく航空輸送されています。航空輸送が地方活性化にもつながっているのです。

2011年には中部国際空港に大型貨物機でガスタービン発電機などが続々と到着した

製品が航空で輸送されています。ネット通販などのeコマース（電子商取引、EC）が国を超えて行われる「越境EC」も盛んです。皆さんも海外から商品を買う機会があると思いますが、高級ブランド品やサプリメント、化粧品などが日本にどんどん航空で輸入され、日本製品は中国やアジアなどへ航空輸出されています。メーカー同士やメーカーと販売店などの企業間の取引をB to B（Business To Business）と言いますが、企業と消費者が直接取引するB to C（Business To Consumer）が増えているのです。

航空輸送ではほかに、本マグロ、サーモンといった生鮮魚介類、野菜、果物、医薬品、治験薬、バイオ製品も多く運ばれています。ブランドのバッグや靴、ファストファッションもあります。衣料品は生鮮品と同じく、鮮度が重要と指摘されるほどです。季節ものとしては、フランスが原産のワイン、ボジョレ・ヌーボーが有名です。またF1（フォーミュラ・ワン）など、世界を転戦するレーシングカー、美術展、コンサートのイベント関連用具もよく航空輸送されます。パンダやイルカなどの大型動物や、馬などの畜産業に供される動物、ニシキゴイなども輸送されます。特に高度なノウハウが必要とされます。

Memo

日本政府は農水産物・食品の輸出拡大を打ち出しています。年間輸出額1兆円を目指し、2019年10月には「農林水産物・食品輸出本部」も新設されました。原発事故の影響もあり、一時は大きく減少しましたが、新興国での富裕層が増える中、日本の

Question 04 世界でどのくらいの航空貨物が運ばれているのですか？

航空貨物は経済成長に貢献

国際民間航空機関（ICAO）によると、**2018年の世界の定期航空貨物量は約5800万トンでした。この数字を聞いてもあまりピンときませんが、大型の貨物専用機1機で運べる重量は100トンくらい。昨年は大型の飛行機58万機分の貨物が運ばれたと考えると、途方もない規模だということは分かるでしょう。**航空貨物の輸送量は、重量と輸送距離を掛けた「貨物トンキロメートル」で見ることが多く、同年は世界で約2300億トンキロメートル超が運ばれました。

航空貨物輸送はかつて、経済動向の先行指標と呼ばれていました。景気が良くなる前に航空貨物量が増加したり、不況に入る数カ月前に航空貨物量が少なくなることが多かったからです。例えば、景気が良くなり出すと消費需要の高まりを見込み、メーカーが増産に取り組みます。いち早く製品・商品を市場に投入するため、航空輸送を使わざるを得ませんでした。一方、景気停滞の気配が見えだすと、航空輸送の利用が減少しました。航空輸送を見ていると、経済活動の微妙な上振れ、下振れに敏感に反応して、最初に動くことが多いのです。これが、航空輸

計算に入れた場合、2037年までに2650機が新たに市場投入されます。内訳は、退役旅客機の貨物改造型が1670機、新造フレイターが980機とのこと。今後の貨物量の伸びに応じて、さらに多くのフレイターが必要になると見込んでいます。

送は他の統計に先駆けた経済の先行指標といわれてきたゆえんです。ただ現在は生産、調達、販売といったサプライチェーンの高度化が進み、例えばターゲット市場において、部材調達、生産、販売まで行うケースが増えています。そのため、航空輸送を単純に経済動向の先行指標とすることは難しくなっています。

世界の航空貨物量は2037年まで年率4.2%の成長が見込まれている

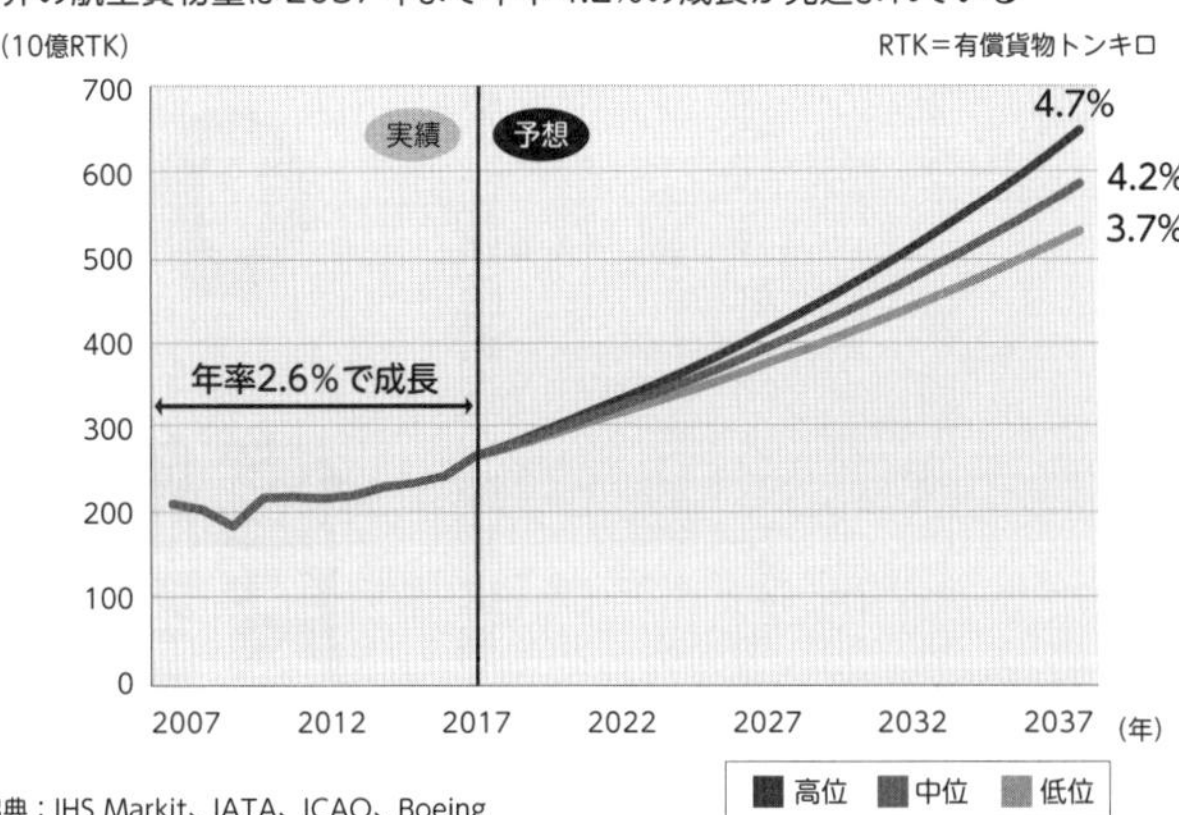

出典：IHS Markit、IATA、ICAO、Boeing

しかし、世界の航空貨物量はグラフのように伸び続けており、航空輸送が世界経済の成長に果たす役割は依然として大きいままです。最新の技術に関わる貨物や高額な商品、鮮度・品質が問われる貨物などに加え、近年は国をまたいだインターネット通販の需要も高まるなど、貨物をすばやく確実に届けたいというニーズは衰える気配がありません。ボーイングによると、世界市場における２０３７年までの航空貨物量（トンキロメートル）は年平均４・２％の伸び率を予測しています。大きな伸びが期待される路線としては、東アジアー北米間、欧州ー東アジア間で４・７％ずつ、アジア域内で５・８％、中国国内で６・３％など、アジア地域を中心にまだまだ貨物量の伸びが期待されています。

Memo

ボーイングの2018年の発表によると、2017年の世界の貨物専用機（フレイター）の総数は1870機。これが2037年には3260機に増えると予測しています。長く利用されてきたフレイターは最新型機や代替機に切り替えていく必要があります。これを

Question 05

エアカーゴ輸送の価格

航空輸送は海上輸送に比べて値段が高いのですか？

一般的に航空輸送の運賃は海上輸送に比べ、およそ7倍になるといわれています。

運賃自体は航空会社が、燃油、人件費、空港の施設費・ハンドリング費用などの社内コストやマーケット動向、営業戦略により決定します。正規運賃以外に、外部要因によって航空会社だけでは負担できないコストを利用者から徴収するサーチャージもあります。燃油の市場価格動向に応じて適用される燃料特別付加運賃（燃油サーチャージ）や、貨物の検査などにかかる費用、人手が増えたことで導入されたセキュリティーサーチャージなど、昔と比べると追加料金も増える傾向にあります。

ただし輸送するものによっては、決して航空輸送が高いとは言えません。例えば日本から米国に貨物を輸送する場合、海上輸送では東京港から西海岸のロングビーチ港まで9日間かかります。一方で、航空輸送では成田空港からロサンゼルス空港まで9時間、ニューヨークにあるジョン・F・ケネディ空港でも12時間で到着します。

海上輸送なら何日も在庫の扱いになってしまいますが、スマートフォンなどの高価で人気のあ

ています。下関ー釜山を結ぶ高速フェリーの航海時間は約12時間。出港翌日に相手国の顧客に貨物を届けられる場合もあります。航空輸送は、特に近距離ではスピード面以外の強みを打ち出していく必要があります。

る商品は航空輸送で運べばすぐに売り場に並べて現金化できます。流行の衣類や雑貨、果物や野菜などの生鮮食品のように、時間が経つほど商品としての価値が下がってしまうものも、単純に運賃だけを見て高い、安いと判断することはできない商材です。

航空輸送は、海上輸送に比べ輸送中の振動が少なく、貨物の破損が少ないのも大きな特徴です。半導体製造装置や医療機器など高価で振動や衝撃に弱い貨物は、航空輸送で運ぶケースが多く見られます。事故率も低いため、貨物保険料も安く済むといわれています。

荷主の戦略により航空貨物輸送の価値は変わる

航空輸送で運ばれるものは、時代ごとの人気商品や先端技術に関わるものが多く、今後も特徴のある輸送手段として重宝されるでしょう。一方で、貨物の輸送ニーズは多様化しており、インフラの整備や技術革新により選べる輸送手段も増えています。同じ航空輸送でも、ある程度時間がかかってもいいので、そのぶん安くて時間通りに届けてくれるサービスを利用したいという要望も増えています。「航空輸送でなければ運べない」というケースが減る中、航空会社などにはこうしたさまざまなニーズに応える努力が求められています。

Memo

航空輸送の代替手段としては、日本と韓国、中国などの間で高速フェリーの存在感が高まっています。「海上輸送より早く、航空輸送より安く」のキャッチフレーズで航空・海上の中間サービスを標榜し、特に航空輸送の利用客に価格面での優位性を訴求し

Question
06

エアカーゴ輸送のスピード

航空輸送だと翌日には貨物が到着するのですか?

翌日といわず、同日に到着する高速輸送サービスも行われています。現在、日本の生鮮品・食品を世界に積極的に輸出する取り組みが進められています。**日本のおいしい鮮魚の場合、早朝に市場で競り落とされた後、早朝便で香港に輸送し、同日の夕方にはレストランに並ぶというケースもあるのです。**

時差の関係もありますが航空輸送を利用すれば、ほぼ世界中、翌日には到着するといえます。日本を起点に考えた場合、成田空港からニューヨーク、ロンドンやアムステルダムなど、欧米の主要都市までのフライト時間は10時間ほどです。あくまで空港と空港の間の話ですが、翌日には到着します。ただし、貨物をまとめて混載を組んだり、空港で貨物取り扱いに必要とする時間や通関手続きなどを考えると、翌日までに最終仕向地に届けるのは難しいケースもあります。

スピードアップに向け航空会社は、例えば空港で優先的に貨物を取り扱う「プライオリティー商品」の販売にも力を入れています。具体的には、空港内の航空会社の上屋でフライト直前まで輸出貨物を直接受け入れる体制を準備しているケースがあります。この場合、他の物流業者の

者は速さよりも必ず到着するという信頼性や、到着時間の正確さにより期待しているとのことです。IATAでは「輸送時間の短縮にばかりこだわるのをやめ、信頼性で差別化を図ろう」と呼びかけています。

施設を経由しないこともあり、メーカーはフライト直前まで工場で生産を行い出荷することが可能になります。また、輸送・保管という物流トータルにかかる時間が短くなるため、輸送途上を含めた製品在庫の圧縮にもつながります。

ドア・ツー・ドアでサービスを提供するエクスプレス会社（インテグレーター）は、貨物の集荷から空港間の輸送、到着した空港から最終仕向地までの配送を一括して手掛けることで、より輸送時間を短くしています。例えば東京や大阪、名古屋などの大都市圏で夕方までに集荷した貨物は、当日夜のフライトに搭載し、翌日早朝には目的地の空港まで到着させることもできます。

航空機の運航性能の向上に加え、コンピューター制御の荷役機械やラックシステムを活用することで作業効率もアップしています。EDI（電子データ交換）による通関情報処理や事前通関制度などを通じ、主要国での通関業務のスピードも早くなりました。航空機の性能向上に加え、空港内の貨物処理時間を短縮していくことで、近い将来、世界中どこでも翌日には受取人の手元に貨物を届けられる時代が来るかもしれませんね。

航空貨物輸送は世界経済の成長を支えている

Memo

国際航空運送協会（IATA）の調査によれば、航空輸送にかかる総輸送時間は平均138時間（6日弱）で、このうち飛行中など航空会社の管理下にあるのは44時間。これはあらゆる輸送手段の中で最速ですが、IATAの調査によれば航空輸送の利用

Question 07 空港にはたくさんの建物がありますね

空港の要素

空港はさまざまな施設、機能で成り立っています。飛行機が発着する滑走路、飛行機が駐機するエプロン（スポット）、飛行機の発着を誘導する管制塔、旅客が飛行機に搭乗したり飛行機から降りた時に使う旅客ターミナルビルなどが、すぐに思いつきます。

普段、空港を利用する際にはあまり見かけないかもしれませんが、**もちろん貨物地区もあります。貨物地区には、上屋という航空貨物を取り扱う施設が整備されています。貨物を積み込むコンテナを保管する場所もあります。**

航空機が旅客ターミナルや貨物地区を離れて滑走路に向かうまでは、誘導路（タクシーウェイ）を利用します。規模が大きい空港、混雑している空港の場合、滑走路に向かうまでに渋滞が発生する場合もあります。滑走路の長さはさまざまですが、長いほど大きな飛行機が離陸できることになります。日本最大の国際空港である成田空港の滑走路は、A滑走路が4000メートル、B滑走路が2500メートルです。仮にA滑走路を端から端まで歩くと1時間ほどかかります。

飛行機の整備を行う格納庫（ハンガー）、航空機の発着や運航に際して必要となる電波を取り

する経営手法を取る空港も見受けられます。多くの航空会社を誘致して、より多くの旅客が飲食店や土産物店を利用することで、さらに収益が拡大するという好循環を目指しています。

扱う航空保安施設もあります。給油あるいは燃料を備蓄する施設も空港には必要です。非常時対応のための警察、消防といった機関もあります。国際空港であれば、税関（Customs）、出入国管理（Immigration）、検疫（Quarantine）があり、これらは頭文字をとって「CIQ」といった呼ばれ方もされます。旅客の移動のためのバスターミナル、タクシー乗り場、駐車場も空港の重要な施設と言えます。

空港によっては、旅客ターミナルビルや貨物地区が複数あります。例えば羽田空港は、旅客ターミナルビルが国内線2棟、国際線1棟、貨物地区が国内線、国際線それぞれにあります。成田国際空港は旅客ターミナルビルが3棟、貨物地区は大きく分けて2カ所（北部・南部）あります。成田空港の旅客ターミナルビルのうちの1棟は、低コスト運航を追求しているローコストキャリア（LCC）の利用を目的に整備されました。

関西国際空港や中部国際空港といった海上空港には、空港と対岸を結ぶ連絡橋があります。直接的な空港の施設ではありませんが、空港を利用するために必要不可欠な施設です。

空港はさまざまな施設で構成されている（写真は成田空港）

Memo

旅客ターミナルビルには飲食店や土産物店、薬局、国際空港であれば免税店もあります。空港の運営会社や旅客ターミナルビル会社は、こうした店舗での販売も大きな収入源となります。物販・飲食で多くの収益を確保して着陸料低減などの原資と

Question 08 どんな人が働いているのですか？

航空貨物輸送に携わるプレーヤー

航空貨物輸送のプレーヤーには、まずは貨物を出荷する人（企業）、貨物を受け取る人（企業）がいます。出荷する人をシッパー（Shipper）、受け取る人をコンサイニー（Consignee）という言い方もします。シッパーからコンサイニーまでの貨物輸送をいかに効率的に行うのかという点が、航空貨物輸送に携わる事業者にとって腕の見せどころです。

航空貨物輸送に携わる事業者は貨物利用運送、陸上輸送、倉庫、通関、梱包、ハンドリング、上屋、航空会社とさまざまです。インフラという意味では空港の運営事業者も該当するでしょう。

例えばシッパーが工場から出荷した貨物は、トラックで所定の物流施設・倉庫に搬入されます。物流施設では通関や梱包、パレタイズ（貨物をひとつの固まりにまとめる作業）などが実施され、こうした作業が完了すると空港内にある航空会社の上屋に搬入されます。

航空会社の上屋では、航空会社の管理の下で搬入された貨物の検量、積み付けなどの作業が行われます。その後、航空会社上屋から空港の制限区域にある航空機まで貨物を移動させて適

求められる仕事でもあります。貨物の積み付けなどを行うハンドリング、航空機への貨物搭載を担うグランド・ハンドリングも同様です。ノウハウに裏打ちされた職人技が、航空貨物輸送を支えています。

時、航空機に貨物が搭載されます。

一般的に、物流施設での各種作業を行う企業はハンドリング事業者、航空会社上屋からの貨物の移動、航空機への搭載などを行う事業者はグランド・ハンドリング事業者と言われます。空港外の倉庫や空港内の航空会社上屋では貨物の検査、梱包、検量、貨物のパレタイズなどが行われますが、こうした作業はハンドリング事業者が手掛けます。トラック輸送を担うドライバー、倉庫や上屋、空港内で貨物を移動させるフォークリフトのドライバーも重要な役割を担っています。梱包は専門業者が行うこともあります。

トラックの手配、通関、貨物の混載、航空会社への引き渡しは、フォワーダーと呼ばれる貨物利用運送事業者がまとめて請け負うケースが目立っています。荷主に替わって貨物輸送を取りまとめる役割を担います。

航空会社の中にも運航、整備、マーケティング、ハンドリングなどさまざまな部門があります。各部門が協力して、空港から空港の輸送に万全の体制で当たっています。

貨物輸送に関わる書類の作成、トラック配車の手配、貨物にかける保険を取り扱う事業者も重要な役割を担っています。

そのほか、航空・空港・陸上輸送・物流を所管する国土交通省、税関、検疫といった行政機関も、民間企業とは役割や立場は違いますが、航空貨物輸送のプレーヤーと言えるでしょう。多くの人が関わる形で航空貨物輸送が成り立っています。

Memo 貨物の梱包を専業としている事業者もあります。貨物の特性によって貨物を覆う素材、梱包方法には大きな違いが生じます。貨物をシッパーからコンサイニーまで無事に届けるためには、梱包も非常に重要な要素。特殊な技術、専門的な技術・ノウハウが

入門編

Question 09

飛行機の種類

「B777」の「B」って何ですか？

機種を示す記号の頭につく「A」はエアバス、「B」はボーイングの機種であることを示します。例えば「A350」はエアバスのA350型機、「B777」はボーイングの777（トリプルセブン）型機です。末尾に「F」がつくモデルはフレイター（貨物機）です。「B747F」とあれば、ボーイングの747型貨物機です。ボーイング機材の正式名称には「B」はつきませんが、スケジュールなどでは、このように記載して区別されることが多くあります。

航空機には、客室の通路が2本（双通路）の「ワイドボディ（広胴機）」と、通路が1本（単通路）の「ナローボディ（狭胴機）」があります。ワイドボディ機では機体下部のおなか（ベリースペース）に貨物を収容して輸送します。代表的なワイドボディ機であるB777型機の貨物室は機種にもよりますが、およそ170〜200立方メートルです。A320型機、B737型機といったナローボディの貨物室は、ワイドボディ機のおおよそ5分の1の容積です。

代表的なワイドボディ、ナローボディ旅客機の分類

ワイドボディ（双通路）	ナローボディ（単通路）
A330	A318
A350	A319
A380	A320
B767	A321
B777	B737
B787	

スタマーである全日本空輸への初号機納入に向けて生産準備が進みます。三菱航空機は名古屋空港（小牧空港）に本社を置き、米国ワシントン州モーゼスレイクに飛行試験の拠点を構えています。

民間航空機はいずれのモデルでも派生型があり、「ー（ダッシュ）」以下でさらに細かく分類されます。例えばボーイングの787モデル群、通称「787ドリームライナーファミリー」は、基本形とするB787−8型機（全長56・72メートル）、胴体を伸ばしたB787−9型機（62・82メートル）、さらに伸ばしたB787−10型機（68・30メートル）――の3機種で構成されます。胴体を延長した分だけ座席数を増やすことができます。

近年では、小型機を中心に旅客機の貨物改造型の需要も増えており、エアバスではA330−300貨物改造型（P2F、Passenger to Freighter）、ボーイングではB737−800貨物改造型（BCF、Boeing Converted Freighter）などのプログラムがあります。

現在新造機の製造はありませんが、旧ソビエト連邦・ウクライナ製の大型輸送機アントノフ124（An124）型機もまだまだ現役。派生型としてたった1機だけ製造された、エンジンを6基搭載するAn225型機、愛称「ムリヤ」がありますが、なんと貨物搭載能力が250トンもある超大型輸送機です。

世界最大の輸送機「ムリヤ」（An225型機）

Memo 日本では三菱重工業グループの三菱航空機が、初の国産ジェット機となる「三菱スペースジェット（Mitsubishi SpaceJet、旧・MRJ）」の開発を進めています。「リージョナルジェット機」と分類される、およそ70～90席の小型ジェット機です。ローンチカ

Question 10 フレイターと旅客機はどう違うの?

貨物専用機

文字通り貨物を輸送することだけを目的に製造された航空機のことです。貨物機、フレイター(Freighter)とも呼びます。民間航空機の大まかなつくりは、旅客機も貨物機もモデルごとに共通しており、例えばボーイングの777シリーズでは表記上、旅客型はB777型機、貨物型はB777F型機というように区別されます。

航空機を輪切りにしてみると筒形で、上部をメインデッキ、下部をロアーデッキと呼びます。**旅客機のメインデッキは客室になっていますが、貨物機では貨物を搭載します。左図では、メインデッキ上に貨物が載せられている様子が分かりますね。ロアーデッキは旅客機、貨物機ともに貨物スペースになっているのが一般的です。旅客機では「ベリー(おなか)スペース」とも呼ばれます。**

貨物機のメインデッキは、ロアーデッキよりもスペースが大きいため、大型、重量、長尺(長さのある)貨物を搭載するのに適しています。特にこのような貨物輸送に強いのがボーイングのB747F型機です。いくら貨物スペースが大きくても、積み込めなければ運べません。同

でも、貨物機への改修作業を専門とする企業がさまざまなモデルを貨物機に改修しています。ちょっと変わった貨物機では、B747F型機をさらに大きくしたドリームリフター(B747LCF、Large Cargo Freighter)があります。B787型機の主翼や胴体など大型部品を空輸する専用機で、日本では中部国際空港に飛来しています。

B747-8F型機の構造イメージ（日本貨物航空提供）

機種では、機体の先端にあるノーズ（鼻）ドアを開閉することができるため、内部スペースとほぼ同規模の大きな貨物を積み込むことができます。

貨物機の種類はさまざまあります。主要メーカーが現在生産しているモデルを見ると、ボーイングではB747－8F型機（貨物搭載能力は137・7トン、いずれも公表値）、B777F型機（102トン）、B767F型機（52トン）、エアバスではA330－200F型機（65～70トン）があります。

ほかにも、重量・大型貨物に特化したアントノフ124（An124）型機、イリューシン76（IL76）型という機材もあります。ほかの主要貨物機と異なり、メインデッキとロアーデッキに搭載スペースが分かれていないのが特徴です。An124型では、重量約120トン、サイズは長さ36メートル、幅6・4メートル、高さ4・4メートルまでの貨物を搭載できます。

Memo
しばらくの期間旅客機として運用してきた機材を、貨物型に改修する需要も増えています。ボーイングでは2018年に初納入したB737-800BCF (Boeing Converted Freighter) 型機 (23.9トン)、エアバスではA330P2F (Passenger to Freighter) 型機のプログラムなどがあります。航空機メーカー以外

Question 11

どういうふうに貨物を飛行機に載せるのですか？

貨物の航空機搭載

貨物はあらかじめ、コンテナやパレットのような補助機材に詰められたり、載せられたりして大きなかたまりにまとめられ、航空機の貨物室に送り込まれます。旅客機ではベリースペース（ロアーデッキ）、貨物機ではメインデッキとロアーデッキ両方に積み込みます。貨物室の床面には、コンテナやパレットを奥へ移動させるベアリングのようなシステムが装着されています。これによって、コンテナやパレットを貨物室内に隙間なくきちんと並べることができるのです。

航空機へは通常、搭載機（ローダー）で貨物を持ち上げて積み込みます。この貨物積み降ろしのことを「搭降載」とも言います。ローダーの種類もさまざまあります。貨物機のメインデッキへの積み降ろしを行う「メインデッキローダー」、ロアーデッキへの積み降ろしを行う「ハイリフトローダー」、バラ積み（手作業による搭載方法）に使用するベルトコンベヤー「ベルトローダー」などがあります。貨物搭降載に使用される機材や、航空機の運航に関わる給油や移動などの作業に必要な機材を総じて、航空機地上支援機材（ＧＳＥ＝Ground Support Equipment）と呼びます。

んから、ULDを使用する搭降載でもバラ積みでも、飛行中に貨物室の中で動かないようにしっかりベリーの中に積み込まなければなりません。慎重かつ丁寧な作業が求められる、非常に重要な作業です。

パレットやコンテナを搬送するための固定装置を備えた台車を「ドーリー」といいます。また、ドーリーやこれをけん引する車両を「トーイングトラクター」といいます。これらもＧＳＥの一つです。

航空機への搭降載の様子

航空機に直接搭載することができる、コンテナやパレットのような補助機材は、ユニット・ロード・ディバイス（ＵＬＤ＝ユーエルディー）と呼ばれます。貨物をＵＬＤに積み付けることをビルドアップ（build up）、また到着した航空機から降ろしてきたＵＬＤを解体する作業をブレークダウン（break down）といいます。上屋作業では頻出用語なので覚えておきましょう。

通常、ＵＬＤのビルドアップやブレークダウンは航空会社の作業なので、基本的には空港内の航空会社上屋の中で行われます。しかし、輸出する航空貨物の9割以上が混載貨物である日本では、フォワーダーがこの作業をすることも多くあります。

Memo

B737型などの小型機は、大型機とは異なり、コンテナをベリーに搭載できない構造となっていることが多く、係員の手によって一つずつベリーの貨物スペースにバラ積みされます。飛行中に貨物の形状が崩れたりすると運航の安全に支障が出かねませ

Question 12

夏・冬があり、春・秋はないの？

航空業界のスケジュール

航空業界は、国際線を中心に夏季スケジュール（サマースケジュール）と冬季スケジュール（ウインタースケジュール）という二つのスケジュールで動いています。国際航空運送協会（IATA）が、欧州で導入されているサマータイムの期間に合わせたことが背景にあります。

夏季スケジュールは3月の最終日曜日から10月の最終日曜日の前の土曜日まで（約7カ月間）、冬季スケジュールは10月の最終日曜日から翌年3月の最終日曜日の前の土曜日まで（約5カ月間）です。ほとんどの航空会社はこの夏季スケジュール、冬季スケジュールをベースにダイヤを設定しています。夏季、冬季では需要にも違いがあるため、航空会社が設定するダイヤもこの需要に配慮していることが特色です。

航空会社のダイヤはどのように設定されるのでしょうか。混雑度が高い空港の発着枠はスロット（出発もしくは到着に際しての運航曜日・時刻の枠）と呼ばれ、その数には限りがあります。必ずしも航空会社が望んでいる時刻に発着便を設定できるわけではありません。

そのため、まずは航空会社が各国の調整機関に希望のスロットを提出して、それに基づいて

着調整業務は、国際空港に係るさまざまな制約を踏まえながら、IATAのガイドラインに基づいた公正な発着調整を実施することで、国際航空の安全で円滑な運航の確保に貢献しています。

最初の調整作業が行われます。その後、いくつかの手順を踏んで毎年6月と11月に開催されるIATAのスロット会議での作業を経てダイヤを確定します。IATAのスロット会議の前に行われる最初の調整作業の窓口は、日本では「国際線発着調整事務局」が担っています。

混雑空港を発着空港とする場合には、仮に一方の空港で希望のスロットを確保できても、もう一方の空港でスロットを確保できなければ、路線を希望通りの時刻に設定することができません。ここが難しいところです。希望を多めに出す航空会社もあります。結果的に余ったスロットが生じる場合もあり、こうしたスロットは、それぞれのスケジュールが始まる一定期間前に返却することになります。余ったスロットは各航空会社の希望を踏まえて、改めて配分・調整します。

航空会社のダイヤは夏季、冬季スケジュールに分かれている
(写真は羽田空港の運航ダイヤ例〈2019 年夏季スケジュール〉)

スロット調整には「夏季あるいは冬季スケジュールに運航予定便数の80％以上を運航した場合、翌年の同季スケジュールにおいて同じスロットが優先的に確保される」という先例優先の原則があります。これを「ヒストリックの優先」と言います。

Memo

日本ではスロットに関する調整を日本航空協会に設置された国際線発着調整事務局が担っています。現在、成田国際空港、関西国際空港、東京国際空港（羽田空港）、新千歳空港、福岡空港の五つの空港の発着調整に係る業務を手掛けています。発

Question 13

フライトスケジュールの読み方

「デイ・スリー」ってどういう意味ですか？

時刻表（フライトスケジュール、タイムテーブル）にある**1～7の数字は、運航曜日を表しています。1は月曜日、7は日曜日となります。**「デイ・スリー（D3）の便」などと言ったりもします。曜日以外にもさまざまな省略記号が用いられます。

便を区別するコードは、片道ベースの運航区間ごとに付けられ、「航空会社コード2文字＋便名」で表記されます。例えば日本航空は、サンフランシスコ発羽田向け便に「JL001」便、羽田発サンフランシスコ向け便には「JL002」便と付けています。

日本貨物航空（NCA）の時刻表を見てみましょう。最上段の「KZ132」便は成田ーアンカレジーシカゴのルートで、毎週木・土曜日に運航されている便だということが分かりますね。「DEP」は出発（Departure）時刻、「ARR」は到着（Arrival）時刻を示しています。この場合は、現地時刻（Local Time）表記になっていますね。航空会社によって、協定世界時（UTC）などで表示する場合もあるので注意しましょう。

「TYPE」には該当便の機種（Aircraft Type）が記載されています。NCAの場合、B747

ルト向け便）のように、自社運航の貨物便に4ケタを割り振っています。また、ユナイテッド航空が運航する成田発ニューアーク向け便は「UA78」です。ちなみにこの便は、全日本空輸とのコードシェア便のため「NH6452」という便名もついています（全て2019年時点）。

日本貨物航空の時刻表（2019年夏季スケジュール）

NCA Nippon Cargo Airlines

Summer 2019 Timetable
31 March 2019 ✈ 26 October 2019

SUBJECT TO CHANGE WITHOUT NOTICE

* 74Y: Boeing 747-400F, 74N: Boeing 747-8F
** 1: Mon, 2: Tue, 3: Wed, 4: Thu, 5: Fri, 6 Sat, 7: Sun

FROM NARITA (NRT)	CITY & AIRPORT CODE		FLIGHT #	TYPE* 74Y	TYPE* 74N	DAY**	DEP (Local Time)		VIA	ARR (Local Time)	
TC1	Chicago	ORD	KZ132	-	✈	- - - 4 - 6 -	NRT	11:30	ANC	ORD	11:20
			KZ192	-	✈	- 2 - - - - 7	NRT	13:35	ANC	ORD	13:25
			KZ192	-	✈	- - - - 5 - -	NRT	13:25	ANC	ORD	13:55
	Anchorage	ANC	KZ132	-	✈	- - - 4 - 6 -	NRT	11:30	✈	ANC	01:25
			KZ192	-	✈	- 2 - - - - -	NRT	13:35	✈	ANC	03:30
			KZ192	-	✈	- - - - 5 - 7	NRT	13:35	✈	ANC	03:20
	Los Angeles	LAX	KZ108	-	✈	1 - - 4 - - 7	NRT	10:30	✈	LAX	04:25
TC2	Amsterdam	AMS	KZ008	-	✈	- 2 3 - 5 6 -	NRT	22:15	✈	AMS	03:10+1
	Milan	MXP	KZ008-049	-	✈	- 2 3 - 5 6 -	NRT	22:15	AMS	MXP	09:45+1
TC3	Shanghai	SHA	KZ225	-	✈	- 2 - 4 - - 7	NRT	10:25	✈	PVG	12:55
			KZ225	-	✈	- - 3 - - - -	NRT	09:25	✈	PVG	11:55
			KZ225	-	✈	- - - - 5 - -	NRT	10:20	✈	PVG	12:50
			KZ225	-	✈	- - - - - 6 -	NRT	09:20	✈	PVG	11:50
			KZ227	-	✈	- 2 - 4 5 6 7	NRT	22:10	✈	PVG	00:40+1
			KZ229	-	✈	- - 3 - - - -	NRT	21:00	✈	PVG	23:30
	Hong Kong	HKG	KZ203	-	✈	1 2 3 4 5 6 7	NRT	21:30	✈	HKG	01:25+1
	Singapore	SIN	KZ235	-	✈	- 2 - - - - -	NRT	22:30	✈	SIN	04:25+1
			KZ235	-	✈	- - - 4 - - -	NRT	22:05	✈	SIN	04:00+1
			KZ235	-	✈	- - - - 5 - -	NRT	22:00	✈	SIN	03:55+1
	Bangkok	BKK	KZ235-KZ254	-	✈	- 2 - - - - -	NRT	22:30	SIN	BKK	08:00+1
			KZ235-KZ254	-	✈	- - - 4 - - -	NRT	22:05	SIN	BKK	07:50+1
			KZ235-KZ254	-	✈	- - - - 5 - -	NRT	22:00	SIN	BKK	07:50+1

FROM NARITA (NRT) //CODE SHARE FLIGHT//	CITY & AIRPORT CODE		FLIGHT #	TYPE* 74Y	TYPE* 74N	DAY**	DEP (Local Time)		VIA	ARR (Local Time)	
TC1	Chicago	ORD	KZ7134	✈	-	1 - - - - - -	NRT	21:25	ANC	ORD	21:30
			KZ7160	✈	-	- - 3 - - - -	NRT	22:00	ANC	ORD	22:05
			KZ7160	✈	-	- - - - 5 - -	NRT	20:55	ANC	ORD	21:00
			KZ7160	✈	-	- - - - - 6 -	NRT	21:40	ANC	ORD	21:45
			KZ7188	✈	-	- 2 - - - - -	NRT	21:40	ANC	ORD	21:45
			KZ7188	✈	-	- - - 4 - - -	NRT	20:55	ANC	ORD	21:00
			KZ7188	✈	-	- - - - - - 7	NRT	22:00	ANC	ORD	22:05
	Dallas Fort Worth	DFW	KZ7188-KZ7187	✈	-	- 2 - - - - -	NRT	21:40	ANC/ORD	DFW	02:20+1
			KZ7188-KZ7187	✈	-	- - - 4 - - -	NRT	20:55	ANC/ORD	DFW	01:35+1
			KZ7188-KZ7187	✈	-	- - - - - - 7	NRT	22:00	ANC/ORD	DFW	02:40+1

－400F型機を「74Y」、B747－8F型機を「74N」と区別しています。

旅客便では「JL001／002」便のように、往航と復航の便名が連番になっていることが多いですが、貨物航空会社が運航する貨物便ではバラバラのことも多いです。人の動きは往復ベースですが、貨物は片道ベースのビジネスで、往復需要が一致しないことも多いので、貨物需要に合わせ、ドーハ－ルクセンブルク－シカゴ－シンガポール－マカオ－ロサンゼルス－メキシコシティ－グアダラハラ－リエージュ－ドーハ（カタール航空運航便、2019年時点）のように世界を一周して戻ってくるルートもあります。

Memo

便名には3ケタが多くみられます。自社運航便に3ケタ、他社が運航するコードシェア便に自社便名を付ける場合に4ケタの便名を付けることが多いのですが、必ずしもこの限りではありません。例えばルフトハンザカーゴは「LH8385」（成田発フランクフ

Question 14

飛行機の出発時刻

時刻表通りに飛び立つことはあまりないですよね?

朝、羽田空港から飛行機に乗っても、滑走路の手前で飛行機が数珠つなぎ状態になって、いらいらすることがありますよね。タイムテーブルに載っている時刻はとっくに過ぎているのに……。**飛行機の出発時刻はいったいどの時点を指すのでしょうか。**

正解は「飛行機の前脚のタイヤにかませている輪止め(ブロック)を取り外したとき」です。この作業をブロックアウトといい、時刻表に掲載されている出発時刻はこのブロックアウトタイムなのです。離陸はしていませんが、この時点で既に「出発」していることになります。

ちなみに、飛行機は動き始めてから滑走路まで誘導路を自走することになりますが、この自走をタキシングといいます。その日の風によっても離陸の方向、使用する滑走路にも違いが生じます。駐機場所から滑走路(滑走開始地点)まで、長距離のタキシングが必要になることもあります。

羽田空港では2010年10月に、それまでの滑走路の南側に新しく建設されたD滑走路が供用開始しました。空港用地に桟橋でつないだもので、国際線ターミナルから15〜20分の距離にあ

と言います。ブロックタイムには滑走路のタキシング時間なども含まれます。実際に航空機が飛行している時間は「フライトタイム」と呼ばれます。ブロックタイムとフライトタイムには当然、違いが生じます。

ります。風向きや運航時刻、路線などの要因から、この滑走路で離着陸することを求められるケースがあります。D滑走路を出発する便は誘導路を延々とタキシングしてようやく滑走路に到着します。

滑走路が何本もある外国の大型空港でもよくあることですが、駐機したボーディングブリッジから、かなり離れた滑走路を飛び立たなければならないときには、長時間のタキシングを要求されます。タキシングのスピードを速くしたりすることはできないので、旅客の搭乗や貨物の搭載の遅れがそのまま遅延の原因になり得ると言えます。

ところで遅延、あるいは定時運航とはどのような状態を言うのでしょうか。何をもって遅延の尺度とするかという点は国、航空会社によって違いがありますが、日本では航空会社の運航状況を表す指標の一つとして、設定された出発時刻から15分以内の出発は定時運航とみなしています。15分を超えると遅延としてカウントされます。定時出発率とともに定時到着率という指標もあります。世界には定時運航率の高い航空会社を表彰する制度がありますが、定時到着率を対象に加えているものもあります。出発が遅くなっても、到着が定時であれば、それもサービス指標の一つという考え方ですね。これも「15分以内」を目安としていることが多いようです。

航空機の輪止め

Memo 到着時刻は、空港に着陸した航空機が完全に停止するまで、つまり航空機の車輪に輪止めがかけられるまでとなります。この輪止めがかけられた時刻を「ブロックインタイム」と呼びます。ブロックアウトタイムからブロックインタイムまでを「ブロックタイム」

Question 15

2文字と3文字がありますが、どう違うの?

航空会社の短縮コード

航空会社の略称は、アルファベット2文字もしくは3文字で表現されます。2文字(2レター)コードは国際航空運送協会(IATA)が活用している航空会社の短縮コードです。航空チケットなどにも記載されているフライトナンバーも、例えば日本航空ならJL○○○便というように2文字コードを使って表現されています。**国際民間航空機関(ICAO)は3文字(3レター)を採用しています。**

日本の航空会社のコードを見ると、日本航空が2文字「JL」、3文字「JAL」、全日本空輸が「NH」「ANA」、日本貨物航空が「KZ」「NCA」、スカイマークが「BC」「SKY」、AIRDOが「HD」「ADO」、ソラシドエアが「LQ」「SNJ」、スターフライヤーが「7G」「SFJ」、アイベックスエアラインズが「FW」「IBX」などとなっています。

日本航空は英文名称のJAPAN AIRLINESの頭文字をそのまま自社コードにしています。1980年代中盤に就航した日本貨物航空(NIPPON CARGO AIRLINES)はぴったりの2文字コードが空いておらず、最終的にKZに落ち着いたという経緯があります。

NCAなら「ニッポンカーゴ」という具合です。2012年3月に就航したLCCのピーチは「エアピーチ」となっています。便名を表す数字を頭に付け、どこの航空会社の何便であるかを区別します。

日本航空の2レターはJL、3レターはJALとなっている

直接社名に関係はなくても、ゴロが良ければ覚えやすいということはあります。

アルファベットと数字を組み合わせるケースもあります。例えば米国のアトラスエアの5Y、UPSの5X、シンガポールのジェットスター・アジアの3Kなどです。日本ではスターフライヤーが7G、日本エアコミューターが3Xを使用しています。

また、国土交通省は2004年4月、国内の航空会社がグループ内の別の航空会社と共同で旅客や貨物の運送を引き受けられる「共同引受制度」を新設しました。この制度を活用することで、JALグループでは「JAL」、ANAグループでは「ANA」に統一できるようになりました。

Memo
管制官とパイロットが交信するときに、それぞれの航空会社がどのように呼ばれるか知っていますか？　実は各社の英文名を短縮したコールサインで呼ばれています。これはあらかじめ決められていて、JALなら「ジャパンエア」、ANAなら「オールニッポン」、

Question 16 航空券に書かれた空港名が暗号のようで分かりませんでした！

空港の短縮コード

航空券に記載される空港名はアルファベット3文字の略号で示されているからです。例えば、「NRT」（成田空港）、「KIX」（関西空港）、「JFK」（ニューヨークのジョン・F・ケネディ空港）、「LHR」（ロンドンのヒースロー空港）などです。初めて見ると確かに暗号のようで、何がどの空港を示すのか分かりません。自分が飛行機に乗る空港と最終目的地の空港ぐらいは把握しているために分かりますが、途中で乗り換えがある場合、このアルファベット3文字がどこを意味するのか分かりにくいですね。

搭乗券や航空会社に預けた手荷物に付ける札にも、この3文字コードが印字されていることを記憶している人も多いはずです。航空業界では空港名をこの3文字コードで表現します。

この空港コードは、出発空港や到着空港を簡潔に、正確に表現するものとして重要です。空港コードとは別に都市コードというものもあり、東京の場合は「TYO」と表記します。都市コードと空港コードが同じ場合もあるのですが、東京の場合はそれが成田を指すのか、羽田を指すのか分からなくなってしまいますね。それを正確に区別するために空港別のコードが設けら

す。これは航空機が所属する国籍を示したものです。日本は「JA」、中国は「B」、米国は「N」と不規則です。飛行機の胴体側面には「JA○○○○」と記載されています。機体がどこの国籍かチェックするのも面白いでしょう。

世界の主要空港コード

AMS	アムステルダム・スキポール（オランダ）
ANC	アンカレジ（アメリカ）
ARN	ストックホルム（スウェーデン）
ATL	アトランタ（アメリカ）
AUH	アブダビ（アラブ首長国連邦）
BCN	バルセロナ（スペイン）
BKK	バンコク・スワンナプーム（タイ）
BRU	ブリュッセル（ベルギー）
CAN	広州（中国）
CDG	パリ・シャルルドゴール（フランス）
CPH	コペンハーゲン（デンマーク）
DEL	デリー（インド）
DFW	ダラス・フォートワース（アメリカ）
DLC	大連（中国）
DME	モスクワ・ドモジェドボ（ロシア）
DOH	ドーハ（カタール）
DTW	デトロイト（アメリカ）
DUS	デュッセルドルフ（ドイツ）
DWC	ドバイ・アール・マクトゥーム（アラブ首長国連邦）
DXB	ドバイ（アラブ首長国連邦）
EWR	ニューヨーク・ニューアーク（アメリカ）
FRA	フランクフルト・アム・マイン（ドイツ）
GMP	ソウル・金浦（韓国）
HKG	香港（中国）
HND	東京・羽田（日本）
HNL	ホノルル（アメリカ）
IAD	ワシントン・ダレス（アメリカ）
ICN	ソウル・仁川（韓国）
ITM	大阪・伊丹（日本）
JFK	ニューヨーク・JFK（アメリカ）
KIX	大阪・関西（日本）
KUL	クアラルンプール（マレーシア）
LAX	ロサンゼルス（アメリカ）
LGA	ニューヨーク・ラガーディア（アメリカ）
LGW	ロンドン・ガトウィック（イギリス）
LHR	ロンドン・ヒースロー（イギリス）
LUX	ルクセンブルク
MAD	マドリード（スペイン）
MEM	メンフィス（アメリカ）
MIA	マイアミ（アメリカ）
MNL	マニラ（フィリピン）
MXP	ミラノ・マルペンサ（イタリア）
NGO	名古屋・中部（日本）
NRT	東京・成田（日本）
ORD	シカゴ・オヘア（アメリカ）
PEK	北京首都（中国）
PKX	北京大興（中国）
PVG	上海・浦東（中国）
SFO	サンフランシスコ（アメリカ）
SIN	シンガポール・チャンギ（シンガポール）
STN	ロンドン・スタンステッド（イギリス）
SVO	モスクワ・シェレメチュボ（ロシア）
SYD	シドニー（オーストラリア）
TPE	台北・桃園（台湾）
TSN	天津（中国）
YVR	バンクーバー（カナダ）
YYZ	トロント（カナダ）
ZRH	チューリッヒ（スイス）

れています。羽田空港の空港コードは「HND」です。

このように、一つの都市に空港がいくつも存在する場合は要注意です。ニューヨークの都市コードは「NYC」ですが、空港には「JFK」のほかにラガーディア「LGA」、ニューアーク「EWR」もあります。

中東のドバイではドバイ国際空港「DXB」に加え、アール・マクトゥーム国際空港「DWC」があります。

3文字コードを見て、利用空港をしっかり把握する必要があります。

Memo 上記コード以外にも国際航空運送協会（IATA）のコードとして国コードも設定されています。日本（JAPAN）はJP、中国（CHINA）はCN、米国（UNITED STATES OF AMERICA）はUSといった具合です。民間機の国際登録記号というのもありま

Question 17

TC1・TC2・TC3

世界が大きく三つに分けられていると聞きましたが？

国際航空運送協会（IATA）規則に基づく地域区分では、世界を大きく三つに分けています。**TC1は南北アメリカ、TC2はヨーロッパ、中近東およびアフリカ、TC3はアジアおよびオセアニアとなっています。**

一般的に、どこまでがアジア、どこまでが中近東かという議論はよくありますが、地域区分は明確に分けられています。TC3に含まれる地域は、西はパキスタンやアフガニスタンまで、イランから西はTC2になります。

ヨーロッパとアジアにまたがるロシアは、ウラル山脈を境に西はTC2に、東はTC3に所属します。ウラル山脈より東にあるウラジオストクやハバロフスクなどはTC3に、西にあるモスクワやサンクトペテルブルクなどはTC2にそれぞれ含まれます。このほか、グリーンランドはTC1に含まれます。

ところで、TCとはどういう意味でしょうか。TCはトラフィック・カンファレンス（運送会議）の略です。カンファレンス（会議）といわれるくらいですから、地域の特性に基づいたルー

TC1は貨物が動いていない、TC2は盛り上がってきた、などの表現をよく使います。燃油サーチャージの設定もTC1向けは○○円という設定をしています。業界の日常用語としても覚えておく必要があるでしょう。

IATAによる地域区分図

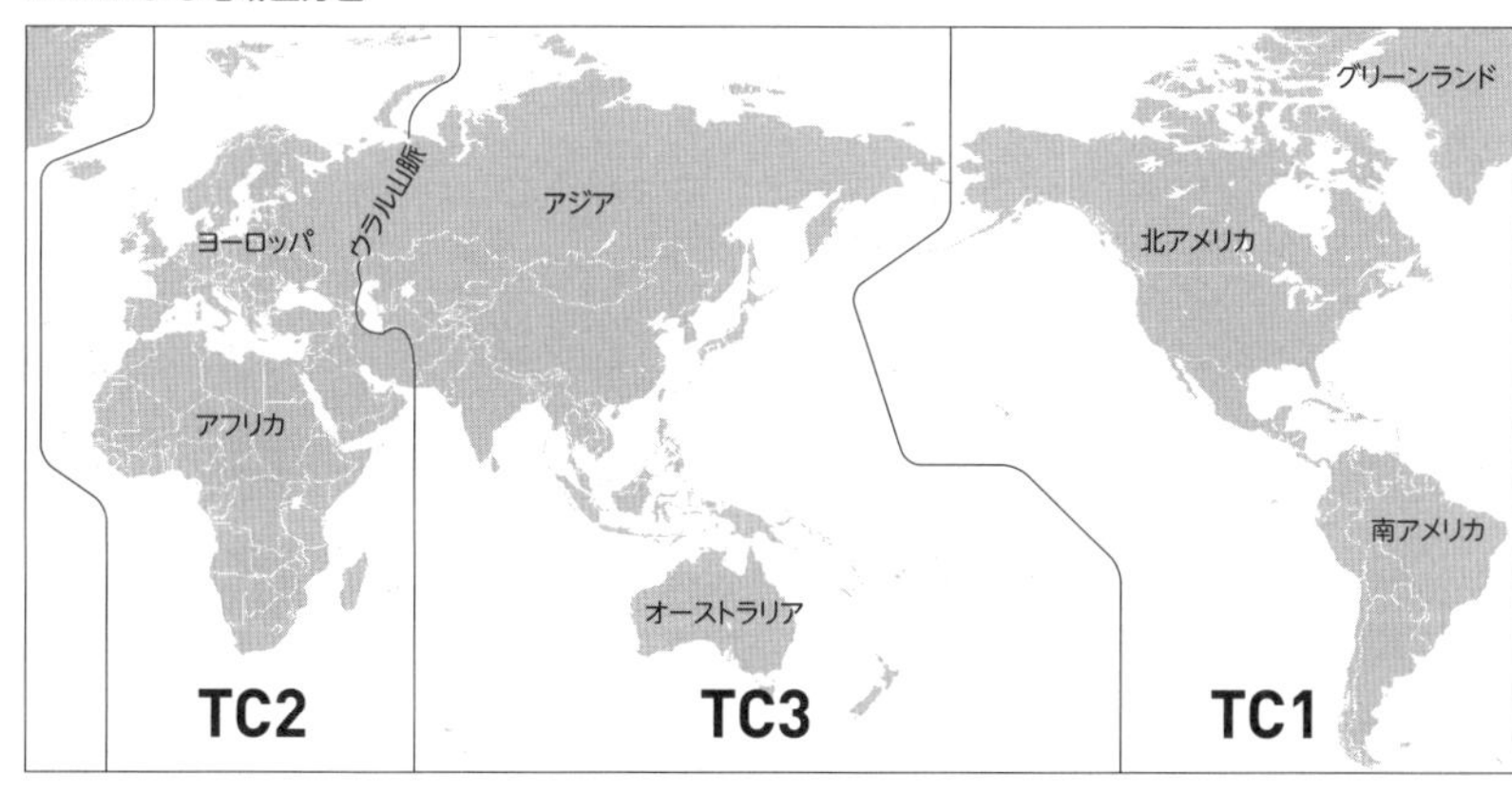

ルをつくるときには、TC区分に沿った会議が開催されます。

TCという大きな区分の下には、さらに細分化したサブエリアも設定されています。TC3の中には、日本／韓国地区を指す「日本／韓国サブエリア」のほかに、「南アジア亜大陸サブエリア」「東南アジアサブエリア」「南西太平洋サブエリア」という3エリアがあります。やはり地域による特性などを考慮しての分割となっています。

アルジェリアはアフリカ大陸でありながらも、TC2内の「ヨーロッパサブエリア」とされているほか、エジプトやスーダンは「中東サブエリア」に分類されています。このように地理上の位置関係だけではなく、いろいろな要因を考慮してサブエリアが細かく分類されています。

TCは、航空会社それぞれのネットワーク区分の目安などとして一般的に使用されています。

Memo 現在の国・地域分類は1998年4月に改訂されたものです。日本発混載貨物実績の地域区分はさらに細かくなっています。例えば、TC1に含まれる米国は北東地区など4地区に分かれています。航空会社、フォワーダーの関係者は荷動きについて、

Question 18

航空貨物運送状（AWB）

AWBには何を書けばいいの？

AWB（エアウェイビル）は航空機で貨物を送る際に発行される運送状で、「航空貨物運送状」とも呼ばれています。貨物の荷送人や荷受人の名前・住所、使用航空会社、便名、仕出地や仕向地・経由、貨物の品目名、個数・重量・料金、取り扱い指示――などを書き込みます。

AWBは、荷送人から荷受人までの案内役を担っているともいえます。貨物の送り手が、航空会社や代理店との間で運送契約を結んだことを証明する役割も担っています。

AWBの役割を詳しく示しますと①運送契約締結の証拠書類 ②貨物の受領書 ③運賃・料金の請求書 ④保険の証明（保険を付保した場合）⑤航空会社に対する運送指図書 ⑥貨物の引受書 ⑦税関に対する申告用書類――などです。それぞれの内容は、AWB上の決められた欄に記載されることになっています。AWBは、貨物の荷送人用、荷受人用、代理店用など複数枚で一セットになっています。

左ページのAWBサンプルは、貨物代理店・混載業者としての阪急阪神エクスプレスが、日本航空のAWBを発行したことを表しています。

エアウェイビル（HAWB）があります。航空会社へ引き渡す際に発行するAWBがマスターと呼ばれる理由は、混載されている貨物を識別するためのHAWBを一つに束ねる形になるからです。

STAPLE DOCUMENTS ABOVE PERFORATION

JAPAN AIRLINES CO.,LTD

131 | TYO | 2018 0451　　　　131-2018 0451

Shipper's Name and Address / Shipper's Account Number	Not negotiable Air Waybill Issued by JAPAN AIRLINES CO.,LTD TOKYO, JAPAN
HANKYU HANSHIN EXPRESS CO., LTD. CHIBA JAPAN	Copies 1, 2 and 3 of this Air Waybill are originals and have the same validity.
Consignee's Name and Address / Consignee's Account Number HANKYU HANSHIN EXPRESS (THAILAND) CO., LTD. ROOM NO.117-118 BUILDING 304 (AO-4) FREE ZONE SUVARNABHUMI AIRPORT, 999 MOO 7 T.RACHATHAEWA, A.BANGPLEE, SAMUTHPRAKARN 10540	It is agreed that the goods described herein are accepted in apparent good order and condition (except as noted) for carriage SUBJECT TO THE CONDITIONS OF CONTRACT ON THE REVERSE HEREOF. ALL GOODS MAY BE CARRIED BY ANY OTHER MEANS INCLUDING ROAD OR ANY OTHER CARRIER UNLESS SPECIFIC CONTRARY INSTRUCTIONS ARE GIVEN HEREON BY THE SHIPPER, AND SHIPPER AGREES THAT THE SHIPMENT MAY BE CARRIED VIA INTERMEDIATE STOPPING PLACES WHICH THE CARRIER DEEMS APPROPRIATE. THE SHIPPER'S ATTENTION IS DRAWN TO THE NOTICE CONCERNING CARRIER'S LIMITATION OF LIABILITY. Shipper may increase such limitation of liability by declaring a higher value for carriage and paying a supplemental charge if required.
Issuing Carrier's Agent Name and City HANKYU HANSHIN EXPRESS CO.,LTD. TOKYO,JAPAN	Accounting Information
Agent's IATA Code: 16-3 0426/0991 / Account No.	
Airport of Departure (Addr. of First Carrier) and Requested Routing NRT/BKK	Reference Number / Optional Shipping Information
To: BKK / By First Carrier: JL / Routing and Destination / to / by / to / by	Currency: JPY / CHGS Code / WT/VAL PPD X COLL / Other PPD X COLL / Declared Value for Carriage: N.V.D. / Declared Value for Customs
Airport of Destination: BANGKOK / Requested Flight/Date: JL 707/26	Amount of Insurance / INSURANCE - If carrier offers insurance and such insurance is requested in accordance with the conditions thereof, indicate amount to be insured in figures in box marked Amount of Insurance.

Handling Information　　SCI

No. of Pieces RCP	Gross Weight	kg lb	Rate Class / Commodity Item No.	Chargeable Weight	Rate / Charge	Total	Nature and Quantity of Goods (incl. Dimensions or Volume)
100	1000.0	K	Q	1000.0	850	850,000	CONSOLIDATION AS PER ATTACHED MANIFEST HEI:TYO-BKKEX8 -1226 (11 / 78.6) (0.329 M3)
11	1000.0					850,000	

= SAMPLE =

Prepaid	Weight Charge	Collect	Other Charges
850,000			
Valuation Charge			
Tax			MYC:111,000
Total other Charges Due Agent			Shipper certifies that the particulars on the face hereof are correct and that insofar as any part of the consignment contains dangerous goods, such part is properly described by name and is in proper condition for carriage by air according to the applicable Dangerous Goods Regulations.
Total other Charges Due Carrier: 111,000			Signature of Shipper or his Agent
Total prepaid: 961,000	Total collect		
Currency Conversion Rates	cc Charges in Dest. Currency		26 DEC 2011　TOKYO,JAPAN Executed on (date) / at (place) / Signature of Issuing Carrier or its Agent
For Carriers Use only at Destination	Charges at Destination	Total collect Charges	131-2018 0451

TOPPAN FORMS CO.,LTD 0031500 01/00 IATA International Air Transport Association CASS Japan

Original 3 - (For Shipper)　　PRINTED IN JAPAN

AWBのサンプル

AWBには、混載業者であるフォワーダーが各荷主から受託した貨物を一つにまとめて航空会社へ引き渡す際に、航空貨物代理店として航空会社になり代わり発行するマスターエアウェイビル（MAWB）と、混載業者として荷主に対して発行するハウス

Question 19

航空会社のオペレーション

飛行機に貨物を載せるだけではないのですか?

航空貨物の搭載までには予約の受け付けや書類作成、受け渡しなど、実に多くの過程があり、貨物に割り当てる機内のスペースや運賃を設定することも大事な仕事になります。

航空会社の仕事としては、何といっても航空機の運航業務があります。全日本空輸や日本航空などは数百機に上る旅客機を保有して世界各国へ路線を張っており、旅客や貨物を安全に、時間通りに輸送することが最も重要な仕事になります。日本貨物航空(NCA)や全日空のように、貨物専用機を運航して航空貨物を運ぶ会社もあります。

航空機を運航するだけでは貨物を運べません。左図は貨物輸送の流れを簡単に説明したものですが、まずは航空貨物を運びたい人から予約を受け、貨物を受け取ります。その前段として、旅客機ならば貨物に割り当てられるスペースを把握し、運賃の設定などを行います。貨物専用機であれば、需要の高い路線・時間帯などを考えて運航スケジュールを組みます。この仕事は、航空会社が貨物事業で適正な収益を上げるための生命線とも言える仕事です。より魅力的な航空輸送サービスを開発するためのマーケティングや商品企画といった部門もあります。

要なものです。その日の天候状況、風向き、空港滑走路の長さ、危険品や動物など搭載位置が限定される特殊貨物なども考慮しながら、短時間内で搭載計画を決定します。現場を支える多くの専門集団の一つと言えます。

航空貨物の大半は、フォワーダーと呼ばれる利用運送事業者によってメーカーなど実荷主の手から航空会社へ、通関などの必要な手続きを経た上で運び込まれます。航空会社は全国の主要地域に営業・販売部門を設けて、自社のサービスを売り込んだり、見積もり依頼や搭載予約に対応します。予約の受け付けは、電話やファクスで行われるのが主流でしたが、現在はオンライン予約に対応している会社も増えています。大手のフォワーダーとは年間契約を結び、事前にある程度のスペースを決められた運賃で、実質的に卸売りすることもあります。

貨物の受け渡しは空港内の上屋で行われ、航空会社の委託を受けたハンドリング会社が実際の作業を担う場合が多くなっています。予約情報を基に、貨物の状態や個数、仕向地、搭載予定便などを確認します。航空貨物はユニット・ロード・ディバイス（ULD）と呼ばれる専用資材に積み付けられ、搭載に当たってはロードプランナーと呼ばれる専門スタッフが搭載計画を策定して機内で貨物を置く位置が決められます。

到着空港ではULDを上屋に搬入して解体します。貨物の内容と書類を照合し、フォワーダーが引き取りに来るまで保管します。機体の整備など、ここでは紹介しきれなかった仕事もたくさんあり、航空会社だけでも多くの関係者が航空貨物輸送に携わっています。

国際航空貨物輸送の流れ

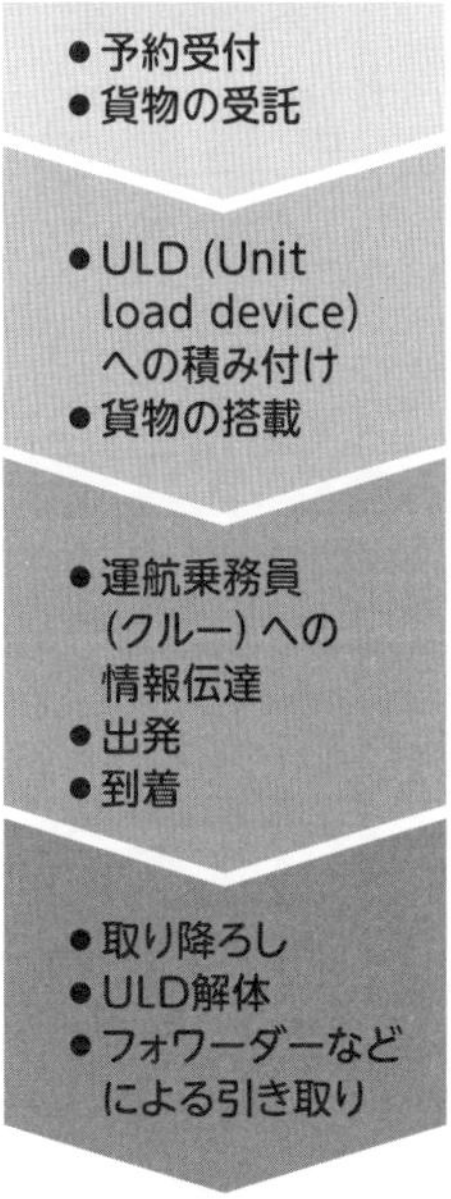

- 予約受付
- 貨物の受託

- ULD (Unit load device) への積み付け
- 貨物の搭載

- 運航乗務員（クルー）への情報伝達
- 出発
- 到着

- 取り降ろし
- ULD解体
- フォワーダーなどによる引き取り

Memo ロードプランナーによる業務は、ロードコントロールと呼ばれます。飛行機は重心位置（ウェイト・アンド・バランス）・重量が規定値以内でなければ安全に飛ばすことができません。航空法では、機長は出発前にそれらを確認しなければ出発ができないほど重

Question 20

フォワーダーの業務

航空輸送でのフォワーダーの役割は何ですか？

運送事業者であるフォワーダーは、集荷からエンドユーザーへの配送まで一貫して輸送を請け負うこともあれば、空港間の輸送のみを担当する時もあります。**ポイントは、自分たちで輸送手段を持たず、荷主から預かった貨物をさまざまな輸送手段を「利用」して輸送するという点です。**

航空輸送においてフォワーダーは、航空会社の貨物スペースを利用する運送事業者という意味で、利用航空運送事業者と呼ばれます。利用運送という言葉は、国土交通大臣が管轄する「貨物利用運送事業法」の名称にも使われています。またフォワーダーは、複数の荷主から集めた貨物をまとめて混載貨物として航空会社に運送を委託するので、混載業者ともいいます。

空港間のみの輸送もあると言いましたが、実際は集荷や現地での配送までを担当することが多くあります。複数のモードを組み合わせて利用し、ドア・ツー・ドアの輸送を手掛ける事業者を第二種利用運送事業者、単一の運送手段で輸送する事業者を第一種利用運送事業者と法律的に呼びます。

を大きくできます。航空会社の貨物運賃体系は、搭載する貨物が大口であるほど単位重量当たりの単価が安くなる重量逓減制になっています。フォワーダーは大口割引を利用することで混載差益を得るのです。

「代理店」という呼ばれ方もあります。これは、航空会社に代わって貨物スペースを販売していたという商習慣からそう呼ばれていました。しかし現在は、航空会社との対等な関係としてフォワーダーと呼ぶのが一般的です。ただ、航空会社から貨物スペースを仕入れたり、予約を入れたりすることは現在もフォワーダーの重要な業務となっています。

フォワーダーの受け持つ業務は利用運送にとどまらず、かなり幅広いものとなっています。輸送を軸として、通関業務、物流倉庫での保管・配送、コンサルティングなどの総合物流サービスを提供する会社も増えてきました。

成田空港外のフォワーダー施設

荷主の最適物流を実現するためのサポート役を果たしているだけでなく、物流改善に向けて提案型のサービスを展開しているフォワーダーも少なくありません。フォワーダーは航空輸送だけでなく、さまざまなサービスを追加的に提案することで事業を営んでいるわけです。航空輸送も含め、総合的なロジスティクスサービスを提供するということで、ロジスティクス・プロバイダーとも呼ばれています。

Memo

混載貨物とは、フォワーダーが複数の荷主から貨物を集荷し、同じ仕向地別にまとめて自ら荷送人となり、航空会社と運送契約を締結して運ぶ貨物のことです。個々の荷主が出す貨物は少量でも、複数荷主の貨物をまとめることで貨物全体のボリューム

Question 21 もっと手軽に国際輸送できる手段はないですか?

国際宅配・エクスプレス／郵便

国際宅配という方法があります。サイズや輸送可能な品目に制限はありますが、手軽に輸送できるサービスとして普及しています。

書類や数十キロ程度の小口貨物の取り扱いでは国際宅配便会社が強みを持っており、そういった会社が提供するスピード輸送サービスを指して「エクスプレス」と呼ぶことがあります。航空機を自分たちで運用し、集荷・航空機輸送・配送を自社で一貫して行う輸送業者もあり、それらはインテグレーターと呼ばれています。電話一本で、貨物や書類を取りに来てくれますし、市内には国際宅配便会社の受付窓口や集荷ポストもあります。

エクスプレスはその語源にもあるように、「速さ」が特徴です。手軽さと合わせて、ドア・ツー・ドアで一気通貫で輸送することで、一般航空貨物に比べて早く配達できるのが強みです。その分、料金はフォワーダーのサービスと比べて高価になることが多いですが、エクスプレス会社も安価なエコノミーサービスを提供しています。

貨物とは異なりますが、**国際スピード郵便（EMS）の利用も増えています。世界的に越境e**

最も緊急性に対応したサービスといえます。ハンドキャリーは一つの貨物を一人の旅客が手荷物として輸送します。OBCはいくつかの手荷物を集めて届けるハンドキャリーの混載版です。

コマース取引が拡大しているからです。EMSは国際的な郵便ネットワークの枠組みの中で、世界の郵政事業体が連携して提供する付加価値サービスです。郵便局に持ち込めば良いだけの手軽さがあります。無料の集荷サービスが利用できるケースも多くなっています。空港まで行かなくても済みますし、料金には通関料金も含まれていますから、分かりやすく便利なサービスです。

数百キロやトンを超える大きな貨物なら、航空機の貨物搭載スペースを一括購入し、集荷した貨物を混載貨物としてまとめて搭載するフォワーダーに頼めばいいでしょう。フォワーダーは輸送業務だけでなく、集荷や通関、代金決済、梱包、保管などのサービスも併せて提供してくれます。エアポート・ツー・エアポート区間を実際に輸送するのは航空会社ですが、フォワーダーはこの航空会社による輸送区間を含めて、ドア・ツー・ドアのサービスを提供しているのです。

インテグレーターは一貫輸送を行う
(写真はフェデックスエクスプレスの関西国際空港の北太平洋地区ハブ)

空港には、旅客カウンターだけでなく、貨物カウンターもあります。航空会社のサービスは基本的に空港間のエアポート・ツー・エアポート輸送であるため、空港で貨物受け渡しを行うことになっています。ですが、実際には空港まで貨物を持って行かずに航空輸送を頼むケースが一般的です。大きな貨物を空港に持ち込むのは大変ですから、フォワーダーがメーカーの工場などで集荷し、空港まで輸送しているのです。

Memo ハンドキャリーやオンボード・クーリエ(OBC)という輸送方法もあります。これらは旅客手荷物としてのサービスです。サービス提供会社のスタッフは航空券を買い、手荷物として航空機に持ち込み、顧客に届けます。航空貨物輸送サービスの中でも

Question 22

空港の種類

「空港」と「飛行場」に違いはあるの？

「飛行場」は、航空機が離着陸できる施設の一般的な名称として使用されています。それに対して「空港」は、「空港法」で「公共の用に供する飛行場」と規定されています。

空港法上の空港として位置付けられているということは、空港整備の費用負担に関する国の補助などに法的根拠があるということです。日本には空港が98あります（2019年時点）。

空港法は以前「空港整備法」という名称でしたが、2008年に改称すると同時に一部改正が行われました。空港法の下では「国際航空輸送網または国内航空輸送網の拠点となる空港」（空港整備法では第一種、第二種）、「国際航空輸送網または国内航空輸送網を形成する上で重要な役割を果たす空港」（同第三種）、「その他空港」に変わりました。

「国際航空輸送網または国内航空輸送網の拠点となる空港」には会社管理空港（成田国際空港、関西国際空港・大阪国際空港、中部国際空港）があります。これら空港は、空港会社が設置・管理者です。関西国際空港は2012年7月に大阪国際空港（伊丹空港）と経営統合され、新関西国際空港会社が両空港を運営する形となりました。関空・伊丹空港は2016年4月に、運営権

ります。その意味では、飛行場も法律に位置付けられた言葉ということもできます。空港によっては民間機と米軍、民間機と自衛隊が共用している場合があります。また、同じ空港でも○○空港、△△飛行場と呼び名が二つあることもあります。

を民間に委託するコンセッション制度が導入され、オリックスや仏ヴァンシ・エアポートなどが中心となって設立された関西エアポートが運営しています。

国あるいは自治体といった設置・管理の主体に基づいて整理することもあります。その場合、国の設置管理空港、自治体の設置管理空港といった呼び方もします。

税関空港および官署一覧

都道府県名	税関空港名	税関	官署
北海道	新千歳空港	函館税関	千歳税関支署
	旭川空港		札幌税関支署旭川空港出張所
	函館空港		監視部
青森	青森空港	函館税関	青森税関支署青森空港出張所
宮城	仙台空港	横浜税関	仙台空港税関支署
秋田	秋田空港	函館税関	秋田船川税関支署秋田空港出張所
福島	福島空港	横浜税関	小名浜税関支署福島空港出張所
茨城	百里飛行場（茨城空港）	横浜税関	鹿島税関支署つくば出張所
千葉	成田国際空港	東京税関	成田税関支署
東京	東京国際空港（羽田空港）	東京税関	羽田税関支署
新潟	新潟空港	東京税関	新潟税関支署新潟空港出張所
富山	富山空港	大阪税関	伏木税関支署富山空港出張所
石川	小松飛行場	大阪税関	金沢税関支署小松空港出張所
静岡	静岡空港	名古屋税関	清水税関支署静岡空港出張所
愛知	中部国際空港	名古屋税関	中部空港税関支署
大阪	関西国際空港	大阪税関	関西空港税関支署
鳥取	美保飛行場（米子空港）	神戸税関	境税関支署
岡山	岡山空港	神戸税関	宇野税関支署岡山空港出張所
広島	広島空港	神戸税関	広島税関支署広島空港出張所
香川	高松空港	神戸税関	坂出税関支署高松空港出張所
愛媛	松山空港	神戸税関	松山税関支署
福岡	福岡空港	門司税関	福岡空港税関支署
	北九州空港		監視部
佐賀	佐賀空港	長崎税関	三池税関支署久留米出張所
長崎	長崎空港	長崎税関	長崎空港出張所
熊本	熊本空港	長崎税関	八代税関支署熊本空港出張所
大分	大分空港	門司税関	大分税関支署
宮崎	宮崎空港	門司税関	細島税関支署宮崎空港出張所
鹿児島	鹿児島空港	長崎税関	鹿児島税関支署鹿児島空港出張所
沖縄	那覇空港	沖縄地区税関	那覇空港税関支署
	新石垣空港		石垣税関支署石垣空港出張所

（税関資料より）

関税法施行令に基づいて外国貿易を目的とする航空機が自由に出入りできる空港を税関空港といいます。チャーター便などを除いて、国際線の乗り入れができるのは原則、税関空港として指定された空港に限られます。現在、31空港が指定されており、税関の支署や出張所が置かれています。

Memo

飛行場は一般的な呼称として使用されていますが、一方で「自衛隊法」では「陸上飛行場」、「日米安全保障条約」では「米軍の陸上飛行場」、「公共用飛行場周辺における航空機騒音による障害の防止等に関する法律」では「特定飛行場」といった表記があ

Question 23

日本一の港!?

成田空港が日本で最大の貿易港って本当ですか?

本当です。一度に大量の貨物を運べる海上輸送にはかないませんが、貿易額(金額ベース)では日本で最も国際線の乗り入れが多い成田空港が日本一の貿易港になります。

日本を出入りする国際貨物は、重量ベースで99%以上が海上輸送で運ばれていると言われています。航空輸送の割合は1%にも満たないので、成田をはじめとする空港の貨物量は海上輸送の港に全く歯が立ちませんが、これが貿易額となると立場が変わってきます。

税関の貿易統計を見ながら説明していきましょう。左表は2018年の主な空港・港の貿易額の一覧です。輸出と輸入、さらに輸出入総額の3種類の貿易額と併せて、各空港の全国の貿易額に占めるシェアも示しました。2018年は「全国総額」が輸出入合わせて164兆円。その内訳は、「全国空港総額」が39兆円、「全国海港総額」が125兆円で、港の占める割合が76%でした。航空輸送は重量ではシェアが1%に満たないと言いましたが、貿易額では24%近くまで存在感を高めています。これは航空貨物の重量当たりの単価が高いことを示しており、海上貨物と比べて段違いに高価なものが運ばれていることが分かります。

ています。ところが、成田を発着する貨物も他の港や空港などの実績に計上されていることが多く、実際の発着ベースで輸出入額を見ると、成田は輸出で名古屋港を抜き、輸入でも首位を維持して、名実ともに日本一の貿易港になります。

2018年の主要空港・港の貿易額

		輸出額		輸入額		輸出入総額	
		金額（億円）	全国比（%）	金額（億円）	全国比（%）	金額（億円）	全国比（%）
全国総額		814,866	100.0	826,899	100.0	1,641,765	100.0
全国空港総額		187,325	23.0	204,119	24.7	391,444	23.8
	成田空港	**114,621**	**14.1**	**136,962**	**16.6**	**251,583**	**15.3**
	羽田空港	3,629	0.4	9,822	1.2	13,451	0.8
	関西空港	53,073	6.5	39,256	4.7	92,329	5.6
	中部空港	10,649	1.3	11,090	1.3	21,739	1.3
	福岡空港	3,748	0.5	4,989	0.6	8,737	0.5
	那覇空港	47	0.0	306	0.0	352	0.0
	その他	1,556	0.2	1,691	0.2	3,246	0.2
全国海港総額		627,542	77.0	622,780	75.3	1,250,321	76.2
	東京港	60,395	7.4	116,520	14.1	176,915	10.8
	横浜港	77,192	9.5	47,526	5.7	124,718	7.6
	神戸港	58,241	7.1	34,375	4.2	92,616	5.6
	大阪港	42,441	5.2	49,683	6.0	92,123	5.6
	名古屋港	124,861	15.3	53,349	6.5	178,210	10.9
	その他	264,412	32.4	321,326	38.9	585,739	35.7

（出典：東京税関・成田空港貿易概況）

さらに、空港別のシェアを見ていきましょう。輸出入の総額は成田空港が25兆円、シェア15%超と、全国で首位になったことが分かります。輸出では車の輸出が盛んな名古屋港に首位を譲りましたが、輸入では2位の東京港を大きく引き離し、輸出入の合計で成田が日本一の貿易港の地位を獲得しています。成田は長く日本一を保っています。

港と空港の大きな違いが分かる数字も入っています。それぞれの輸出入額の「その他」の割合に注目してみましょう。空港の0・2%に対して、港は36%近くもあります。これは、日本の航空貨物の99・8%が成田をはじめ表に名前のある6空港を出入りしていることを示しており、特に成田は日本の航空貨物の64%以上を取り扱っています。全国のさまざまな港を出入りする海上貨物と異なり、航空貨物はごく限られた空港を出入りしているのです。

Memo

上の表のような、税関が通常発表する貿易統計では、通関した時に貨物が置かれていた場所に輸出入額の実績が計上されます。実は、羽田を発着する貨物は通関時には成田に置かれていることが多く、羽田の輸出入額の多くが成田に計上されてしまっ

Question 24

世界一の貨物輸送航空会社はどこですか？

航空会社の貨物輸送ランキング

貨物輸送量を示す単位には、単純にどれだけの貨物を搭載したかという輸送重量（トン）のほかに、輸送重量と輸送距離を掛け合わせた貨物トンキロメートル（FTK）という単位があります。**国際航空運送協会（IATA）がまとめた2018年の航空会社貨物輸送ランキングでは、重量ベース、FTKベースともに総合ラ**

航空会社の2018年貨物輸送量ランキング上位30位

2018年総合（国際＋国内）ランキング

順位	重量部門	
	航空会社	千トン
1	フェデックスエクスプレス	7,565
2	UPS	4,755
3	エミレーツ航空	2,609
4	カタール航空	2,262
5	キャセイパシフィック航空	1,828
6	大韓航空	1,574
7	チャイナ エアライン	1,512
8	中国国際航空	1,448
9	中国南方航空	1,383
10	ターキッシュエアラインズ	1,369
11	全日本空輸	1,258
12	シンガポール航空	1,167
13	アトラスエア	1,115
14	ルフトハンザカーゴ	977
15	アシアナ航空	969
16	カーゴルックス航空	850
17	LATAM航空グループ	831
18	カリッタ航空	828
19	ポーラーエアカーゴ	826
20	日本航空	754
21	中国東方航空	730
22	エアブリッジカーゴ	724
23	エティハド航空	719
24	タイ国際航空	669
25	エバー航空	648
26	ブリティッシュエアウェイズ	625
27	サウディア	609
28	ユナイテッド航空	597
29	アメリカン航空	592
30	エールフランス航空	548

順位	トンキロ部門	
	航空会社	FTK（百万）
1	フェデックスエクスプレス	17,499
2	エミレーツ航空	12,713
3	カタール航空	12,695
4	UPS	12,459
5	キャセイパシフィック航空	11,284
6	大韓航空	7,839
7	ルフトハンザカーゴ	7,394
8	カーゴルックス航空	7,322
9	中国国際航空	7,051
10	中国南方航空	6,597
11	シンガポール航空	6,491
12	ターキッシュエアラインズ	5,890
13	チャイナ エアライン	5,804
14	エアブリッジカーゴ	5,511
15	全日本空輸	4,587
16	アトラスエア	4,553
17	ユナイテッド航空	4,455
18	ブリティッシュエアウェイズ	4,276
19	アシアナ航空	4,067
20	ポーラーエアカーゴ	4,038
21	アメリカン航空	3,817
22	エールフランス航空	3,673
23	KLMオランダ航空	3,604
24	エバー航空	3,580
25	エティハド航空	3,471
26	カリッタ航空	3,462
27	LATAM航空グループ	3,389
28	アエロロジック	2,803
29	中国貨運航空	2,768
30	デルタ航空	2,762

らの需要を取り込むことに力を入れています。特にエミレーツ航空やエティハド航空、カタール航空など中東系航空会社では、トランジット貨物をうまく取り込んでいることが急激かつ大きな実績増の一つの要因となっています。

ンクでの世界トップはフェデックスエクスプレスです。貨物機数で世界最大の686機（2019年8月末時点）のフリート規模で、米国を基点に国内外へ広大な航空ネットワークを持つことが圧倒的な実績につながっています。

ただし、国際だけではエミレーツ航空が重量、FTK部門ともに過去7年連続の1位です。かつて国際FTKランキング世界一は、1986年からドイツのルフトハンザカーゴでした。2004年から2009年の間は大韓航空、2010年から2011年はキャセイパシフィック航空、2012年から2018年はエミレーツ航空と変化しました。

邦人航空会社では、全日本空輸が国際重量部門で13位、同FTK部門で16位、総合重量部門で11位、同FTK部門で15位と、世界トップ30位入りしています。

2018年国際ランキング

順位	重量部門		順位	トンキロ部門	
	航空会社	千トン		航空会社	FTK（百万）
1	エミレーツ航空	2,609	1	エミレーツ航空	12,713
2	カタール航空	2,262	2	カタール航空	12,695
3	フェデックスエクスプレス	2,159	3	キャセイパシフィック航空	11,284
4	キャセイパシフィック航空	1,828	4	フェデックスエクスプレス	8,455
5	UPS	1,548	5	大韓航空	7,815
6	チャイナ エアライン	1,512	6	ルフトハンザカーゴ	7,391
7	大韓航空	1,510	7	カーゴルックス航空	7,322
8	ターキッシュエアラインズ	1,302	8	シンガポール航空	6,491
9	シンガポール航空	1,167	9	UPS	6,252
10	ルフトハンザカーゴ	969	10	中国国際航空	5,912
11	アシアナ航空	933	11	ターキッシュエアラインズ	5,860
12	カーゴルックス航空	850	12	チャイナ エアライン	5,804
13	全日本空輸	829	13	エアブリッジカーゴ	5,511
14	ポーラーエアカーゴ	788	14	中国南方航空	5,309
15	アトラスエア	726	15	ブリティッシュエアウェイズ	4,270
16	エアブリッジカーゴ	724	16	全日本空輸	4,113
17	エティハド航空	719	17	ユナイテッド航空	4,064
18	中国国際航空	717	18	アシアナ航空	4,052
19	エバー航空	648	19	ポーラーエアカーゴ	4,010
20	タイ国際航空	644	20	アトラスエア	3,792
21	カリッタ航空	632	21	エールフランス航空	3,672
22	ブリティッシュエアウェイズ	623	22	KLMオランダ航空	3,604
23	LATAM航空グループ	606	23	エバー航空	3,580
24	中国南方航空	596	24	アメリカン航空	3,550
25	サウディア	569	25	エティハド航空	3,471
26	エールフランス航空	547	26	カリッタ航空	3,121
27	シルクウェイ・ウエスト航空	491	27	LATAM航空グループ	3,044
28	アメリカン航空	484	28	アエロロジック	2,803
29	ユナイテッド航空	481	29	中国貨運航空	2,702
30	KLMオランダ航空	468	30	サウディア	2,487

（IATA WATS2019、2018より作成）

Memo 例えば東京からシカゴへ貨物を輸送する場合、直行便のほかに、別の空港を経由して輸送する場合があり、これをトランジットと呼びます。旅行の場合と一緒ですね。世界の大手航空会社は拠点のハブ空港を活用し、自国の貨物だけでなく他の地域か

Question 25

空港貨物ランキング

世界で一番貨物を取り扱っている空港はどこですか？

現在、世界で一番多く航空貨物を取り扱っている空港は香港国際空港です。キャセイパシフィック航空などが拠点としており、世界の航空会社120社以上が220路線以上を乗り入れる巨大空港です。2018年の貨物取扱量ランキングを見ると、特に国際貨物取扱量ランキングでアジアの空港が上位に目立ちます。1位が香港、2位が上海・浦東、3位がソウル・仁川、4位がドバイ、5位が台北・桃園です。国際航空運送協会（IATA）の統計によると、世界の国際航空貨物のうち35%がアジアの航空会社により輸送されています。つまり、それだけの貨物がアジアの空港を発着しているのです。

一方で、総合ランキングを見ると1位は香港、2位がメンフィス、3位が上海・浦東、4位がソウル・仁川、5位がアンカレジと、聞きなれない空港が上位に入ってきます。米テネシー州メンフィスには、航空宅配便を始めたことで知られる米フェデックスエクスプレスのワールドハブがあります。またアンカレジは従来、アジア－北米間の貨物専用機の経由地点として各国の航空会社が利用しており、フェデックスやUPSなどエクスプレス企業のハブとして活用

り扱い実績があります。両空港を合わせると364万2528トンの規模で、上海・浦東を抜いて世界2位の取り扱い規模になります。ちなみに日本の首都圏空港を見ると、成田が219万8012トンで、羽田が60万1846トン。合計すると280万2858トンで、世界3位のソウル・仁川に匹敵する規模になります。

2018年世界空港貨物取扱量ランキング（速報値）　出典：国際空港評議会（ACI）

総取扱量		
順位 18年	空港名	貨物取扱量（年間・トン）
1	香港	5,120,811
2	メンフィス	4,470,196
3	上海・浦東	3,768,573
4	仁川	2,952,123
5	アンカレジ	2,806,743
6	ドバイ（DXB）	2,641,383
7	ルイビル	2,623,019
8	台北・桃園	2,322,823
9	成田	2,261,008
10	ロサンゼルス	2,209,850
11	ドーハ	2,198,308
12	シンガポール	2,195,000
13	フランクフルト	2,176,387
14	パリ	2,156,327
15	マイアミ	2,129,658
16	北京	2,074,005
17	広州	1,890,561
18	シカゴ	1,868,880
19	ロンドン	1,771,342
20	アムステルダム	1,737,984
上位20空港合計		51,374,981

国際貨物取扱量		
順位 18年	空港名	貨物取扱量（年間・トン）
1	香港	5,017,631
2	上海・浦東	2,915,502
3	ソウル・仁川	2,857,845
4	ドバイ（DXB）	2,641,383
5	台北・桃園	2,305,209
6	成田	2,198,012
7	ドーハ	2,163,544
8	シンガポール	2,154,900
9	フランクフルト	2,044,740
10	アンカレジ	1,991,512
11	パリ	1,936,929
12	マイアミ	1,771,199
13	アムステルダム	1,716,498
14	ロンドン	1,684,220
15	バンコク	1,453,064
16	シカゴ	1,393,127
17	ロサンゼルス	1,375,124
18	イスタンブール	1,213,406
19	ライプチヒ	1,127,075
20	ニューヨーク・JFK	1,050,520
上位20空港合計		41,011,440

※アンカレジの総取扱量はトランジット貨物を含む。
ドバイは、ドバイ国際空港（DXB）の実績（アール・マクトゥーム国際空港〈DWC〉は含まれない）。

されることで米国内貨物の取り扱いが多いのが特徴です。

1978年に開港した成田は、かつて長らく国際貨物の取扱量で世界1位の座を守ってきましたが、1996年に香港、2006年にソウル・仁川に抜かれました。しかし近年でも、2014～2015年は6位、2016～2017年は5位、2018年は6位と、世界上位のポジションを維持しています。

ここしばらく、中東の空港は取扱量を伸ばし続けています。アラブ首長国連邦のドバイ国際空港の2018年貨物取扱量は265万4542トンですが、実はドバイには国際空港が二つあります。2010年に新たにアール・マクトゥーム国際空港が開港し、2018年には98万7986トンの貨物取

Question 26

上屋とは

何と読むのでしょうか？

「うわや」と読みます。普段はなじみのない言葉ですが、航空貨物業界では頻繁に耳にする言葉で、倉庫をイメージすると分かりやすいでしょう。

航空物流の一連の作業は、出荷準備作業、トラックによる陸上輸送、梱包や貨物の積み付け、通関、航空機への搭載準備、実際の搭載といった作業に至るまで、さまざまあります。貨物を梱包したり、一時保管したり、搭載準備などは倉庫で行うことが多く、こうした作業が行われる倉庫を上屋と言います。英語の「warehouse」（ウェアハウス）が語源という説もあります。

フォワーダーが空港外および空港内にもつ上屋は「フォワーダー上屋」、航空会社が搭載前の準備作業、あるいは到着貨物を空港内で取り扱う上屋は「航空会社上屋」と呼ばれます。空港と空港周辺地域、空港と空港間を陸上輸送で結ぶトラック会社も一時保管などの用途のために倉庫を保有しているケースもあり、こうした施設も上屋と呼ばれることがあります。

外国貨物を蔵置できるスペース（保税蔵置場）の許可を取得している上屋は「保税上屋」という言い方をします。

国際貨物を取り扱うため、保税蔵置場許可を取得した保税上屋でもあります。航空貨物を取り扱う上屋、そして機能にはそれぞれ違いがあります。一般的な倉庫とも違うので、その特色を把握することが大切です。

航空貨物輸送は特にスピードが重視されるため、貨物はできるだけ留め置きしないことが求められます。航空貨物輸送で使う上屋は、航空機に搭載する貨物や、航空輸送されてきた貨物を受け入れます。そこでは航空輸送に必要な作業を迅速に行うことに重点が置かれています。一般的な倉庫が保管を目的とするものであるとすれば、こうしたところが違います。

上屋で行われる作業を上屋作業と呼ぶこともあります。貨物の仕分け作業が行われたり、検量も行われます。

上屋には、冷蔵・冷凍庫、保冷庫、一定の温度に保たれる定温庫などの機能を整備している場合があります。こうした施設では、例えば生鮮貨物の保管が行われます。精密機械も一定温度での管理が求められるため、定温庫で取り扱われることがあります。貴重品や危険物の取り扱いに特化した施設もあります。

上屋作業を専門に行う上屋会社も、航空物流における重要なプレーヤーです。航空会社の子会社であるケースや、独立した会社であることもあります。空港の上屋は、基本的には航空会社とフォワーダー上屋が明確に区別されていますが、空港によっては両者の機能を一体化した上屋もあります。

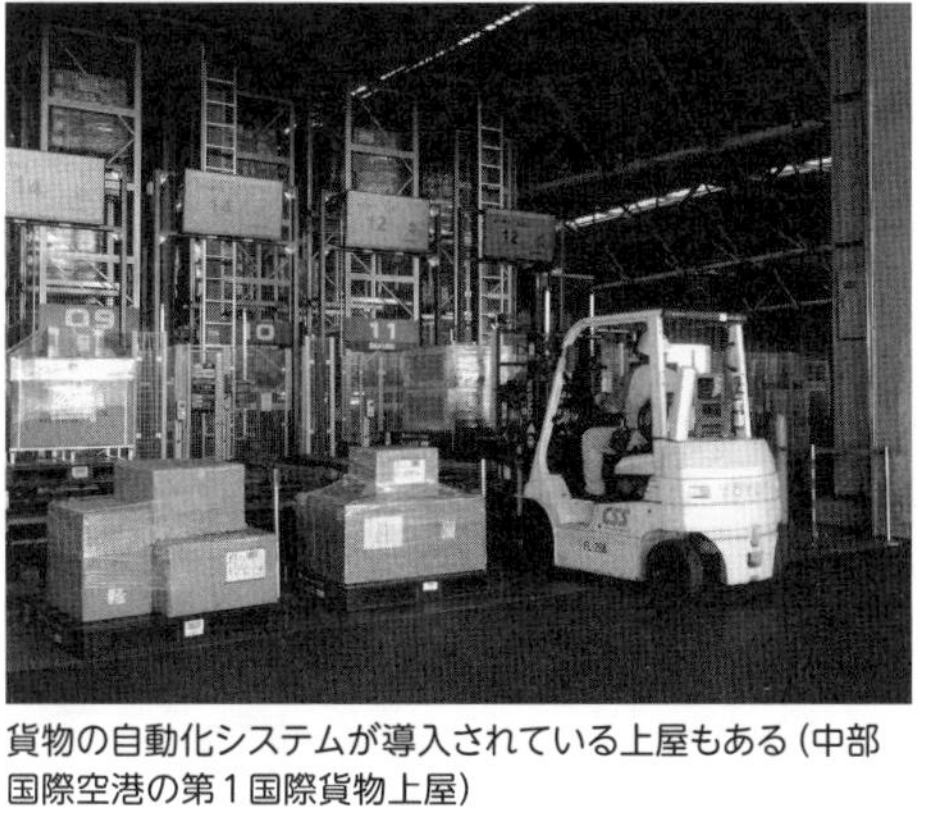

貨物の自動化システムが導入されている上屋もある（中部国際空港の第１国際貨物上屋）

Memo

福岡空港には国際貨物を取り扱う輸出入共同上屋会社、福岡エアーカーゴターミナル（FACTL）があります。フォワーダーが通関を行う上屋であると同時に、航空会社が貨物の搭載準備あるいは到着貨物の引き取りを行う上屋としても機能しています。

Question 27

ULDって何ですか？

コンテナ・パレットの種類

航空機への貨物搭載に必要なコンテナやパレットなどの輸送補助機材のことを、ユニット・ロード・ディバイス（ULD）といいます。原則、航空機に貨物を搭載するにはULDを使用する必要があります。コンテナやパレットの寸法や規格は、国際航空運送協会（IATA）のルールで統一的に定められています。航空機の形状や容量に応じて、さまざまな種類があります。

貨物機内の搭載スペース

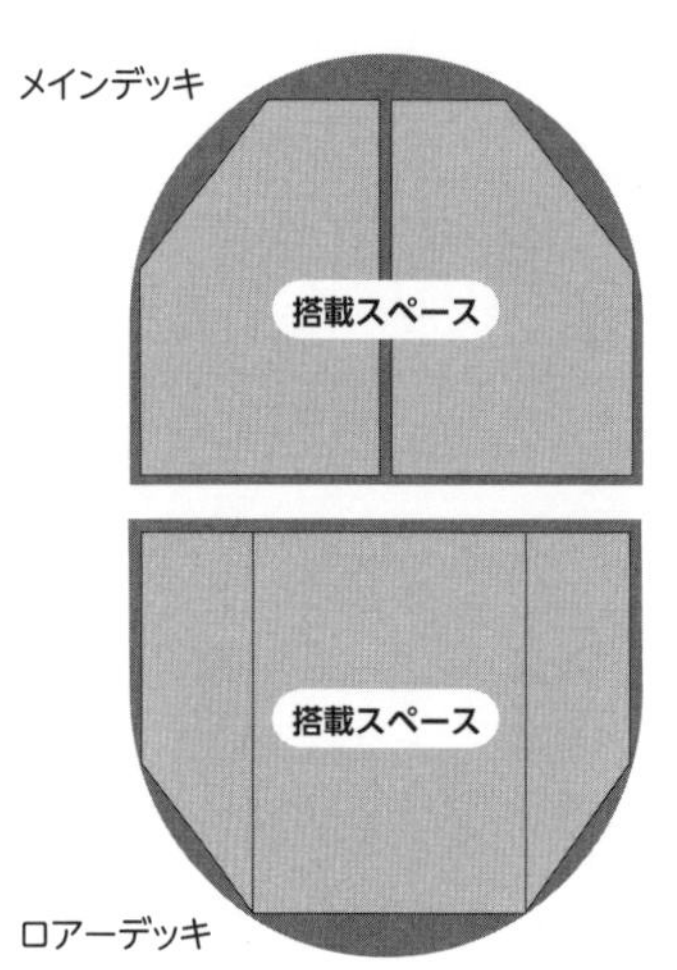

貨物機のメインデッキは「かまぼこ」のような形状の空間です。そのためメインデッキに搭載するコンテナは、かまぼこの上部両端を直線的に切り落としたような8面体の形状が多いです。ロアーデッキはその逆の空間を利用します。ロアー用の逆かまぼこ8面体のコンテナで代表的なものが「LD3」（別称「AKE」）で、外寸156×153×163センチ

物はハウスエアウェイビル（HAWB）単位に仕分けられた上で、フォワーダーに引き渡されます。最近では、フォワーダーが混載貨物を未解体の状態で空港上屋から引き取っていく「インタクト」のケースが増えています。

（奥行×幅×高さ）。それから6面体の「LD9」（別称「AAP」）もよく使用されます。外寸は318×224×163センチ（奥行×幅×高さ）です。いずれもB777型機、B787型機、B767型機、B747型機、A350型機といった主要なワイドボディ機に搭載可能です。

パレットは硬質の平板です。この上に貨物を積み上げて固定し、一つのユニットとして航空機に搭載します。主流のサイズは「96（クンロク）インチパレット」（別称「PMC」）で、外寸幅が96×125インチ（244×318センチ）のものです。

ほかにも生鮮品、医薬品向けの温調コンテナや、馬・牛など大型動物向け、F1マシン用の二段積みパレットなど、用途ごとにさまざまなULDがあります。ULD技術は日進月歩です。軽量なもの、耐火性の高いもの、折り畳み可能なものなど、近年ではさまざまなタイプが世の中に登場しています。

米シーセーフグローバルのアクティブ式温調コンテナ「RKN」、ベースの形はLD3型

Memo コンテナへ貨物を入れたり、パレットへ組み上げる作業を「積み付け」「ビルドアップ」、逆に到着貨物をコンテナから取り出したり、パレットから外す作業を「解体」「ブレークダウン」と呼びます。到着後の作業は通常、空港の輸入上屋で行われます。混載貨

Question 28

地上支援機材（GSE）

航空機の周りのさまざまな車両は何をしているのですか？

地上支援機材（GSE=Ground Support Equipment）と呼ばれ、航空機の運航に関わるさまざまな作業をサポートします。主に空港の駐機スポットで仕事を行う、グランドハンドリング業務に欠かせません。航空機の誘導と、貨物や旅客手荷物・機内食などの搭降載が主なグラハン業務です。ボーディングブリッジ（搭乗橋）の着脱から機内清掃や各種備品の補充まで、守備範囲は広範です。

特に大きな仕事が航空機の誘導です。航空機は自力で後進しません。ジェットエンジンの逆噴射などで理論上は可能なようですが、操縦席から後ろが見えずに危険だという理由などから行われていないようです。そのため空港現場では、航空機を出発できる位置まで押し出すプッシュバック作業、航空機のエンジンを作動せずに機体を地上で移動する際にけん引するトーイング作業を行う必要があります。これらの作業は「トーイングカー」により行われます。

貨物搭降載でもさまざまな種類のGSEが活躍します。まず、上屋から搬出された貨物を航空機のそば（機側）までもっていく必要があります。**パレットやコンテナのユニット・ロード・デ**

ーパーや、スコップのように雪を押し出して移動させるスノープラウから、滑走路や誘導路に凍結防止剤を散布する大型薬剤散布車まで、車両の種類はさまざまです。ちなみに除氷・除雪車いずれも「デアイシングカー（デアイサー）」と呼ばれます。

イバイス（ULD）の形状になっているものは「ドーリー（台車）」に搭載し、「トーイングトラクター（TT車）」でけん引して搬送します。ドーリーにはパレット用、コンテナ用があり、それぞれULD搬送のための固定装置が備わっています。ばら積みの貨物・手荷物、郵便物の搬送では「バルクカート」を使用します。

航空機への貨物搭降載では、利用する貨物室や貨物の荷姿によりGSEを使い分けます。メインデッキの場合は「メインデッキローダー」と呼ばれるリフト（昇降機）を主翼後部にあるサイドカーゴドアに装着して行います。B747F型機では、機体の鼻先部分のノーズカーゴドアにメインデッキローダーを装着し、前方から貨物搭降載作業を行うこともあります。

ロアーデッキでは、機体下部のカーゴドアに「ハイリフトローダー」を接近させてULDの昇降、移送を行います。ULDを使用しないばら積み貨物の場合は、ベルトコンベアを装備する「ベルトローダー」を使用します。

成田空港に駐機する全日本空輸のB777F型機への搭載風景。写真手前は、パレットに積み付けられた貨物をドーリーに載せ、けん引するトーイングトラクター

Memo 寒冷地の空港では、冬場は雪との闘いです。除雪･除氷車が欠かせません。冬には2メートル以上の雪が降る新千歳空港では、80台以上の除雪車両が24時間体制で除雪作業を行い、安全な航空機の離着陸を守っています。雪を吹き飛ばすスノースイ

Question 29

貨物はどのくらい搭載できるのですか?

ペイロードとACL

いくらでも旅客や貨物を載せることができるわけではありません。航空機の大きさ、種類などによっても搭乗できる旅客数、搭載できる貨物量には違いがあります。貨物機で見ると、B767F型機の貨物搭載量が約60トンであることに対して、B777F型機は約100トンです。さらに運航距離や滑走路の長さ、出発空港の標高によっても、搭載できる旅客数および貨物量は変わってきます。

航空機が出発する時の重量の要素には、旅客やその手荷物、貨物や郵便、航空機材の重量や搭載燃料、乗務員およびその手荷物、旅客に提供する食事などがあります。これら全てを含めた離陸時の航空機の重量を「離陸重量」と言います。離陸が可能な重量の上限を「最大離陸重量」と言います。空港の着陸料を算出する基準には、もっぱら最大離陸重量が指標として使われます。

航空機自体の重量や燃料、運航に必要な設備、運航乗務員およびその手荷物などを除くと、収益につながる旅客やその手荷物、貨物・郵便を合計した重量が残ります。これを「ペイロード(Pay-Load)」と言います。ペイロード当たりの売上高をいかに高めるかが、航空会社にとっ

ベリースペースも、旅客手荷物と貨物への割り当て方が重要です。予想よりも旅客手荷物が多くて貨物搭載量を制限しなければならない、ということのないように、しっかりとコントロールすることが大切になります。

て勝負の分かれ目とも言えます。

運航距離が長ければ、それだけ燃料を多く積まなければなりません。多く燃料を搭載した分、旅客数や貨物量が制限されます。長距離路線を運航する際には燃料量を多く搭載するため、燃料搭載スペースが大きな機材が必要となります。大型機材になればなるほど、離陸重量が大きければ大きいほど、離陸時に機体が浮き上がるまでの滑走距離が必要になります。

逆に言えば、短い滑走路を大型機が離陸する場合には、離陸重量を制限する必要が生じるため、旅客数や貨物量が制限されることになります。また、標高が高い空港は気圧が低いため、エンジンの出力も低くなります。そのため、同じ長さの滑走路を離陸する場合と比べて離陸重量を抑える必要が出てきます。つまりペイロードが限定されるということにつながります。

一方、燃費の良い航空機は、より長距離を運航できるというメリットに加えて、同じ運航距離であれば搭載燃料が少なくて済みます。その分、旅客や貨物を多く搭載できるというメリットもあります。

こうした各種飛行条件や機材の種類・性能を踏まえて算出された旅客数や搭載貨物量の重量の最大値がＡＣＬ（Allowable Cabin Load）あるいは旅客・貨物搭載許容量と言われます。航空機には無償貨物が搭載される場合もあるので、先ほど出てきたペイロードは、ＡＣＬの範囲内で算出されると言うこともできます。つまりＡＣＬから無償貨物、無償旅客を差し引いた数値がペイロードと捉えることもできるでしょう。

Memo

同じ機材であっても、航空会社によって座席の配置、座席数に違いがあります。ファーストクラス、ビジネスクラス、エコノミークラスによって席の大きさ・装備にも違いがあります。座席の配置からも航空会社の事業戦略を読み取ることができます。

Question 30

旅客や貨物の輸送などさまざまですね

航空会社のビジネスモデル

一口に航空会社と言っても、さまざまなビジネスモデルがあります。良く耳にするのは、パッセンジャーキャリア、フレイターキャリア、インテグレーター、コンビネーションキャリアというものです。こうした名称は法律などで規定されているわけでもなく、厳格に定められた名称ではありません。一般的な呼称として覚えておくといいでしょう。

私たちにとって最も身近なのは、旅客を輸送する航空会社かと思います。日本国内路線、海外路線を含めて、世界中を行き交う旅行客が航空会社を利用しています。こうした航空会社はパッセンジャーキャリアと呼ばれます。貨物輸送を専門に事業展開している航空会社もあり、貨物専用機を運航してさまざまな貨物を世界各地に届けています。フレイターキャリアです。旅客輸送は手掛けずに貨物輸送のみを行うビジネスモデルです。旅客機と貨物専用機を保有している航空会社もあり、コンビネーションキャリアと呼ぶことがあります。

国際・国内の宅配貨物を取り扱っている事業者は、航空機の運航と集配や空港への搬入、空港からの搬出を合わせて一体的に事業を手掛けています。こうした事業者はインテグレーターと呼

指してフレイターキャリアの誘致に取り組む空港もあります。多くの運航便が利用することで、着陸料収入などを安定的に確保できます。空港によっては新規就航・増量割引を導入している例もあります。

初級編

ばれます。世界各地に網の目のように張り巡らせた航空、陸上輸送ネットワークを駆使して、貨物を迅速に輸送しています。

違った角度で見ると、一定の頻度で決まった路線を運航する定期便を主体とする航空会社だけではなく、需要や必要に応じて特定の路線・便数を運航するチャーター便を事業の主体としている航空会社もあります。貨物専用機の運航会社、つまりフレイターキャリアでも目立っています。チャーター便を利用する主体は荷主や物流事業者に加えて、航空会社も挙げられます。航空会社が他社の貨物専用機を利用する形で貨物を輸送するケースです。

旅客輸送の航空会社であるパッセンジャーキャリアには、フルサービスキャリア（FSC）とローコストキャリア（LCC）に大別されます。法律上の明確な定義はありませんが、一般的に食事や機内エンターテインメントなどのサービスを提供している航空会社をFSC、こうしたサービスを取り除いて低コスト・低価格を追求している航空会社がLCCです。FSCにはファーストクラス、ビジネスクラス、エコノミークラスを備えて、グレードが高いクラスほど、サービスのグレードも高いということになります。LCCと言っても機材や安全面への投資はFSCと変わりません。各国の航空当局の事業許可条件もFSCとLCCに違いはありません。LCCは運航頻度を多くして機材の稼働率を高めることで収益を確保しています。食事や飲み物を頼むことはできますが、多くの場合が有料です。日本では2010年代にLCCの参入が目立ってきました。低価格で気軽に利用できるため、新たな需要、FSCとは違う市場を開拓しています。

Memo

空港も航空会社のビジネスモデルに応じて、その姿を変化させています。顕著な例がLCCターミナルの整備と言えるでしょう。低コスト・低価格を追求するLCCの要望に合わせて、簡易的なターミナルビルを設置しています。運航の拠点化、ハブ化を目

初級編

Question 31
定期便と臨時便、チャーター便は何が違うの？

航空輸送の形態

航空輸送の体系には、主に定期便、臨時便、チャーター便があります。定期便はその名の通り、一定の頻度で運航されるものです。「デーリー運航（毎日運航）」「週6便での運航」といった形で表現されるものが該当します。臨時便、チャーター便は一定の頻度ではなく、必要に応じて運航されるため、「不定期便」という表現が使われることもあります。貨物、旅客の双方で定期便、不定期便が運航されています。

定期便は主に航空業界のスケジュールである夏季スケジュール（3月の最終日曜日に開始）、冬季スケジュール（10月の最終日曜日に開始）に合わせて運航計画の許認可を取得します。日本では全日本空輸、日本航空、日本貨物航空といった会社が国際定期便を運航しています。

一方、臨時便、チャーター便は特定の需要に応じて運航されるため、その都度、許認可を取得します。臨時便とチャーター便にも違いがあります。臨時便は定期便が運航されている路線において、臨時的に便を追加するものです。チャーター便は、定期便路線とは関係なく運航されます。チャーター便は貨物チャーター便、旅客チャーター便に分かれます。このうち貨物便には「オ

までも自社の運航であり、便名は自社便名となります。チャーター便との違いは、こうしたところにもあります。商社などにはリースを仲介する仕事をしているところもあります。航空業界で重要な事業領域と言えます。

ウンユースチャーター」「フォワーダーチャーター」「エアラインチャーター」の3種類があります。オウンユースチャーターは荷主が、フォワーダーチャーターはフォワーダーが、エアラインチャーターは航空会社が用機者（運航便を使って貨物を輸送する当事者）になります。

航空会社が別の航空会社の機材（運航便）を借り切って貨物輸送を行うことには違和感があるかもしれませんが、例えば旅客機しか保有していない航空会社が貨物専用機を活用して輸送を行う場合、あるいは貨物専用機を保有していても、輸送する貨物の特色や急な輸送需要の発生など自社機のみでは対応できない時に、他の航空会社の運航便を利用するケースがあります。

顧客が航空会社上屋のハンドリングの品質を重視して選定した航空会社がフレイターを所有しておらず、かつフレイターでしか輸送できない貨物輸送の場合に、その航空会社がエアラインチャーターを活用して、顧客のニーズに応えることができるという使い方もあるでしょう。

海外には定期便運航会社に加えて、チャーター便を専門に事業展開している航空会社もあります。

貨物チャーター便には「スプリットチャーター」という形式もあります。これは一つの運航便にオウンユースチャーター、フォワーダーチャーター、エアラインチャーターの混在を可能としているものです。用機者として荷主やフォワーダー、航空会社が混在することになります。

チャーター便は輸送手段を借りる形式であるため、便名は実際に運航している航空会社の便名となるのが原則です。

Memo 航空会社は機材を調達するに当たって、自社で購買する手法のほかにリースという手段もあります。航空機を他社から借りて自社便として運航するものです。他社機材ではありますが、自社の運航規程の下で自社の責任で運送事業を行うため、あく

初級編

Question 32 トランジット
“カリリク”って何ですか？

国際航空貨物輸送において、貨物は必ずしも目的空港まで直行するわけではありません。目的空港以外の空港で一度貨物を取り降ろして、その空港で目的空港までの航空便に貨物を搭載して輸送することがあります。**目的空港以外の空港で貨物を取り降ろすことを「仮陸揚げ」と言います。略して「カリリク」と呼ばれることがあります。**

こうした経由貨物は決して珍しいものではありません。成田空港で取り扱われる国際貨物のうち、約3割が仮陸揚げ貨物です。

日本では関税法で定められており、外国貨物の状態のままで積み替え作業が行われます。荷主都合や積み替えが必要な場合、あるいは、やむを得ない事由といった偶発的事情に際して仮陸揚げが行われます。

東南アジアの空港から成田空港を経由して米国に貨物を輸送する場合を想定してみましょう。東南アジアの空港を出発した航空機が成田空港に到着して貨物が取り降ろされます。航空会社上屋に搬入された後、米国向け航空便への搭載のために一時保管、積み替えなどの必要な作業・

る羽田空港に多くの米国路線が開設されるようになったほか、近隣アジア諸国の空港も中継地点としてのネットワークが充実してきています。直行便による輸送、トランジットによる輸送をうまく使いこなすことが重要です。

手続きが行われます。米国向け航空便の出発時刻に合わせて、航空会社上屋から搬出されて航空機に搭載され、目的空港に輸送されます。経由空港での搭降載業務が含まれる輸送形態を一般的にトランジットと呼びます。

仮陸揚げによる積み替えの場合は、一度、航空会社上屋に搬入されます。外国貨物の状態のまま実施されるので、搬入先の航空会社上屋は保税蔵置場であることが求められます。税関当局への搬出入手続きも伴います。

例えば、東南アジアから米国まで同一のユニット・ロード・ディバイス（ＵＬＤ）に貨物がまとめられている場合には、ＵＬＤ単位で貨物の一時保管が行われます。ＵＬＤ単位で貨物が取り扱われるため、経由地の空港の航空会社上屋で貨物の仕分けや積み付けといった作業は必要ありません。品質やオペレーションの観点からは、こうしたＵＬＤ単位での積み替えの方が荷主からは好まれます。

トランジットには、航空会社上屋での一時保管を伴わない形態もあります。経由空港の駐機スペースで航空機から航空機に貨物を移動する「機移し」という方法があります。仮陸揚げの場合は航空会社上屋での一時保管を伴うのに対して、機移しは航空会社上屋への搬出入を伴いません。駐機している航空機から航空機に直接貨物を移動したり、航空会社の保税上屋とは別の場所に一時的に貨物を置いて、別の航空機に搭載します。基本的に駐機場で貨物の仕分け、積み付けといった作業はできないので、機移しはＵＬＤ単位で行われます。

Memo
成田国際空港は東アジアの端に位置しているため、アジアー北米間輸送の経由空港としての機能を強みとしています。旅客、貨物ともにアジアから北米、あるいは北米からアジアの移動の中継地点として機能しています。一方、国内線の基幹空港であ

Question 33

ハブ・アンド・スポークとはどういうことですか？

ハブ空港の仕組み

航空会社のネットワークは、基本的に地点と地点（Point to Point）です。一方、**貨物を効率的に運送するために「ハブ・アンド・スポーク」というネットワークを構築する例があります。ハブ・アンド・スポークとはもともと自転車の車輪の形状のことです。航空業界では、ハブは車軸に当たる拠点空港を、スポークはそのハブを中心に放射線状に広がる航空路線ネットワークをそれぞれ意味します。特定の地域のハブとハブを結ぶ路線を大型機で輸送し、ハブからのスポーク区間を中小型機で輸送するネットワークを構築する例もあります。**

このコンセプトは、広大な土地がある米国で生まれました。米国の大手航空会社は、国内にいくつかのハブ空港を持ち、幹線、フィーダーという独自のネットワーク網を構築しています。スポークにあたる航空ネットワーク（フィーダー・ネットワーク）を活用して、旅客や貨物をハブ空港に集約。ハブ空港で目的地ごとに貨物を仕分け・集約し、今度はフィーダー・ネットワークで各地に輸送します。往復の輸送形態である地点間輸送に比べて、広範囲に広がる旅客や貨物の輸送需要に効率的に対応できます。

で、経済や貿易の振興を目指す取り組みと言えます。国際線と国際線を旅客が乗り継ぐ、あるいは貨物が接続する空港としての機能を重視して空港設計が行われている例も多いようです。

フェデックスエクスプレスの創業者であるフレデリック・W・スミス氏による独自の「ハブ・アンド・スポーク」理論は、物流を含めた世界のビジネスに大きな影響を与えました。この間、フェデックスは世界の航空業界の規制緩和、M&A（企業の合併・買収）を背景に、世界最大の貨物航空会社にも成長しました。

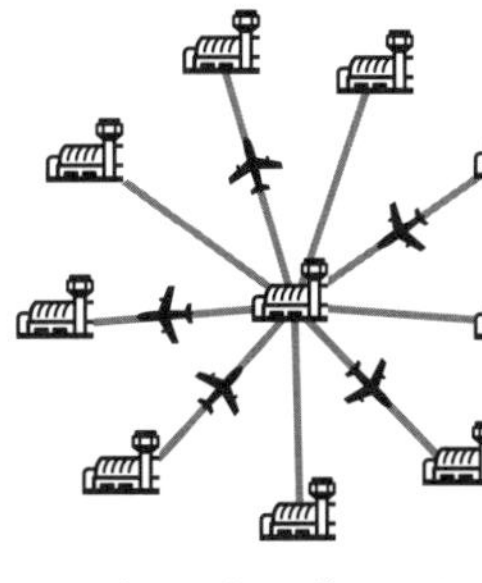

ハブ・アンド・スポークのイメージ

地点間輸送のイメージ

日本では羽田空港が2010年10月に再国際化したことで、国内便と国際便を同一空港で円滑に接続する「内際ハブ」機能が旅客・貨物ともにアピールされています。東アジアに位置する日本の成田空港は地理的優位性があり、アジア太平洋を結ぶ結節点としての機能を担っています。例えば、米国の航空会社が米国発アジア向けの旅客や貨物を成田空港に輸送。そして日本の航空会社とのコードシェアやインターラインを活用してアジア各地に旅客や貨物を輸送するという輸送形態もあります。

インテグレーターのハブ空港の機能と成田空港のような結節点としての機能は、概念として違いもありますが、こうした結節点としての機能もハブ空港として位置付ける考え方もあります。ハブ空港として発展するためには、旅客や貨物が集まりやすい地理的条件や空港の後背地の産業も重要な条件です。

Memo

国策としてハブ空港の構築を目指す動きもあります。代表的な例としては、香港国際空港やシンガポールのチャンギ国際空港、韓国のソウル・仁川国際空港、アラブ首長国連邦のドバイ国際空港が挙げられます。旅客流動や貨物流動を取り込むこと

初級編

Question 34

どうしてテクランが必要なのですか？

テクニカルランディング

テクニカルランディング（技術着陸、テクラン）とは、給油や食糧補充などを目的に、最終目的地ではない空港に途中寄港することです。 かつて、日本から欧米へ飛ぶ国際便のほとんどは、米アラスカ州のアンカレジに技術着陸していましたが、近年では航空機の性能が上がり航続距離が伸び、日本から欧米へ行く旅客便の全てがノンストップ運航です。貨物便でも次第にアンカレジへ立ち寄る航空会社は減ってきました。

貨物機の場合、B777F型、B747-8F型、B747-400F型といった主要機種は、貨物が満載でも日本から米国や欧州の主要都市へノンストップで運航できます。航空会社の費用の40％は燃油が占めるとされており、燃料の消費量を抑制することは大きなテーマでもあります。直行便で飛行距離を短縮することで、運航コストを下げることができるのです。目的地に早く到着できることもメリットですね。

ただし、**欧米のような長距離路線になれば燃油も多く必要になり、その分貨物を搭載できる能力は下がってしまいます。** 例えばアンカレジのような中間地点となる空港に技術着陸して給

や現実味に懐疑的な見方もあります。例えば、東京ーリオデジャネイロ間は1万8593キロですが、ノンストップで運航すれば22時間路線です。乗り換えずに済むのは楽ですが、ほぼ1日中同じ座席に座っているのは体が大変ですね。

シンガポール航空はA350－900ULR型機で世界最長路線を開設した（エアバス提供）

油することで、米国のニューヨークやシカゴへ、欧州のフランクフルトやパリへと、成田から貨物を満載にして飛ぶことができるメリットがあります。

貨物便にとって、アンカレジのような地点は単に給油ポイントとして技術着陸するだけでなく、乗務員の交代基地、貨物の積み替え基地としても活用されます。アンカレジを米国内行き貨物のゲートウエーとして機能させ、全米主要都市への輸送サービスを展開する航空会社もあります。

旅客機でも航続距離1万4000キロ以上の超長距離型機材が市場に投入されるようになり、技術着陸する路線はほぼなくなりました。現在製造されている機材では、エアバスのA350－900ULR（Ultra-long range）型機の航続距離が約1万8000キロで最長です。

2018年10月には、シンガポール航空がエアバスのA350－900ULR型機を利用し、ニューヨーク－シンガポール間1万5345キロをつなぐ直行便を開設しました。運航時間は17～19時間で世界最長路線です。今後さらに機材の性能向上が進み、航続距離2万キロを超える機材が開発されれば、地球上の全ての都市間を結ぶ直行便の開設が可能になるとされます。

Memo 2019年時点で日本を発着する最長路線は、全日本空輸の成田ーメキシコシティ線です。機材はB787-8型機で、その距離は1万1272キロ、フライト時間は12～14時間です。フライト時間が20時間を超える長距離直行旅客便では、商業的な優位性

初級編

Question 35

全ての航空会社が乗り入れているわけではないのですか？

オンライン／オフラインの意味

ある都市に定期便を運航しているかどうかを表す場合にオンライン、オフラインという言葉が使われます。定期便が就航している地点はオンライン、定期便が就航していない地点はオフラインということになります。

その地点に定期便を就航している航空会社をオンライン・キャリア、就航していない航空会社をオフライン・キャリアと呼ぶことがあります。

一方で、日本に自社機材を乗り入れていない外国航空会社が、定期便乗り入れ航空会社として日本で旅客や貨物の販売を行っているということもあります。日本の航空会社とコードシェアしていれば、その外国航空会社の便名が付き、座席や貨物スペースを確保しています。定期便航空会社として日本で自社航空券や貨物スペースを販売しています。このような航空会社は直接日本に自社機材を乗り入れていなくても、同様にオンラインと言うこともできるでしょう。

他社便のスペースを利用して自社便が就航している地点まで貨物を運んでもらい、そこから自社便につなぐ貨物輸送形態ということになります。航空会社によっては運航していない地点間を

ンブルクの間で航空協定は締結されていませんが、政府間合意の枠組みで定期便乗り入れが可能とされています。航空協定の締結を前提として、定期便の乗り入れを開始するケースもあります。

自社で営業しているところもあれば、販売代理店に委託しているところもあります。日本に就航しておらず、かつコードシェアを実施していない場合でも、日本で販売活動をしている航空会社はたくさんあります。オフライン・キャリアの中には日本への就航を希望している航空会社も多く、営業活動には日本での実績づくりという側面もあるようです。

自前で営業拠点を構えるとオフィスの家賃や人件費などが掛かるため、オフライン・キャリアは貨物総販売代理店（GSA）、貨物販売代理店（CSA）を起用するケースが一般的です。

関西国際空港にも多くの外国航空会社が乗り入れている

GSAやCSAを活用することによるメリットも大きいと言えます。日本の航空貨物業界、規制、マーケット事情に精通した販売代理店を活用することでスムーズな事業が可能になりますし、より多くの貨物を取り込むことにつながります。

GSA、CSAにもいくつかの形態があります。航空会社が他の航空会社のGSA、CSAとなっている場合もあれば、空港での運送取り扱いなどを含めた総合的な業務を請け負う代理店もあります。路線開設にあたっての許認可取得なども、実施主体は航空会社ですが、当局とのやりとりに当たっての実務作業をGSA、CSAが実質的に手掛けているケースもあります。

Memo 日本が航空協定を締結しているのは61カ国・地域。オンライン・キャリアの多くが航空協定締結国の航空会社です。航空協定を締結していない国・地域との間でも定期便が就航しているケースがあります。例えばカーゴルックス航空です。日本とルクセ

初級編

Question 36

ロードフィーダーサービスの役割

トラックで運んでも航空輸送なのですか？

例えば航空機がA空港を出発し海外のB空港に到着して、その後、B空港からC空港まで航空貨物を陸上転送する場合、B空港からC空港までの輸送も航空輸送の一環として認められます。B空港からC空港までの陸上輸送をロードフィーダーサービス（RFS）といいます。

RFSの例を見てみましょう。欧州から日本の自社便到着空港までを航空輸送し、そこから航空会社の自社アレンジのRFSネットワークで最終目的地の空港まで陸上輸送するといったケースがあります。到着空港から目的地の空港までは、通関が行われずに外国貨物の状態で輸送されるケースが多く、こうした陸上輸送は一般的に「OLT」（Bonded On Load Transportation）と呼ばれます。

航空貨物輸送の最初の区間が貨物機であった場合、貨物が大き過ぎて到着空港から転送先まで旅客便のベリー（下部貨物室）に搭載できないこともあります。こういうときに航空会社はRFSを実施するためトラックをチャーターして、転送先の空港まで運びます。

航空会社によっては、到着空港からトラッキング先までの時刻表を掲載しているケースもあ

上輸送でも、航空会社の輸送品質を維持した形で提供することが求められるため、各社、その品質向上に向けた取り組みを進めています。邦人航空会社の海外展開でもRFSの充実が求められています。

ります。トラックが最終目的地に到着したかどうかの情報も、自社システムで検索できる体制を取っていることが多くなっています。

陸上輸送も航空ネットワークを支える重要な要素だ（羽田空港国際貨物地区）

航空会社によるサービスという観点からは、ＲＦＳは空港から空港までのサービスとして行うことになりますが、実際には空港に到着せず、荷受人のドアまで運ぶケースもあるようです。日本国内ではＲＦＳは空港から空港までという意識が強いのに対し、欧米ではむしろ空港に着くことがほとんどないというのが実情のようです。

空港から空港といっても、必ずしも本来の空港だけではなく、空港の外であっても航空会社が自らの責任で航空貨物の取扱機能を設定する拠点（オフエアポート）もあります。ＩＡＴＡは２００４年にオフエアポートの設置などを空港別に決議できる規定を撤廃したため、航空会社はオフエアポートの設定を各自でできるようになりました。

Memo
航空貨物の陸上輸送を担う物流事業者も、航空貨物ネットワークを形成する上で重要な役割を担っています。海外からの到着貨物を外国貨物の状態で別空港に輸送する保税転送（OLT）サービスを提供する物流事業者の活躍も目立っています。陸

Question
37
貨物の「入国審査」は誰が担当しているの？
世界の窓口CIQ

外国から日本に帰ってきたときに、空港で健康状態を聞かれたり、入国審査や税関の検査を受けますね。これらの検査などのことを総称してCIQと呼びます。検査などを行うのはいずれも国の機関ですが、それらを総称してCIQと呼ぶこともあります。貨物を輸出入したりするときも、検査を受けなければなりません。

「C」とは、Customsの略で税関の検査を、「I」はImmigrationのことで出入国管理（入管）を、「Q」はQuarantineのことで検疫をそれぞれ意味します。 外国から空港に帰ってきたときの例で説明しますと、まず健康状態を聞かれます。これが「Q」です。次にパスポートを提出して入国審査を受けます。これが「I」です。それから手荷物を受け取って税関のチェックを受けます。これが「C」です。この際に、植物や動物を海外から持ち帰った場合は、植物や動物が病害虫や病原菌を持っていないかどうか検査されます。これも検疫といいます。「Q」ですね。植物の場合は植物検疫（植検）、動物の場合は動物検疫（動検）といいます。

次にCIQ機関ですが、「C」に相当するのが税関です。税関は財務省の管轄で、全国に9税

的な制約もあって、全ての空港や港に事務所を増設することはできません。この場合、最寄りのCIQ事務所から担当官が出張してCIQ業務に当たることがあります。これをCIQの出張対応といいます。

関（函館、東京、横浜、名古屋、大阪、神戸、門司、長崎、沖縄地区）があり、各税関の下に支署、出張所が置かれています。「I」は入国管理局（入管と略称します）の担当です。入国管理局は法務省の管轄です。

「Q」は管轄が厚生労働省と農林水産省に分かれます。人の健康状態などをチェックするのが厚生労働省管轄の検疫所で、全国13カ所（小樽、仙台、成田空港、東京、横浜、新潟、名古屋、大阪、関西空港、神戸、広島、福岡、那覇）にあります。検疫所は輸入食品や容器の検査も行っています。植物検疫を行うのは植物防疫所、動物検疫を行うのは動物検疫所で、いずれも農水省管轄です。植物防疫（事務）所は全国に5カ所（横浜、名古屋、神戸、門司、那覇）あり、各防疫（事務）所の管轄エリアには支所、出張所が置かれています。動物検疫所は横浜に本所が置かれ、全国に8カ所（北海道・東北、成田、羽田空港、中部空港、関西空港、神戸、門司、沖縄）の支所、18の出張所があります。

成田空港のCIQ官署

［税関］	財務省東京税関成田税関支署 財務省東京税関成田航空貨物出張所 財務省東京税関成田航空貨物出張所南部事務所
［入管］	東京入国管理局成田空港支局
［検疫］	成田空港検疫所
［植検］	横浜植物防疫所成田支所
［動検］	動物検疫所成田支所

鮮度を競う食品や植物などを輸送することの多い航空輸送で、検疫は非常に重要です。動植物・食品に疫病・害虫が付着している可能性もあり、安全性を確認して国内浸入を水際で防止しなければなりません。検疫が必要な貨物は保税蔵置場に留め置かれ、植物・動物検疫所の審査・検査を経て、税関の輸入許可を受けて、初めて国内市場で流通することができるのです。

Memo

国際線が就航する空港や外航船が寄港する港には通常、CIQの事務所が設置されています。しかし近年は地方の国際化が進んで、CIQの事務所がない空港や港に国際線が就航したり、外国の航空機や船舶が寄港するケースが増えてきましたが、予算

Question 38 関税はどうして支払う必要があるのですか？

関税

関税は輸入品に課されます。もちろん航空貨物として輸入する場合も対象になります。

貨幣経済が十分に浸透する前、現代のように所得税はなかなか徴収できませんでした。そこで、港で容易に把握できる輸入品に関税をかけ、国家財政の重要な柱にしていました。

関税には、国内産業保護という目的もあります。輸入品に関税が課せられると、その分価格が上昇し、国産品に対して競争力が低下します。例えば、ある商品の国産品価格が11万円、海外からの輸入品価格が10万円であったとします。このままでは、国内需要者は安価な輸入品のみを購入することになります。輸入品に10%の関税を課せば、国内価格は11万円となり、国産品は輸入品と対等に競争できるようになります。このような関税のことを「保護関税」といいます。

関税は、輸入貨物の価格または数量を課税標準としています。価格を標準とするものを「従価税」、数量を標準とするものを「従量税」といいます。従価税と従量税を組み合わせた「混合税」には、「従価・従量選択税」（選択税）と「従価・従量併用税」（複合税）があります。国際市況の変動の激しい物品には、輸入品の価格が低下すれば適当な課税を課し、輸入品の価格が上昇すれば

の、無税の品目もあります。国内では生産されない物品や生産されても大変高価で国産品と競合しない物品などに適用されます。無税品は統計品目ベースで全体の約35%あります。主な無税品は鉄鉱石、羊毛、綿花、写真用フィルム、ゴムタイヤ、機械類などです。

タリフ（実行関税率表）の一例

第8部　皮革及び毛皮並びにこれらの製品、動物用装着具並びに旅行用具、ハンドバッグその他これらに類する容器並びに腸の製品
第42類　革製品及び動物用装着具並びに旅行用具、ハンドバッグその他これらに類する容器並びに腸の製品

統計番号 Statistical code		品名 Description	関税率 Tariff rate					単位 Unit		他法令 Law
番号 H.S. code			基本 General	暫定 Temporary	WTO協定 WTO	特恵 GSP	特別特恵 LDC	I	II	
4202.11		外面が革製又はコンポジションレザー製のもの								
	100	1 携帯用化粧道具入れ	20%		16%		無税	NO	KG	WA
	200	2 その他のもの	12.50%		10%		無税	NO	KG	WA
4202.12		外面がプラスチック製又は紡織用繊維製のもの								
	100	1 携帯用化粧道具入れ	20%		16%		無税	NO	KG	WA
		2 その他のもの								
	210	(1)外面がプラスチックシート製又は紡織用繊維製のもの	10%		8%		無税	NO	KG	WA
	220	(2)その他のもの	5.80%		4.60%		無税	NO	KG	WA
4202.19	0	その他のもの	4.10%		-4.10%		無税	NO	KG	WA

無税とする「スライド関税」、輸入時期で適用税率が変わる「季節関税」もあります。一定の数量以内の輸入品に限り無税または低税率の関税を適用し、需要者に安価な輸入品の確保を図る一方、一定数量を超える輸入分は比較的高税率の関税を適用することで国内生産者を保護する「関税割当制度」もあります。

貨物の関税は、品目ごとに決められています。タリフと言われる実行関税率表です。それぞれの品目は世界税関機構（WCO）が管理している条約「商品の名称及び分類についての統一システム（Harmonized Commodity Description Coding System）に関する国際条約（HS条約）」によって分類されています。この条約に基づき、各品目には番号（HSコード）が割り振られており、この番号からタリフを調べて税率を確認します。税率は輸出国・地域や輸出入双方で取り決めた経済協定などによっても変わるため、注意が必要です。

Memo

輸入される全ての商品の関税率は関税率表で定められています。関税定率法には、事情に変化がない限り、長期適用される基本税率が定められています。基本税率の総数は7254（2013年4月現在）あります。また、関税率表には載せられているもの

初級編

Question 39

通関

誰が、どうやって行っているのですか？

輸出入貿易を行う際には必ず税関の許可を得る必要があります。この時の申告・検査・関税納付・許可といった数々の手続きを総称して「通関」と呼びます。通関は、関税を確実に徴収したり、輸出入されてはいけない品物が持ち込まれたり、持ち込んだりするのを防ぐために行われています。また、通関を通じて貿易の実態を把握し、統計や経済政策に役立てているのです。

通関の手続きは基本的に輸出入者が行うものですが、非常に複雑です。個人が通関しようとするとなかなか上手くいかないことが多いのです。そこで専門職である通関士が活躍することになります。

通関士の主な業務としては、税関に対して申請する輸出申告書の作成や通関申請などがあります。通関士の資格を取得すれば、そうした業務に従事することができます。通関士の資格は貿易実務に関する国家資格です。

通関士はそれらの業務を行うことができる唯一の有資格者といえます。通関業者の場合は、通関業法で「各営業所に一名以上の通関士を置かなければならない」と規定されています。従っ

書類の作成要領、その他通関手続きの実務（選択・計算式2問、選択式５問、計算式５問、択一式５問）――です。ちょっと受けてみようと思ってもなかなか突破できませんから、価値のある資格であるといえるでしょう。

て、社員教育制度の中で資格取得を奨励したり、資格手当を出している企業も多いです。

フォワーダーは通関士を抱えて自分たちで通関手続きを行っているところが多いのですが、専門の業者に委託するケースもあります。 輸出入航空貨物を取り扱う際、通関は必須ですが、貨物の流れからみると集荷➡配送➡倉庫搬入➡輸出通関➡航空機搭載➡航空輸送➡倉庫搬入➡輸入通関➡配送というように、あくまでも総合的な国際物流サービスの中の一部業務という位置付けとなります。通関をフォワーディングと切り離して、付加価値サービスとして事業セグメントを別に設けているところもあります。

航空貨物の場合、通関士は成田、関西、中部などの国際空港のほか、内陸の通関拠点（いわゆるインランドデポ）、市内航空貨物ターミナル（ACCT）などにも配置されます。フォワーダーの場合、通関士が配置されている拠点は通関営業所、通関センターなどと呼称し、日常的に通関業務を行う体制を整備しています。2017年の申告官署の自由化で、空港ではなく市内の拠点に配置するケースも増えています。

通関士になる一つの要件として、資格試験に合格しなくてはなりません。試験は年に1回、10月上旬に全国各地で行われます。通関士試験は大変難関です。合格率は2005年ごろまで10～20％台で推移してきましたが、近年は1割前後の年がほとんど。2018年試験の合格率は14.6％（合格者数905人）でした。資格試験に合格して見事資格を取得し、通関業者で働いている人が「通関士」なのです。

Memo 通関士の試験方法は2006年に記述式がなくなるなど、大きく変わりました。主な内容は ①通関業法（択一式10問、選択式10問）②関税法、関税定率法、その他関税に関する法律、外国為替および外国貿易法（択一式15問、選択式15問）③通関

Question 40

保税蔵置場

輸出貨物や輸入貨物の置き場所は決められているそうですね？

基本的に外国貨物は国内で流通させることができません。外国貨物の関税を一時留保されている状態のことを保税と言い、その状態の貨物を保管できる場所を保税地域といいます。原則として、輸出する場合は貨物を保税蔵置場などの保税地域に搬入して通関手続きを行い、許可を得ることになります。輸入貨物は飛行機や船舶から貨物を取り降ろして保税蔵置場などに入れ、輸入通関の手続きをします。このように、外国貨物の通関手続きを保税地域内でのみ認めることを「保税搬入原則」と言います。輸出入貨物の申告や検査をする場所を税関が監視する場所に限定することで、不正な輸出入を防いだり、関税を適正に徴収する狙いがあります。

保税地域には、指定保税地域、保税蔵置場、保税工場、保税展示場、総合保税地域の5種類があり、保税蔵置場や保税工場では原則2年まで貨物を無税で蔵置できます。保税蔵置場などの設置には管轄税関長の許可が必要です。

日本では、一部の例外を除いて保税搬入原則が厳格に適用されてきましたが、2011年10月から輸出貨物の申告業務に限り、保税地域外でも認められるようになりました。従来通り、

から8年に延長されます。コンプライアンスに優れた物流業者のみが承認されるため、これを反映して届出蔵置場での税関検査は通常よりも簡素化されたものになるようです。2019年10月時点で、全国で141社の物流業者が承認されています。

申告に対する税関からの輸出許可は貨物が保税地域に搬入した後に出されるため、貨物の基本的な流れは従来と変わりません。しかし、申告業務だけでも工場などで事前に行っておくことで、貨物の輸送時間を短くできる場合があります。特に審査などに時間がかかる海上貨物では、申告のタイミングを前倒しする効果が高いと言われています。

税関がセキュリティーとコンプライアンスに優れた輸出入者、物流業者を認定する認証制度「AEO制度」の資格を取得した輸出入者の貨物は、輸出貨物を保税地域へ置かなくても申告・許可が受けられ、積み出し港・空港まで保税運送する場合の承認も不要となります。優良事業者の貨物は、税関の監視が無くても適正に取り扱われるとの考えからです。

保税蔵置場の仕組みを活用した物流サービスというのもあります。製造・組立工場がある国へ部品を出荷して、保税貨物として保管しておくというのが一例です。必要な量だけを通関して輸入するため、在庫リスクや税負担を軽減するなどキャッシュフローの面でメリットがあります。また、荷主がその地域に法人を持っていない場合、物流企業の倉庫が保税蔵置場の認可を受けていれば、非居住者在庫として在庫を置いておくこともできます。

成田空港外にあるフォワーダー保税蔵置場

Memo

保税蔵置場の設置には管轄税関長の許可を受ける必要がありますが、AEO制度の「特定保税承認者」に承認されれば、届出による設置が可能になります。届出による設置では許可手数料が免除になるほか、保税蔵置場としての許可期間も通常の6年

Question 41

貨物発送時にどのような作業が必要ですか？

レディ・フォー・キャリッジ

航空会社が貨物を受託した際に、そのまま運送できる状態にあることをレディ・フォー・キャリッジ（Ready for Carriage）といいます。「貨物発送可能状態」という呼ばれ方もされます。荷主は貨物を発送する際に、レディ・フォー・キャリッジの状態にして航空会社に貨物を引き渡すことが求められます。

レディ・フォー・キャリッジの中には、貨物のラベリングや梱包といった現場作業とともに、運送状や必要書類の準備なども含まれています。レディ・フォー・キャリッジに関する主な要件は次のとおりです。

①運送状の発行 ②必要な書類の準備 ③梱包物への荷受人の住所、氏名の記載、航空運送に耐え得る梱包（ただし運送制限品目はその規則に従う） ④カーゴ・ラベル、特殊貨物ラベルなどの貼付 ⑤危険物の場合、荷送人の危険物申告書など。動物の場合、荷送人の動物輸送申告書。

「航空運送に耐え得る梱包」とは、ただ包装してあればいいというわけではもちろんありません。航空輸送に際して、通常発生が予想される振動や揺れ、傾き、衝撃、気圧変化、湿度／温度変

すから、ジョイントラベルが圧倒的に使用されています。現在流通しているラベルにはバーコードも併せて印刷されていることがほとんどで、スキャナーで簡単にラベルの記載内容が読み取れます。

化などにも留意しなければなりません。貨物によって梱包容器にも条件があり、注意が必要です。危険物の取り扱いに際しては、航空会社は危険物申告書や貨物の梱包、ラベル、マーキングなどをチェックして、1カ所（申告書は1文字）でも不備があれば受託できません。旅客便に搭載できない危険物（貨物便のみにしか搭載できない危険物）もあります。こうした条件は、IATA規則によって更新されますので随時、確認が必要です。

このように貨物発送に際して、荷主は各種規則体系などに基づいて貨物の発送準備を完了しなければなりません。

荷主が自身でこれらの業務を手掛けることは難しく、梱包や通関業務などの作業をフォワーダーに代行してもらうことがほとんどです。フォワーダーはロジスティクスセンターなどで各種オペレーションを行い、貨物を「レディ・フォー・キャリッジ」の状態にした上で航空会社に引き渡します。

レディ・フォー・キャリッジは荷主の責任の下で完了しなければならない、というのが航空貨物輸送の基本原則です。

レディ・フォー・キャリッジの範囲

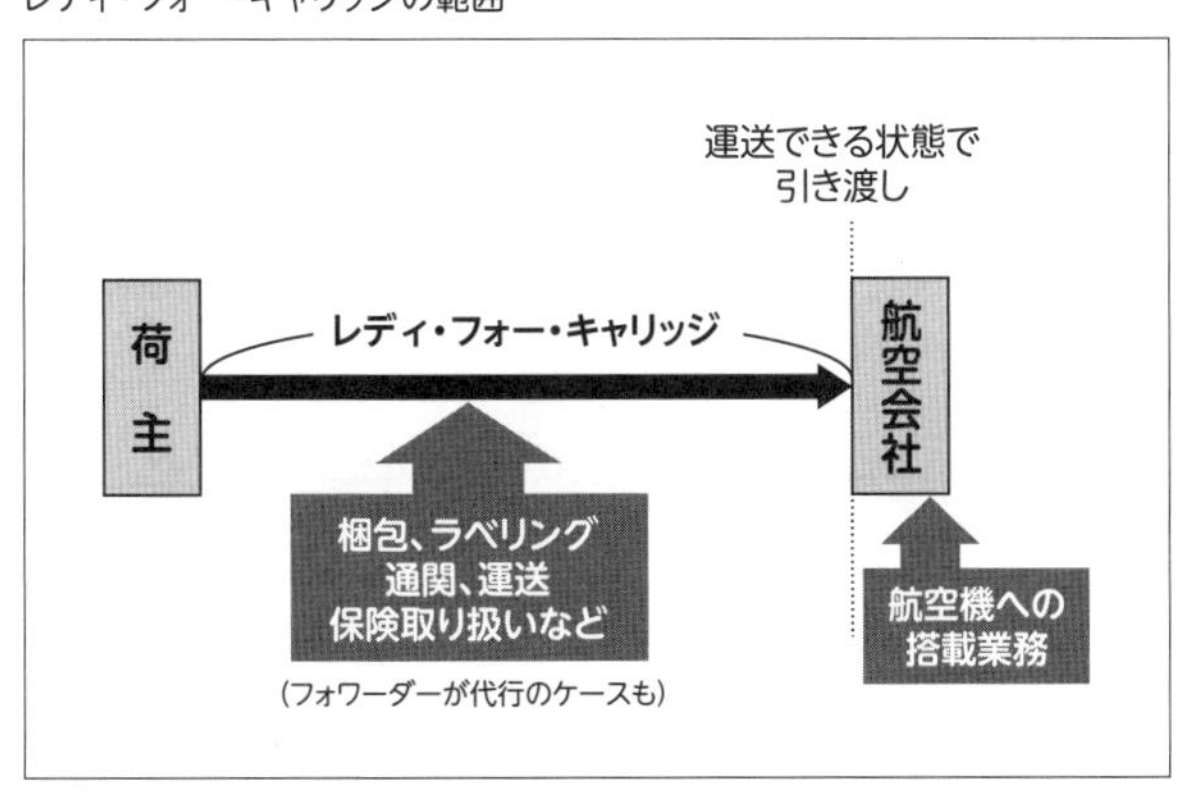

Memo 貨物の運送状番号、仕向地、個数などの情報が記載されたカーゴ・ラベルには、航空会社名だけが入ったマスターラベルと、航空会社名とフォワーダー名の両方が入ったジョイントラベルの２種類があります。日本では輸出貨物の９割以上が混載貨物で

Question 42

航空貨物の梱包

誰に梱包の責任があるのですか？

適切な梱包は荷主の責任です。国際航空運送協会（ＩＡＴＡ）規則でも①通常の取り扱い状況下で安全に運送できる梱包を行う②通常の運送で発生するあらゆる事象に耐えられる梱包を行う――といったことは荷主責任と定めています。

航空貨物輸送には、航空機への貨物搭載など地上でのさまざまな荷役作業が付随します。航空機の限られた搭載スペースを有効に利用するために、貨物はパレットコンテナに隙間なく積み付けられます。しかし、通常の航空運送に耐えられない梱包による貨物の損傷事故が最近増加しています。梱包の形状が悪かったり、梱包の強度が足りず貨物を上積みできなかったりするケースが、現場でよく見受けられます。強度不足の梱包は安全運航の妨げになりますし、積載効率の低下や貨物積み残しなど、イレギュラーの原因にもなっています。

冒頭①の「通常の取り扱い状況下」と②の「通常の運送で発生する事象」とは、段積みなどの貨物積み付け作業や航空機運航中に通常発生する振動、揺れ、傾き、衝撃、気圧変化、温度／湿度変化も含まれています。

業者に安全輸送に必要な情報を通知する義務があることが明記されました。これを怠って事故が発生し、運送事業者に損害が発生した場合、荷主は損害賠償責任を負うことになります。危険物も梱包と同様、荷主に責任があるのです。

適切に梱包されていない貨物は再梱包が必要になりますし、不完全梱包に起因する内容品の損傷の場合には、国際航空運送約款、国際利用航空運送約款あるいは諸条約で規定された損害賠償処理にも影響を与えます。

一方で、ぜい弱梱包の改善は荷主にもメリットがあります。例えば①適切な梱包により貨物損傷が減少し、保険料の増加が避けられる②損傷による代替品の輸送コストが不要になる③クレーム処理に関わる費用や時間的なロスが減り、トータルコストが減少する④コンテナやパレットのサイズに合わせた適切な梱包を行えば航空機の貨物スペースを効率的に活用でき、予約便への確実な搭載につながる⑤納期を順守することができるので顧客の信頼につながり、また迅速な輸送によってビジネスチャンスを逃さず、売り上げ増を図ることができる——などです。

ぜい弱梱包の例

適切な梱包の基準は、内容品が木・段ボール箱などで完全に包まれた状態（完全包囲）とすることです。ただ、ガラス板やガラス製品、液晶モニターなどの中には、一定条件の下、部分梱包で良いケースもあります。

いずれにしても、梱包に関して不明な点がある際には、事前にフォワーダーや航空会社などに相談することが大切です。

Memo 2019年4月1日には「商法及び国際海上物品運送法の一部を改正する法律」が施行されました。改正商法では、航空運送にも商法のルールが適用されることが明確化されました。同時に、荷主は危険物に該当する荷物の輸送を依頼する場合、運送事

Question 43

危険物の対象拡大
電池が危ないと言われますがなぜですか？

近年の危険物に関する重大トピックの一つが、リチウムイオン電池の輸送です。リチウムイオン電池は不具合による発火の際、燃焼が激しくなることから、以前より規制に関する議論が行われ、都度、規制は見直されてきました。 リチウムイオン電池単体、電子機器に内蔵されている場合、梱包や包装の状態などの条件ごとに旅客機への搭載の可否が分かれ、貨物便にしか搭載できないケースが出てきます。こうした条件・規制は随時更新されます。最新の規則の把握と的確な履行が求められています。

航空貨物を含め、危険物についての輸送規則には①放射性物質安全規則②一般危険物輸送規則――の二つの体系があります。①は国際原子力機関（ＩＡＥＡ）、②は国連の専門委員会がまとめています。①②とも陸上、海上、航空といった三つの輸送モードに共通しています。このうち航空貨物についてですが、前記①②の規則を基にした国際民間航空機関（ＩＣＡＯ）規則があり、同規則を実務用に編さんしたものに国際航空運送協会（ＩＡＴＡ）危険物規則書がありま す。ＩＡＴＡ ＤＧＲ（Dangerous Goods Regulations）と呼ばれることがあります。

りました。品質上の信頼が絶対である貨物であるだけに、むやみに料金を低減するわけにはいかないでしょう。自由競争の環境の中でいかに品質を向上させていくのか。それが、危険品受託手数料が廃止された理由の一つといえます。

IATA DGRは、危険物の定義を「人の健康もしくは安全、財産、環境に著しい危険を生じさせる恐れのある物件、または物質」として九つに分類しており、それぞれ梱包方法や取り扱い方が変わってきます。危険物には可燃物や毒物、火薬類、燃料などすぐに思い付くものもありますが、自動車やオートバイ、キャンプ用具、舞台装置などがそれに該当する場合もあります。

航空輸送に際しては、まず当該貨物が危険物に該当するかを判断します。危険物でなければ一般貨物として扱いますが、危険物と判定した際には分類をしなければなりません。さらに当該貨物が航空輸送できるものかを調べ、航空輸送禁止品目であればほかの輸送モードで送らなければなりません。旅客機で輸送できないものは、貨物機に搭載する必要性が出てきます。貨物は国際連合の梱包基準に則った取り扱いが求められており、貨物によっては国連規格容器が必要なケースもあります。

危険物発送の際、容器や梱包、ラベル、マーキング、危険物申告書の作成および署名は荷主の責任です。航空会社やフォワーダーは危険物を受け取る際に危険物申告書、貨物の梱包、ラベル、マーキングなどをチェックし、一カ所（危険物申告書は一文字）でも不備があれば受託できないことになっています。荷主責任のウエートは非常に大きいとも言えますね。また、IATAの規則改定などに基づいて、危険物取り扱いへの対応も変わってきます。航空輸送の安全を確保し円滑なハンドリングの実施につなげるために、包装基準やラベリングなどを含めた取り扱いに関する最新情報を、航空会社にその都度しっかり確認することが必要です。

Memo IATAは2008年に危険品受託手数料に関する決議（518号）を廃止し、航空会社が独自に危険品受託手数料を設定することになりました。独自料金制度に移行したことで、航空各社は競争の中でサービスをより向上させる創意工夫が求められるようにな

貿易の基本インコタームズ

ＦＯＢ、Ｃ&Ｆ、ＣＩＦってよく聞きますが？

いずれも貿易上の契約条件の種類を指します。輸出側である荷送人（Shipper）と、輸入側である荷受人（Consignee）の間で、運賃・保険料・関税といったコスト、運送責任・貨物の所有権をどのように線引きするかという国際的な約束事を事前に決めておき、貿易実務を円滑化するのが狙いです。

これらの用語は、国際商業会議所（ＩＣＣ）がまとめた「インコタームズ」（InCoTerms）で定義されています。条件は3文字で示され、先に上がったＦＯＢ（本船渡し条件）、Ｃ&Ｆ（運賃込み条件）、ＣＩＦ（運賃保険料込条件）は、最も多く用いられる3条件といっていいでしょう。

ＦＯＢ（Free On Board）は国際輸送の際のOn Board、つまり船や飛行機に商品が積載された時点で所有権が移転します。この場合、輸送に関する運賃、保険料は、荷受人が負担することになります。これに対して、Ｃ&Ｆ、ＣＩＦは荷送人が到着港・空港までの運送責任を負い、商品が目的地（港・空港）に着くまでは荷送人の所有物です。Ｃはコスト、Ｆはフレート、Ｉはインシュアランスの略で、荷受人はこれらコスト込みの価格で商品を買うことになります。細かい

を配送し、荷降ろしまでの全てのリスクを負担することになります。DATをDPUに変更したのは、仕向地がターミナルに限定されないあらゆる場所であり得るということを強調したためです。

条件によって違いもありますが、通常は運賃・保険料といったコストが貿易の相手方に提示されることはありません。もしマーケット価格より競争力のある運賃・保険料を持っているのであれば、荷送人にとってはC&F/CIF、荷受人にとってはFOBが有利、ともいえます。

これらの貿易条件は、海上輸送の取引形態をベースに策定されています。これら貿易条件の原型が定まった在来船時代には、港から港までをカバーすれば間に合いましたが、現在は海上コンテナの普及により内陸までの一貫輸送が拡大しており、貿易慣行も大きく変化してきました。

1936年に導入されたインコタームズも、商習慣の変化に応じて改定されています。1980年以降は10年ごとに改定されており、最新版「インコタームズ2020」は2020年1月に発効しましたが、基本は2010年版をベースとしています。

2010年版では、売主・買主と輸送責任・費用の関係で4グループに分類されていたルールが、「海上・内陸輸送のための規則」と「あらゆる単数ないし複数の輸送手段に適した規則」の2クラス・全11種類に分類されました。後者には、先に紹介したFOBやCIFが含まれています。この点は2020年版も変更ありません。厳密に言えば、これらの条件は航空貨物に使用するのは誤用となるのですが、従来の慣習通りに使用することも多いです。

インコタームズは貿易条件を分かりやすくするために用いるのであって、条約や法律でもなく、規則通り使用する必要もないのです。ただ、ICCが推奨するように、貿易条件の3文字とともに何年版と明記しておくのが貿易相手や関係者にとっても分かりやすいでしょう。

2020年版の大きな変化は11条件のうち、2010年版で新設されたDAT(Delivered at Terminal、ターミナル持込渡し)がなくなり、DPU(Delivered at Place Unloaded)が新設されたことです。DPUでは、荷送人が指定された仕向地に商品

初級編

Question 45

航空貨物運送約款

運送約款に書かれている内容とその効力は？

荷送人であるフォワーダーと運送人である航空会社が運送契約を結ぶ際に、基本となる航空会社側の条件などが書かれています。国際航空運送協会（ＩＡＴＡ）ルールに沿った形で航空会社が独自に運送約款を作ります。監督官庁である国土交通省の認可を必要としており、通常は英文で書かれています。**運送約款には、航空運送状の果たす役割や定義、作成方法、貨物運賃の料率、貨物の引き受けや引き渡しに関するルール、貨物が破損した場合の損害賠償請求期限、運送人の責任や免責事項などが細かく決められています。**

電気やガス、水道を利用するとき、電力会社やガス会社などと契約を結ぶ際、細かな字で記された決まりがあると思います。それと同じように航空会社は不特定多数の利用者と契約を結ぶため、あらかじめ運送条件を定めて貨物の荷送人や乗客が運送約款の内容を承知したという形式を取っています。

認可制にしてあるのは、運送人である航空会社が都合良く運送約款を決めてしまうと、利用者が不利益を被る可能性があるためです。運送約款を変更する際にも認可を必要としています。

第４章「運賃、料金等」、第５章「運送中の貨物」、第６章「荷送人の処分権」、第７章「貨物の引き渡し」、第８章「運送の範囲等」、第９章「適用法律および規則並びに責任」です。難しい内容もありますが、事業を手掛ける上でしっかりと理解する必要があります。

運送約款は運送契約の基本条件であるため、航空法第百七条で運送人である航空会社に公示義務を課しています。

国際運送約款（貨物）には例えば、事前の取り決め、航空運送状、貨物、運送、運送人、料金、着払い料金、市内空港間サービス、荷受人、条約、通関荷受人、日、配達サービス、国際運送、SDR（国際通貨基金の特別引き出し権）、受託貨物――などの規定が盛り込まれています。特殊貨物に関する条約に対する責任、貨物の検査、パレット・コンテナなどの単位搭載用具についての責任や義務の有無についての説明もあります。ターミナル・サービス料金の収受に関する規定も記されます。

日本は1929年制定のワルソー条約、1955年制定のヘーグ改正議定書、1975年制定のモントリオール第四議定書（MP4）、1999年署名・2003年発効のモントリオール条約（MC99）に加盟しているので、運送約款の書きぶりも四つの条約内容に合致した形になっています。

国際運送約款（貨物）の主な記載項目例

第１章　総則
- 第１条　定義
- 第２条　約款の適用
- 第３条　割引運送
- 第４条　貸切運送
- 第５条　予告なしでの変更
- 第６条　適用約款

第２章　貨物運送
- 第１節　航空運送状
- 第２節　賃率および料金
- 第３節　貨物の運送引き受け
- 第４節　運送中の貨物
- 第５節　荷送人の貨物処分権
- 第６節　貨物の引き渡し
- 第７節　運送人の責任

国際だけでなく国内、あるいは貨物だけでなく旅客および手荷物についての規定を示した運送約款もあります。貨物事業で航空輸送を利用するときだけではなく、旅客として利用する場合も運送約款に目を通すことが大切です。

Memo フォワーダー側には「標準国際利用運送約款」があります。ワルソー条約などに準拠しており、1990年に当時の運輸省（現・国土交通省）が告示しました。内容は、第1章「総則」、第2章「航空運送状の作成」、第3章「運送の申し込みおよび引き受け」、

初級編

Question 46

よく他法令関係といいますが、いったいどんな関係ですか？

他法令関係の内容

貨物を輸出入する際に、関税関係法令以外の法令によって許可・承認を必要とする場合があります。こういった関税法令以外の法令を「他法令関係」と総称します。なんでも輸出入して良いというわけではなく、当然、日本であれば日本の法律に基づいた承認・許可がなければ輸出入できないわけです。財務省が所轄、担当している法令以外を指す、という言い方もできます。輸出入業務に携わる人は、この他法令に十分留意する必要があります。

輸出の他法令関係のうち「輸出貿易管理令」では、武器や核兵器、化学兵器、生物兵器などに使用可能な貨物、またワシントン条約などの国際協定により規制されている貨物が対象となります。ほかに、文化財保護法や大麻など薬物取締法、伝染病予防や植物防疫に関する法律があります。輸出される貨物がこれらの規制に該当する場合、それぞれの主管省庁から輸出許可が必要になります。

一方、外国から輸入される貨物によっては、国内の経済や保健衛生などに悪影響を及ぼすものもあり、これらはそれぞれの国内法令によって厳重に規制されます。他法令関係に基づく輸

関情報処理システム（NACCS）に統合されました。輸入申告もしくは他法令の手続きをどちらか先に行っておけば、輸入審査終了後または他法令承認などの取得後、直ちに輸入許可になり、早期に貨物を引き取ることができます。

入の際には、それぞれ許可証なり登録証などが通関時に必要になります。

輸入関係他法令の一覧

法令名	主な品目	主管省庁課
外国為替及び外国貿易法 輸入貿易管理令	輸入割当品目（にしん等）	経済産業省貿易経済協力局 貿易管理部貿易管理課
	輸入承認品目（くじら等）	
	事前確認品目（まぐろ等）	
鳥獣の保護及び狩猟の適正化に関する法律	鳥及びその加工品、獣及びその加工品、鳥類の卵	環境省自然環境局野生生物課
銃砲刀剣類所持等取締法	けん銃、小銃、機関銃、猟銃、空気銃、刃渡り15cm以上の刀、やり及びなぎなた、刃渡り5.5cm以上の剣、あいくち、飛び出しナイフ等	警察庁生活安全局保安課
印紙等模造取締法	印紙に紛らわしい外観を有するもの	国税庁課税部課税総括課消費税室
毒物及び劇物取締法	毒物、劇物	厚生労働省医薬生活衛生局審査管理課
大麻取締法	大麻草、大麻草製品	厚生労働省医薬生活衛生局 監視指導・麻薬対策課
覚せい剤取締法	覚せい剤、覚せい剤原料	
麻薬及び向精神薬取締法	麻薬、向精神薬、麻薬等原料	
あへん法	あへん、けしがら	
医薬品、医療機器等の品質、有効性及び安全性の確保等に関する法律	医薬品、医薬部外品、化粧品、医療機器、指定薬物、動物用医薬品、同医薬部外品、同医療機器、対外診断用医薬品、再生医療等製品	厚生労働省医薬生活衛生局監視指導・麻薬対策課
		農林水産省消費・安全局畜水産安全管理課
水産資源保護法	こい、きんぎょ、その他のふな属魚類、はくれん、こくれん、そうぎょ、あおうお、さけ科の発眼卵及び稚魚、くるまえび類の稚えび	農林水産省消費・安全局 畜水産安全管理課水産安全室
肥料取締法	肥料	農林水産省消費・安全局農産安全管理課
農薬取締法	農薬	農林水産省消費・安全局農産安全管理課
砂糖及びでん粉の価格調整に関する法律	砂糖、でん粉	農林水産省政策統括官付地域作物課
加工原料乳生産者補給金等暫定措置法	バター、脱脂粉乳、練乳等	農林水産省生産局畜産部 牛乳乳製品課
主要食糧の需給及び価格の安定に関する法律	米穀等（米、米粉、もち、米飯等）、麦等（大麦、小麦、メスリン、またはライ麦を加工・調整したもの）	農林水産省政策統括官付貿易業務課
火薬類取締法	火薬、爆薬、火工品（導火線等）	経済産業省原子力安全・保安院保安課
高圧ガス保安法	高圧ガス	
化学物質の審査及び製造等の規制に関する法律	化学物質	経済産業省製造産業局 化学物質管理課
石油の備蓄の確保等に関する法律	石油、揮発油、灯油及び軽油	資源エネルギー庁 資源・燃料部石油精製備蓄課
郵便切手類模造等取締法	郵便切手類に紛らわしい外観を有するもの	総務省情報流通行政局郵政行政部
アルコール事業法	アルコール分90度以上のアルコール	経済産業省製造産業局化学課アルコール室
食品衛生法	すべての飲食物、添加物、食器、容器包装、おもちゃ等	厚生労働省医薬生活衛生局食品安全部 企画情報課検疫所業務管理室
植物防疫法	顕花植物、有害植物（細菌、寄生植物等）、有害動物（昆虫、ダニ等）	農林水産省消費・安全局植物防疫課
狂犬病予防法	犬、猫、あらいぐま、きつね、スカンク	農林水産省消費・安全局動物衛生課
家畜伝染病予防法	偶蹄類の動物、馬、鶏、あひるなどの家きん、兎、蜜蜂及びこれらの動物の肉、ソーセージ、ハム等	
感染症の予防及び感染症の患者に対する医療に関する法律	サル、タヌキ、ハクビシン、プレーリードッグ等、鳥類等	厚生労働省健康局結核感染症課
		農林水産省消費・安全局動物衛生課
特定外来生物による生態系等に係る被害の防止に関する法律	ブラックバス、カミツキガメ等	環境省自然環境局野生生物課
労働安全衛生法	有害物質等(石綿等)	厚生労働省労働基準局安全衛生部 化学物質対策課

食品などの輸入届出を処理する「輸入食品監視支援システム」、輸入植物検査申請を処理する「植物検査手続電算処理システム」、畜産物などの輸入検査申請を処理する「動物検疫検査手続電算処理システム」は、2013年10月に輸入申告を処理する通

Question 47

ICAOは何をしているところですか?

国際民間航空機関（ICAO）

1944年採択の国際民間航空条約（シカゴ条約）に基づき、1947年4月に国際連合（国連）傘下の組織として発足したのが、国際民間航空機関（インターナショナル・シビル・アビエーション・オーガニゼーション）です。略称はICAO（イカオ）です。

安全で秩序ある国際民間航空の発展を目的に設立され、日本は1953年のシカゴ条約批准とともに加盟しました。現在の加盟国は2019年4月現在、193カ国に上ります。本部はカナダのモントリオールにあります。

国単位での加盟以外にも、国際航空運送協会（IATA）をはじめとした国際機関がオブザーバーとして参加しています。議決権はありませんが各種会議への参加は可能です。例えば、専門的な知見が必要な制度設計・基準設定などの場面では、オブザーバーとして参加している専門機関の知見や、意見も重視されながら議論が行われます。

ICAOは、国際航空運送業務やハイジャック対策をはじめとするテロ対策などのための条約の作成、国際航空運送の安全・保安等に関する国際標準・勧告方式やガイドラインの作成など

置が取られています。ICAOは危険物輸送に関する技術指針の改正も行っており、例えば一部液体物を輸送許可物件リストから削除したり、引火性液体の基準となる引火点の温度を引き下げたりするなどの改正が行われました。

を行います。また、国際航空分野における気候変動対策を含む環境保護問題についても議論や対策を進めています。

ＩＣＡＯの活動は、航空保安などの問題だけでなく、航空旅客・貨物運送に密着した制度の改定など幅広い分野に及んでいます。ＩＣＡＯが策定した国際航空運送に関するルールとしては、１９２９年に運送人の民事責任、賠償限度額の設定などの規則統一を目的にワルソー条約を成立させましたが、航空貨物の新しい賠償制度などを規定したモントリオール第四議定書（ＭＰ４）もＩＣＡＯが制定した条約の一つです。２０００年５月の外交会議では、ワルソー条約に代わる時代に即応した取り決めとしてモントリオール条約（ＭＣ99、国際航空運送についてのある規則の統一に関する条約）を成立させました。ＭＣ99には、国際航空運送における賠償責任限度額の撤廃などが盛り込まれています。

ICAO本部（ICAO提供）

ちなみに、空港コードには3文字と４文字のものがありますが、４文字コードはＩＣＡＯが制定したもので、主に航空管制などで使用されています。例えば成田空港はそれぞれ「ＮＲＴ」、「ＲＪＡＡ」が割り振られています。

Memo
国際航空貨物は、ICAOの技術指針やIATA規則書に基づいて運送されます。2001年9月に発生した米国同時多発テロ後、ICAO規則は強化される傾向にありますが、2006年8月に起きた英航空機テロ未遂を受け、液体物に対する厳しい措

Question 48

ＩＡＴＡの仕事とは何ですか？

国際航空運送協会（ＩＡＴＡ）

ＩＡＴＡとは、インターナショナル・エア・トランスポート・アソシエーションの略称で日本では「イアタ」と呼ばれ、日本語名は国際航空運送協会です。１９４５年、キューバのハバナで結成された定期航空会社の団体で、本拠地はカナダのモントリオールとスイスのジュネーブにあります。安全、確実、経済的な航空運送を助成し、国際航空業務に従事する民間航空会社が互いに協力することを目的とし、国際民間航空機関（ＩＣＡＯ）などの国際団体とも協力してさまざまな活動を展開しています。

最高議決機関である年次総会をはじめ、運送や法務、財務、ＩＴ（情報技術）などの各部門があり、事業計画に基づいて活動しています。航空ビジネスの簡素化として、航空券や航空貨物運送書類の電子化の推進や、環境問題などにも力を入れてきました。

ＩＡＴＡには現在、世界の１２０カ国・地域以上の航空会社約２６０社が加盟しており、全世界の国際線定期便のうち、加盟会社による運航で82％を占めます（２０１９年９月時点）。ＩＡＴＡに認められたフォワーダーになると、ＣＡＳＳという貨物運賃自動精算システムを利用でき、

り、現在は航空会社ごとに公示運賃を設定しています。日本でも、航空法上で航空業界にある各種協定に対して独占禁止法の適用除外としていましたが、2011年4月から適用除外を認可しないことになりました。

各航空会社とスムーズなやりとりが可能になるなどのメリットがあります。

IATAは航空貨物輸送の信頼性向上、競争力強化などに向けたさまざまなプログラムを展開し、取り組みを推進しています。航空貨物産業界のペーパーレス・ペーパーフリー化、貨物書類の電子化eフレートを推進する役割も担っています。また、危険物規則書（DGR）、動物運送規則書（LAR）、温度管理規則書（TCR）といった、航空貨物輸送の国際基準を示す規則書の発行も手掛けています。

IATA本部（IATA提供）

近年では航空貨物輸送、ハンドリング品質水準を業界全体で引き上げることを目標に、独自の品質認証プログラムを拡大しています。2019年現在では、医薬品温度管理国際輸送の「CEIVファーマ（Center of Excellence for Independent Validators in Pharmaceutical Handling programme=CEIV Pharma）」、動物輸送の「CEIVライブアニマルズ」、生鮮品輸送の「CEIVフレッシュ」の3種類があり、徐々に認証取得件数が拡大しています。

Memo

かつて航空貨物運賃は、IATA運賃としてIATAの運賃会議で決議され、世界の航空路線で使用されている運賃の指標となってきました。しかし近年では、欧州や豪州などでIATA運賃会議を独占禁止法（競争法）に抵触する可能性があるとされたこともあ

初級編

Question 49

航空混載貨物サービスとどう違うのですか？

国際宅配便の強み

国際宅配便で輸送する貨物は一般的に書類、パンフレット、商品サンプル、スペアパーツ、雑誌、書籍などのような比較的小さいものです。近年はインターネットの世界的な普及もあり、オンライン取引によるeコマース関連も増えています。サービスとしては、出荷地点から海外の最終配達先までドア・ツー・ドアで輸送します。皆さんも普段の生活の中で、宅配便を利用して貨物を送った経験があるでしょう。その国際版だと思ってください。現在は、国際エクスプレスと広く呼ばれています。

フォワーダーの航空混載貨物サービスもドア・ツー・ドアで輸送できます。しかし、**国際宅配便と混載貨物サービスの大きな違いは、国際宅配便が通関料も含めたドア・ツー・ドア通し運賃（パック運賃）制を採用しているのに対し、混載貨物サービスの多くは出荷地点から空港までの陸送費、発地空港から到着空港までの航空運賃、到着空港から最終配達先までの陸送費、そして通関料などが別々に決まっており、そうした料金を合算してトータルの輸送費を請求する形になります。**

配送や輸送手配などのサービスを提供しているような会社もあります。そのような会社は輸送料金を安価にしたり、梱包やコンサルティングなどの付加価値を付けたりしてインテグレーターとの差別化を図っています。

UPSの米ルイビル国際空港のハブ「ワールドポート」の内部

国際宅配便サービスの種類には大きく分けて、書類、パンフレットなどを扱う「ドキュメント」あるいは「クーリエ」、商品サンプルやスペアパーツなど小口貨物を輸送する「スモールパッケージ（SP）」があります。いずれも輸送のスピードと通し運賃による分かりやすい料金体系を採用していることが特徴です。近年は、輸送日数に多少時間はかかるが低料金の「エコノミーサービス」が実績を伸ばしています。

国際宅配便サービスを取り扱う代表的な会社はドイツポストDHL傘下のDHLエクスプレス、米国のフェデックスエクスプレス、UPSなどのインテグレーターがあります。近年は中国の企業も成長を続けています。中国最大手の順豊エクスプレス（SFエクスプレス）、中国大手宅配会社の圓通速遞（YTO）が積極的にネットワークや機材を拡大しています。国際宅配便サービスとよく似た商品として、世界の郵便事業体が提供している国際スピード郵便（EMS）もあります。多くのフォワーダーも、通し運賃型の国際宅配便商品をメニューに持ってはいます。荷主の多様なニーズへ応える努力を続けているのです。

Memo インテグレーターのほかにも、各種の航空輸送を使って国際宅配サービスを提供する会社もあります。ヤマト運輸や佐川急便のように、国内宅配の集配網を国際にも転用するというところもあれば、大手インテグレーターとのパートナーシップの下で集荷

Question

50

国内航空貨物の特徴

国際航空貨物輸送とは何が違うのでしょうか？

国内航空路線でも旅客便の貨物搭載スペースを利用して宅配便、書類、工場の出荷貨物、医薬品、魚介・野菜といった生鮮類、花卉（かき）など、多くの貨物が運ばれています。**国内輸送はトラックや貨物鉄道など陸上輸送が主流ですが、急ぐものや高価なもの、慎重に取り扱わねばならないものが航空輸送されています。国際航空貨物輸送と違う点は、通関が必要ないということです。国際航空貨物輸送は原則、税関空港を利用しますが、国内航空貨物輸送は受け入れ施設が整っていれば、基本的にどの空港からでも発送できます。**

2018年度の国内航空貨物輸送量は前年度比9・0％減の82万3357トンでした。幹線が10・5％減の60万3585トン、ローカル線が4・5％減の21万9772トンでした（国土交通省・航空輸送統計）。なお、ここで言う幹線として扱われているのは新千歳、羽田、成田、伊丹、関西、福岡、那覇の7空港を相互に結ぶ路線です。ローカル線はそれ以外の路線となります。

航空貨物は集荷時刻が遅いほど荷主に好まれます。早朝便に積めば当日中に配達できるという需要もあります。このため、航空貨物は最終便や初便に多くの需要があります。国際線には

ですが、コストとの兼ね合いで、航空輸送を使うケースは限定されているようです。代わりに、各地に整備された大型貨物施設に商品を保管して、オーダーに応じて迅速に陸上輸送することが多いようです。

貨物便の専用航空会社もありますが、現在、日本には国内線での貨物便専用会社はありません。最近の旅客ニーズは多頻度化の傾向にあり、航空会社は中小型機の導入を進めています。いわゆる少量・多頻度運航です。機材が小さいとベリーにコンテナを搭載できない場合もあり、貨物輸送にとっては致命的です。ローカル線を中心に小型化や減便が進んだことも、航空貨物輸送量の減少の背景にあります。

フォワーダーは幹線を航空輸送の主軸とし、幹線空港周辺地域に陸上輸送するなど、ネットワーク再構築の動きが見られました。また、国内路線でも就航が目立ってきているローコストキャリア（LCC）にも、国内貨物輸送を手掛けている会社があります。

2018年度国内定期航空輸送
路線別貨物量（上位30路線）

順位	路線別	貨物重量（キロ）	前年度比（%）
1 (2)	羽田一福岡	151,350,610	93.1
2 (1)	羽田一新千歳	144,283,296	86.4
3 (3)	羽田一那覇	127,216,074	94.0
4 (4)	羽田一伊丹	69,411,398	93.1
5 (5)	伊丹一那覇	32,360,740	96.4
6 (7)	羽田一鹿児島	22,195,934	95.5
7 (9)	福岡一那覇	16,972,713	94.9
8 (8)	関西一那覇	16,784,768	78.9
9 (6)	成田一那覇	16,085,540	65.3
10 (12)	羽田一広島	15,208,827	101.6
11 (11)	羽田一熊本	14,481,803	93.4
12 (14)	那覇一宮古島	12,355,425	94.4
13 (15)	羽田一長崎	12,287,932	103.8
14 (13)	那覇一石垣	12,199,387	90.9
15 (10)	中部一那覇	10,050,744	56.6
16 (17)	伊丹一新千歳	8,311,621	91.1
17 (18)	羽田一松山	7,737,876	110.4
18 (20)	羽田一大分	7,352,619	115.1
19 (16)	羽田一関西	7,173,928	63.5
20 (19)	羽田一函館	6,058,523	91.2
21 (152)	北九州一那覇	5,838,850	55954.5
22 (21)	羽田一宮崎	5,595,460	91.2
23 (24)	福岡一新千歳	5,396,253	111.7
24 (23)	羽田一旭川	5,205,502	96.9
25 (25)	羽田一高松	4,798,645	102.3
26 (27)	羽田一岡山	4,568,257	113.9
27 (29)	羽田一石垣	4,162,114	106.8
28 (28)	伊丹一福岡	3,708,267	94.4
29 (22)	中部一新千歳	3,628,960	66.9
30 (31)	羽田一北九州	3,561,184	104.2

※カッコ内は前年度順位　国土交通省 航空輸送統計速報より

国内航空貨物輸送業界も電子化の流れにあります。予約の電子化、ペーパーレスとともに、スタートアップ企業と組んでより効率的な販売体制を構築する例もあります。

Memo
通信販売需要の高まりで国内では、宅配便自体の需要は伸びています。ただ、それが航空輸送されているかというと、必ずしもそうではないようです。航空輸送は陸上輸送に比べてどうしてもコスト高になります。通信販売もスピードが求められる時代

Question
51

民間航空運航の基本ルール

どこにでも旅客や貨物を輸送できるのですか？

国際航空運航は航空協定に基づいています。航空輸送は原則、国同士が条約を結んでお互いの権益を確保して当該国間の定期路線を開設します。この二国間条約が「航空協定」、航空協定を締結したり、改定するための航空当局間協議が「航空交渉」と呼ばれます。

航空協定には航空会社の定義、双方の輸送力、指定航空会社数、定期路線、業務手続きなどが記されています。運航が可能な航空会社、輸送力（便数など）、地点（対象となる空港）ということになりますが、最近は航空自由化、オープンスカイが進められています。指定航空会社の数、運航便数、地点などに制限を設けない取り決めです。航空自由化と言っても内容には違いがあります。基本は相手国と自国間の運航・輸送を対象としますが、例えば以遠輸送（相手国からさらにその先の国への輸送）の対象地点を制限しない航空自由化もあります。

相手国・地域との航空運航の権益のうち、「第一の自由」は領空を飛行する権利、「第二の自由」はテクニカルランディング（給油などの技術着陸）の権利、「第三・第四の自由」は二国間を往復する権利を言います。「第五の自由」は以遠地点への輸送および中間地点からの輸送（三国

中級編

られている例は、ほぼ見当たりません。日本も同様に、航空法の下で国内定期運送を行う事業者に対して外資規制が設けられています。国内定期運送を行う航空会社の議決権株式における外資の比率は3分の1未満に制限されています。

間輸送＝他国と他国を結ぶ輸送）の権利、「第六の自由」は自国を経由する三国間輸送の権利、「第七の自由」は自国に運航の起点を持たない三国間輸送の権利です。「第八の自由」は運航の起点を自国に置いた上で相手国の国内輸送を行う権利、「第九の自由」は自国に運航の起点を置かずに相手国の国内輸送をする権利です。

民間航空運航体制の基本はシカゴ条約で体系化されました。正式名称は「国際民間航空条約」です。１９４４年に連合国と中立国54カ国の代表者が米シカゴで国際民間航空会議を開き、第二次世界大戦後の国際民間航空の管理機構設立と商業航空権確立について話し合いました。

シカゴ条約には、領空の主権確認および主権の制限が示されています。有名な五つの自由と呼ばれる民間航空運送の基本的な分類・定義を見ていくと、多国間の「国際業務通過協定」として成立したのは、第一の自由、第二の自由だけでした。第三の自由および第四の自由、第五の自由という分類・定義は、その後の二国間航空交渉による航空協定締結・改定について協議される中で生かされています。

航空協定の多くは、１９４６年に定められた米英航空協定（バミューダ協定）がひな型になっています。バミューダ協定に盛り込まれた合意内容の代表例として「航空会社の指定」があります。航空会社が二国間航空協定に基づいて相手国に新規乗り入れしようとする場合、その前提条件として当該航空会社の所属国が「外交ルートを通じて当該航空会社の指定を相手国に通告する」義務があります。

Memo 航空運航の権益にはカボタージュ（国内運送権）もあります。基本的に国内航空輸送はその国の航空会社が行っています。欧州連合（EU）加盟国の航空会社が、EU加盟国の他の国で国内運送することは可能ですが、それ以外にカボタージュが認め

Question 52

共同で運ぶコードシェア

二つの航空会社の便名が一緒に付いている場合がありますが？

それをコードシェアと言います。フライトコード（便名）をシェアする（分け合う）という意味で、他の航空会社が運航する便に自社の便名を付けることです。同じ運航機にA社の便名とB社の便名が付きます。まだコードシェアに対して利用者のなじみが薄かったころには、A社の航空券を買ったはずなのに実際はB社が運航する便だったというので、乗客は空港に行ってびっくりするということもしばしばあったようです。

コードシェアという考え方は、航空会社が効率的にサービスを提供し、なおかつ経営基盤を改善するという観点から生まれました。航空会社にとっては、実際に自社が航空機を飛ばしていなくても、当該便の座席または貨物スペースを販売できます。特に利用率（ロードファクター）の低い路線では、自社便をやめて他社便をコードシェアすることで事業採算を改善することが可能になります。逆に機材を運航する側の航空会社にとっても、自社で販売しきれないスペースを埋めてもらえるので採算性改善につながります。

自社機が運航していない路線でもコードシェアが認められていれば、販売対象となるネットワ

を事前確保しておくことです。自社便のネットワークがない場合や急な需要の増加に伴い、BSAを活用することがあります。自社便を運航していなくても貨物を輸送できるところにメリットがあります。

中級編

ークを拡大できます。二国間協定の内容によってコードシェア便のカウント方法は異なりますが、相手国便へのコードシェアは輸送力としてカウントしない国との間では、自社運航便の輸送力を使い切っている場合でも、相手国便へのコードシェアという形で輸送力を増やすことができるメリットもあります。

2社のコードシェアという場合、相手国航空会社とのコードシェアが一般的ですが、同一国の航空会社同士、第三国の航空会社が参加するコードシェアもあります。旅客便でのコードシェアの場合に、旅客の座席について はコードシェアしていても、必ずしも貨物スペースをシェアしているとは限らないので注意が必要です。

日本では機材提供会社から見た場合のコードシェアを「共同運航」、座席や貨物スペースの提供を受ける側から見たコードシェアを「共同運送」と区別することもあります。ただし「共同運航」とは言っても、複数の航空会社が同じ運航規程に基づいて共同で運航責任を負うということではないので、厳密には共同運航とコードシェアは別の概念となります。

日本の航空会社にも外国航空会社がコードシェアしている

Memo コードシェア以外にも貨物スペースをシェアする方法に、航空会社間の契約に基づいて他社の航空便のスペースを押さえる「ブロック・スペース・アグリーメント」(BSA)という手法もあります。航空会社が、別の航空会社の運航便の一定量のスペース

Question

53

航空会社のアライアンス

まとまることによってどんなメリットがあるのですか？

アライアンスは、バイラテラルな提携関係の発展型といえます。**その最大の目的は、コストを各社で分担しつつ世界的なネットワークの構築を実現し、競合他社との差別化を図って利用者を囲い込むことにあります。**アライアンスの動きは1990年代ごろに始まりました。低成長時代に突入し、航空会社はマーケットでの無駄な競争を避け、複数の航空会社でコストを分担することによるコストダウンを図ろうとしたのです。そのため、各アライアンスとも共通ブランドの下で、ネットワークや空港ラウンジ、マイレージサービスの共有化などを実現してきました。

航空業界には今、大きく三つのアライアンスがあります。全日本空輸が加盟している「スターアライアンス」、日本航空が加盟している「ワンワールド」、旅客分野だけでなく貨物分野でも提携がある「スカイチーム」です。スカイチームには下部組織として、貨物での協力を目的とした「スカイチーム・カーゴ」というアライアンスがあります。現在、スカイチーム加盟会社のうち11社がスカイチーム・カーゴに加盟しています。

スターアライアンスでしたが、合併後の2014年10月に、ラン航空がもともと加盟していたワンワールドに加盟しました。2016年にグループ内の貨物ブランドもラタムに統一しています。

中級編

スターアライアンスは、ルフトハンザ・ドイツ航空とユナイテッド航空（UAL）が核となって1997年に創設されました。1999年発足のワンワールドは、ブリティッシュエアウェイズとアメリカン航空、2000年にスタートしたスカイチームはエールフランス航空とデルタ航空が核となっています。

貨物系では消滅したアライアンスもあり、共通メリットが見つけにくい側面もあるようですが、新しい取り組みも始まっています。日本路線では全日空とルフトハンザカーゴは2014年、日本ー欧州線で貨物共同事業（JV）を開始し、日本と欧州間に就航する便についての運航ダイヤ、運賃、営業などにおける共同事業が実現しました。

全日空は2015年4月に、UALとの太平洋ネットワークにおけるJVでATIの認可を受けました。現在ではルフトハンザカーゴと日欧線、ユナイテッド航空と太平洋線でそれぞれ貨物共同販売などを行っています。

各アライアンスの加盟航空会社（2019年9月時点）

名称	加盟航空会社
スターアライアンス	エーゲ航空、エア・カナダ、中国国際航空、エアインディア、ニュージーランド航空、全日本空輸、アシアナ航空、オーストリア航空、アビアンカ航空、ブリュッセル航空、コパ航空、クロアチア航空、エジプト航空、エチオピア航空、エバー航空、LOTポーランド航空、ルフトハンザ・ドイツ航空、スカンジナビア航空、深圳航空、シンガポール航空、南アフリカ航空、スイスインターナショナルエアラインズ、TAPポルトガル航空、タイ国際航空、ターキッシュエアラインズ、ユナイテッド航空
ワンワールド	アメリカン航空、イベリア航空、カタール航空、カンタス航空、キャセイパシフィック航空、シベリア（S7）航空、スリランカ航空、フィンエアー、ブリティッシュエアウェイズ、マレーシア航空、ロイヤルヨルダン航空、日本航空、LATAM、フィジーエアウェイズ、ロイヤルエアモロッコ
スカイチーム	アエロフロート・ロシア航空、アルゼンチン航空、アエロメヒコ航空、エア・ヨーロッパ、エールフランス航空、アリタリア・イタリア航空、チャイナ エアライン、中国東方航空、チェコ航空、デルタ航空、ガルーダ・インドネシア航空、ケニア航空、KLM オランダ航空、大韓航空、ミドル・イースト航空、サウディア、タロム航空、ベトナム航空、厦門航空

Memo

航空会社の合併や統合により、所属アライアンスを変更するというケースもあります。チリのラン（LAN）航空とブラジルのタム（TAM）航空は2012年6月に合併し、ラタム（LATAM）航空グループとなりました。加盟航空連合は、タム航空は以前

Question 54

航空会社のインターライン

自社便が飛んでいない地点へも貨物を運べるそうですね？

インターラインとは、他社便の座席や貨物スペースを利用して旅客や貨物を運送することです。

例えばある航空会社が、自社便が飛んでいない空港への貨物輸送を請け負ったとします。その場合、自社便のネットワークがある空港までは自社便で貨物を運び、そこから先の自社便で輸送できない区間は他社便のスペースを活用することで、ネットワークを構築します。他社便のスペースを活用している区間を合わせて、自社の運送状（エアウェイビル）で貨物を取り扱います。

インターラインを可能とするために、他の航空会社との間で座席や貨物スペースの活用について取り決めを結ぶことが必要になります。貨物の輸送においてはブロック・スペース・アグリーメント（BSA）がその一環です。

BSAは他の航空会社からあらかじめ一定のスペースを借り受ける方法です。一定の貨物量を一定の頻度で輸送するめどが立っている場合には、BSAを結ぶことが多いようです。他社便のスペースを活用するため、航空会社はスペースを提供してくれた航空会社に対して、その分の運賃を支払うことになります。

on Load Transportation (OLT) と呼ばれます。空港と空港を結ぶOLTに特化した陸上輸送事業者もあります。OLTも航空貨物輸送ネットワークを構築する重要な要素となります。

自社機材で運航していない路線のスペースを販売するという意味ではコードシェアも似た概念ですが、コードシェアは「自社機材」ではないものの、あくまで「自社便名」による貨物輸送であり定期便に該当します。チャーター便も自社機材による運航ではありません。チャーター便の場合は、運航する航空会社の便名による貨物輸送となります。こうしたコードシェアやチャーター便は、もっぱらインターラインとは区別されています。

世界中にネットワークを構築している航空会社や、空港からの陸上輸送サービスが豊富な航空会社は、インターラインを利用しなくてもネットワークを構築できます。一方で、自社便のネットワークが限定されている航空会社は、インターラインを活用してネットワークを補完しています。インターラインを活用して充実したネットワークを構築することも、航空会社の腕の見せどころと言えるでしょう。

例えば日本発着貨物の販売を手掛けるオフラインの航空会社は、自社便に接続するまでのフライトを担う航空会社とBSA契約を結んでいるケースが多いようです。

旅客便でもインターラインが行われています。最近ではローコストキャリア（LCC）同士でインターライン契約を締結する例も出てきました。お互いのホームページ上で搭乗便や付帯サービスを組み合わせて航空券の予約・購入を可能としたり、国際線を乗り継ぎする旅客に対して、預入手荷物を最終目的地までスルーでチェックインすることができるシステムを構築するなどの工夫を凝らしています。

Memo
ネットワークを補完する手段として陸上輸送を活用するケースもあります。この場合、自社便がある空港まで航空輸送して、その空港から最終目的地の空港まで陸上輸送します。一般的にロードフィーダーサービス、あるいは保税転送であればBonded

中級編

Question 55

オープンスカイの役割

開かれた空って何ですか？

オープンスカイは航空輸送に関する規制をなくし、自由化を推進することです。航空産業は国家政策と結び付きが強く、「海運自由の原則」とは違って国と国との間で行われる航空協定（二国間協定）を前提にお互いの権益を認め合っているのが現状です。路線や輸送力は航空協定で決められ、航空企業が国際路線の開設や増便を自由に行うことはできません。オープンスカイを行うことで規制が緩和され、路線、輸送力などを航空企業が自由に取り決めたり、市場への新規参入を行うことができるようになります。

米国は1992年にオープンスカイ政策を発表しました。オープンスカイ協定を結んだ国と国の間では、路線、輸送力、運賃などの規制が撤廃されます。米国が提案するオープンスカイ政策は、自国の航空会社の利益を保護する考えから米国内運送（カボタージュ）は認めていません。日本と米国は2009年12月にオープンスカイで合意、2010年10月に調印、発効となりました。

欧州連合（EU）は、1997年にEU域内での航空自由化を行いました。輸送力、市場の新

を実質的に実現していますが、これを発展させてより自由度の高い自由化を実現しようとしています。一カ国一カ国と交渉が必要だった事項も、アセアンとして一括で交渉することが可能になることなどの効果が見込まれます。

日本のオープンスカイ協定締結国・地域　※2019年9月時点

国・地域	締結合意日	自由化の内容	国・地域	締結合意日	自由化の内容
韓国	2010年10月22日	①	中国	2012年8月8日	③
米国	2010年10月25日	④	オランダ	2012年8月23日	①
シンガポール	2011年1月19日	①②	スウェーデン	2012年10月11日	①
マレーシア	2011年2月24日	①②	デンマーク	2012年10月11日	①
香港	2011年5月19日	①	ノルウェー	2012年10月11日	①
ベトナム	2011年6月9日	①②	タイ	2012年11月21日	①
マカオ	2011年7月14日	①②	スイス	2013年7月23日	①
インドネシア	2011年8月11日	①②	フィリピン	2013年9月12日	①②
カナダ	2011年9月14日	①②	ミャンマー	2013年10月24日	①②
オーストラリア	2011年9月29日	①②	オーストリア	2014年7月23日	①②
ブルネイ	2011年10月29日	①②	スペイン	2016年5月20日	①
台湾	2011年11月10日	①②	ラオス	2016年5月23日	①②
英国	2012年1月20日	①②	カンボジア	2016年5月26日	①②
ニュージーランド	2012年2月16日	①②	ポーランド	2016年12月6日	①②
スリランカ	2012年3月23日	①②	パプアニューギニア	2017年4月26日	①②
フィンランド	2012年6月8日	①②	インド	2017年9月14日	①
フランス	2012年7月7日	①	イタリア	2019年9月4日	①②

①成田空港を含む二国間輸送の自由化（羽田空港は除く）
②成田空港・羽田空港を除く以遠輸送の自由化
③大規模拠点空港（日本側＝成田・羽田、中国側＝北京・上海）を除く二国間輸送の自由化
④成田空港を含む二国間輸送・以遠輸送の自由化（羽田空港は除く）

規参入や運賃などに関し、段階的に規制緩和しました。

日本は航空自由化政策を推し進めています。日本のオープンスカイ交渉においては、以遠輸送を含む「第五の自由」を含むものですが、成田空港に関する自由化は原則「第五の自由」までは含まれず、二国間輸送の自由化（第三、第四の自由）となっています。旅客便にはオープンスカイを適用する一方、貨物便の輸送力は規定するといったケースもあります。一方、羽田空港は国内線の主力空港であることや国際線の枠に制限があるため、オープンスカイの枠組みそのものに入っていません。

このようにオープンスカイとはいっても適用の対象、二国間輸送の自由化、以遠輸送の自由化をはじめ、その自由度には幅があります。国内運送権（カボタージュ）を他国に認めるのかどうか、という課題もあります。

Memo

現在、国土交通省はアセアンとの地域航空協定・多国間航空協定の締結に向けた調整を行っています。複数の国で構成される「地域」との航空協定締結については、日本ではこれまで例がありません。アセアン10カ国との間では、それぞれ航空自由化

Question 56

夜間飛行制限時間

カーフューという言葉を耳にしますが

カーフュー（Curfew）とは門限や夜間外出禁止時間を意味します。空港に関するカーフューは、航空機が発着できない時間帯を指しています。空港によって発着できる時間帯が制限されているケースが多くあります。主な要因として騒音対策が挙げられます。空港周辺地域に住んでいる人たちの睡眠をできるだけ妨げないように、カーフューは主に深夜から早朝の時間帯に設定されています。カーフューが設定されている空港として、成田空港が挙げられます。内陸に建設された空港であるため、開港当初から午後11時から翌午前6時までの時間帯は、緊急を要する場合を除いて原則、航空機の発着が認められていませんでした。併せて、午後11時の発着回数も制限されていました。

国際拠点空港としての役割を担う成田空港に関しては、乗り継ぎ需要への対応、夜間・早朝にも発着需要がある貨物便やローコストキャリア（LCC）への対応といった観点から、夜間飛行制限の変更を求める声がありました。2019年冬季スケジュールからは、2本ある滑走路（A滑走路、B滑走路）のうち、A滑走路の発着時間帯が午後12時（午前0時）まで1時間延長され

とで航空機の発着にいつでも対応できます。そのため「完全24時間空港」を目指すのであれば、2本の滑走路が必要になります。現在、滑走路が1本の中部国際空港について地元などから、2本目滑走路の整備を求める声が上がっています。

中級編

ました。A滑走路の午後10時台の発着回数制限もなくなりました。

成田空港は第3滑走路（C滑走路）の整備も計画されています。C滑走路供用開始以降の夜間飛行制限時間帯は、滑走路ごとの運用時間に違いを持たせる「スライド運用」が適用されます。飛行経路下の運用制限時間（静穏時間）は、これまでと同じ7時間を確保しながら、3本の滑走路の発着制限時間に違いを持たせることで、空港全体の発着制限時間は午後12時30分（午前0時30分）から午前5時とするものです。

カーフューはロンドン・ヒースロー空港やフランクフルト・アム・マイン空港をはじめ、世界各地の内陸空港を中心に適用されています。やはり騒音対策が背景にあります。航空会社は、発着空港のカーフューを踏まえて運航スケジュールを設定する必要があります。一方、ネットワークの拡大やハブ空港としての運用を目的に、発着制限時間を設けずに24時間の発着を可能としている空港もたくさんあります。乗り継ぎ需要、経由貨物の需要を取り込むためには、深夜早朝の発着に対応する必要があるためです。

成田空港の運用時間の概要

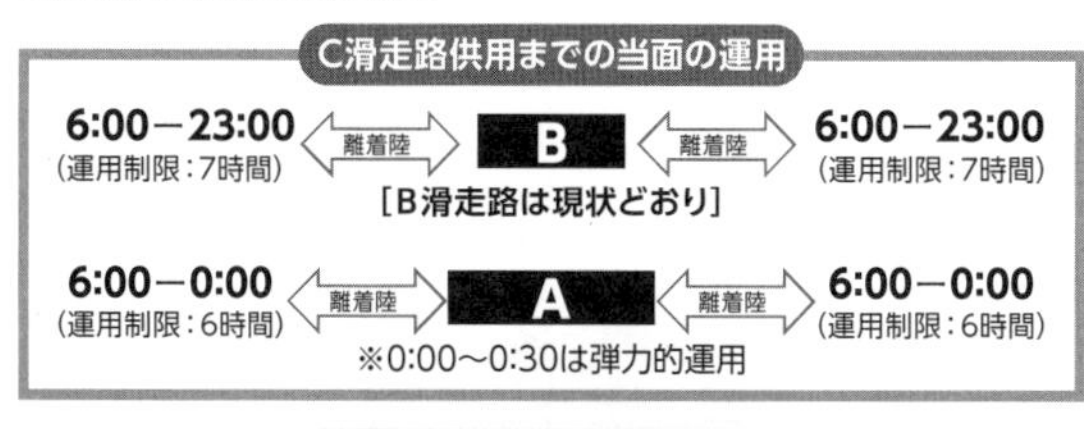

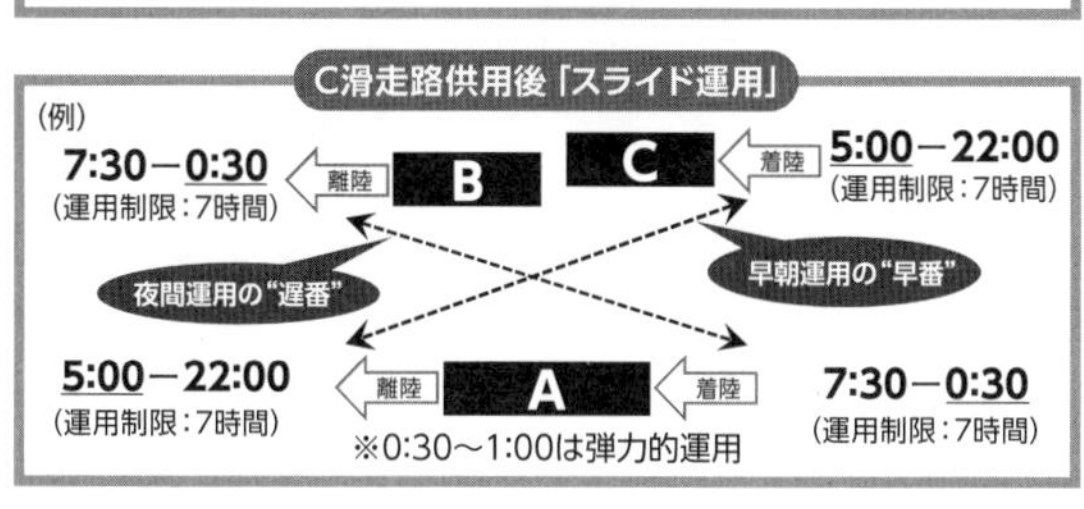

Memo

滑走路のメンテナンスのための時間を確保するために、一時的に滑走路の発着を制限する時間帯が必要になります。このため、滑走路が1本の空港は、どうしても発着できない時間帯が発生します。滑走路が2本あれば、別々にメンテナンスを行うこ

Question 57

空港の利用料金

日本の空港の着陸料は高いといわれますが?

世界的に見て高いレベルにあるといえます。日本の空港の運営は、国、自治体、空港会社に分かれていて、着陸料は運営者それぞれの収入源となります。国管理空港の着陸料は軽減措置などが幅広く設定されており、空港によって料金に違いがあります。

例えば2011年度には、羽田空港への国際貨物便の就航を促進することを目的に、午後10時から午前6時台に到着する国際貨物便に対する着陸料の半額措置が適用されました。一方、2019年3月29日から都心上空を含む新飛行経路の運用が開始されたことを受けて、騒音・環境対策の一環として羽田空港の着陸料は騒音を考慮に入れた体系となっています。那覇空港を離着陸する国際貨物便については6分の1に軽減(ジェット機)する措置もとられています。

会社管理空港(成田、関西、中部)の場合も着陸料に違いがあります。成田空港の国際線着陸料は、成田国際空港会社(NAA)の騒音インデックスに基づく航空機の分類により、A～Fの6段階に設定されています。トン当たりの料金はA/1550円、B/1650円、C/1750円、D/1850円、E/1950円、F/2000円で、平均は1792円。騒音が低い機

利用する航空会社の費用低減に一役買っています。空港によっては、こうした航空機の運航に伴う収入よりも、免税店やレストランをはじめとする商業系施設の収入の方が多い例もあります。

材の着陸料を低くするインセンティブが働いています。

関空の国際線はトン当たり1900円、中部はトンあたり1660円（ジェット機）です。空港によっては新規就航企業、増便などに対して割引措置が設定されていて、実際にかかる着陸料には幅があります。条件がそろった場合には、就航初年度の着陸料が免除されるケースもあり、航空会社の誘致にも一役買っています。

こうした割引措置を除外すると、**B767−300型（最大離陸重量185トン換算）で計算した場合の1回当たりの国際線着陸料は、成田が33万1520円（騒音インデックス平均値で計算）、関空が35万1500円、中部が30万7100円です。**

国管理空港や地方管理空港では、民間への運営権の委託（コンセッション）の動きが見られています。着陸料などの設定も、空港を運営する民間企業が決めます。同じ国管理空港、地方管理空港によっても料金設定に違いがあります。

空港の利用料金は着陸料だけではありません。着陸料のほかにも、空港に飛行機を止めておくときにかかる停留料、航空機が空港周辺や発着の際に受ける管制サービスなどに対して支払う航行援助利用料、旅客・貨物に対する保安料などがあります。旅客が空港を利用する際に負担する旅客サービス施設使用料（PSFC）もあります。日本の空港の着陸料は確かに高いレベルにありますが、例えば旅客サービス施設使用料などを含めて「旅客一人当たり」の空港利用料金で換算すると、ロンドン・ヒースロー空港など、日本の空港よりも高い空港が多くあります。

Memo 空港では着陸料のほかにも、貨物の場合は到着貨物の搬入上屋における輸入上屋施設利用料や貨物保管料などがあります。最近はローコストキャリア（LCC）を対象にしたターミナルビルを整備している空港があります。簡易的な施設とすることで、

Question
58

航空会社上屋の役割
どこからどこまでが上屋の仕事なのですか？

輸入であれば、航空機から取り降ろされた貨物をフォワーダーや荷主に引き渡すまでの膨大な作業を、いかに正確に、スピーディーに、ダメージなく行えるかが航空会社上屋の腕の見せどころです。

航空貨物は基本的に、輸出入の前後に空港内の上屋を通る必要があります。上屋は航空会社が直接運営して自社の貨物を中心に扱っている場合もありますし、複数の航空会社の委託を受けて空港内で「共同上屋」を運営する会社もあります。貨物量の少ない航空会社または空港では、提携する航空会社や共同上屋に委託するケースが多く見られます。上屋内の作業は、上屋の委託を受けたハンドリング会社が支援する場合がほとんどです。

航空会社上屋では、具体的にどのような仕事をしているのでしょうか。

輸入の場合、航空機から貨物が取り降ろされると、運送状などの到着書類と併せて上屋に引き取ります。上屋ではULDを解体・仕分け後、積荷目録に記載された内容と貨物の突き合わせ作業を始めます。個数の過不足や破損がないかなどをチェック後、貨物は輸入通関が可能な

中級編

手書きで行われることも多いのが実情です。ハンドリングのスタッフは人手不足が深刻なため、貨物の確認などに電子タグや文字認識などの先端技術の導入を試みる上屋会社が増えています。荷役作業の自動化も今後の課題です。

状態になります。さらに、運送状の仕分けや混載貨物をハウス単位で仕分けする作業も、基本的に上屋の責任で行うことになります。このように、輸入上屋では実に多くの貨物・書類の仕分けと確認業務が発生します。書類の内容や貨物の状態などに不備がなければ、輸入通関が終わった貨物からフォワーダーなどが手配したトラックに引き渡せるようになります。

輸出では、貨物がトラックで上屋に運び込まれてくるので、トラック・ドックで荷受けします。この際、搬入窓口で受け取った運送状などの書類、さらに貨物のチェックを行います。運送状番号などの貨物情報や梱包状態、危険物などの特殊貨物に当たるか否か、爆発物検査を実施済みかなど入念にチェックし、必要な場合は検査や再梱包を行います。航空機に搭載される位置が決まった貨物は、ユニット・ロード・ディバイス（ＵＬＤ）に積み付けられ、重量の計量後に上屋から航空機に搬送されます。並行して運送状の情報などから積荷目録（カーゴ・マニフェスト）が作成され、これも航空機に搭載されます。航空会社や一部の上屋会社は、ランプハンドリングと呼ばれる航空機への搭降載作業も行います。

国際空港上屋（IACT）は成田空港で共同上屋として輸出入貨物を取り扱う

Memo

貨物と書類の情報を突き合わせるのが上屋の大きな仕事の一つです。書類の入力作業などにはコンピューターを使っていますし、貨物のチェックにハンディターミナルなどの機器を使う上屋もありますが、貨物の確認作業をはじめ上屋内の作業は目視と

Question 59

空港での無料保管期間

到着後の貨物は無料で保管してもらえるのですか？

成田空港に到着した輸入貨物は空港到着翌々日の午前8時まで、空港輸入上屋での保管料は無料です。この到着日を含めたいわゆる「2日と8時間」を無料保管期間といいます。無料保管期間は、通関手続きが済んだ貨物が空港輸入上屋から引き取られるまでの航空会社の対荷主サービスとも言え、そのコストは航空貨物運賃に含まれるという考え方となります。

無料保管期間中に引き取られず、空港輸入上屋に継続して保管される場合は、無料保管期間を超えた時点を起点として一般貨物保管料が課金されます。

成田空港にある輸入上屋会社、ＪＡＬカーゴサービス（ＪＣＧ）、国際空港上屋（ＩＡＣＴ）、全日本空輸などの無料保管期間はそれぞれ2日と8時間に設定されています。成田空港の無料保管期間が2日と8時間に短縮されたのは２００３年6月で、それまでは3日と8時間（空港到着翌日の午前8時から48時間）でした。

関西空港の輸入上屋各社は１９９４年の開港以来、無料保管期間として3日と8時間を採用してきました。しかし、日航関西エアカーゴ・システム（ＪＡＬＫＡＳ）は２００９年2月から

中級編

善することでした。短縮を実施した結果として、輸入貨物全体の引き取りは早くなりましたが、連休を含めた週末に輸入貨物の保管量がピークとなる傾向には大きな変化は見られません。滞貨をどう改善していくかは変わらぬ課題です。

無料保管期間を２日と８時間とし、その後、他社も変更しました。

２００５年２月に開港した中部空港でも、輸入上屋を運営する日本航空（当時）と全日空は無料保管期間として２日と８時間を採用しています。２００６年11月に同空港で輸入上屋業務を開始したスカイポートサービス（ＳＰＳ）も同様の設定です。

一方、２０１０年10月に再国際化した羽田空港で国際貨物上屋を設営する東京国際エアカーゴターミナル（ＴＩＡＣＴ）の無料保管期間は、到着日翌日午前０時から48時間です。24時間稼働の空港という特色を生かし、午前０時を起点にしたものです。どの輸入上屋会社に上屋業務を委託するかどうかは、あくまで航空会社が選択することなので、荷主が到着空港で輸入上屋会社を選択することはできません。しかし、上屋料金の安い上屋を使用することは結果的に荷主、フォワーダーにとって喜ばしいことになるので、出発地において航空会社選択の一要因となる可能性があります。

関西国際空港の日航関西エアカーゴ・システム（JALKAS）の輸入上屋

Memo

成田空港の各輸入上屋会社では大型連休を迎えると、大量の輸入貨物の滞貨に悩まされます。連休中は荷主企業が休日となり、輸入貨物を引き取らないためです。成田空港で無料保管期間を短縮することになった理由の一つは、この週末の滞貨を改

Question 60

自分たちで倉庫拠点を持つメリットは何ですか？

フォワーダーの空港外施設

成田空港の周辺にはフォワーダーの上屋施設が点在しています。大手のフォワーダーの多くは自社で上屋を持ち、保税蔵置場の許可を得て、輸出入貨物を取り扱っています。

フォワーダーが空港外に施設を持つのは、品質向上やサービス拡充が目的です。**集荷配送、一時保管、通関、輸送手配といった一連の業務を自分たちの目の届くところで実施することで、管理や品質改善を容易にするほか、ラベル貼付や簡易加工、再梱包などのロジスティクスサービスを提供できるようになります。複数の顧客から仕向地の異なる多品種の貨物を集荷し、仕分けして輸出する（また異なる仕出地からの輸入貨物を仕分けして顧客の複数拠点に配送する）といったクロスドックサービスは、自社拠点があって可能になります。**

ユニット・ロード・ディバイス（ULD）を自社で積み付け・解体できるのもメリットです。仕向地に応じたダメージ防止策などが講じられるため、空港内の航空会社の上屋に作業を委託するより品質が高くなると言われています。会社によっては、冷凍・冷蔵庫やクリーンルームなどの機能を持っているところがあり、貨物の特性に応じた保管場所を用意しているのです。

要フォワーダーが空港島内に上屋を構えています。海外でも同様ですが、輸出入荷主や物流企業向けに自由貿易区を整備する政府や自治体もあります。そうしたところでは、輸出入プロセスの簡略化や保税蔵置期限の延長といったメリットがあります。

中級編

成田空港周辺におけるフォワーダーなどの主な保税蔵置場立地場所

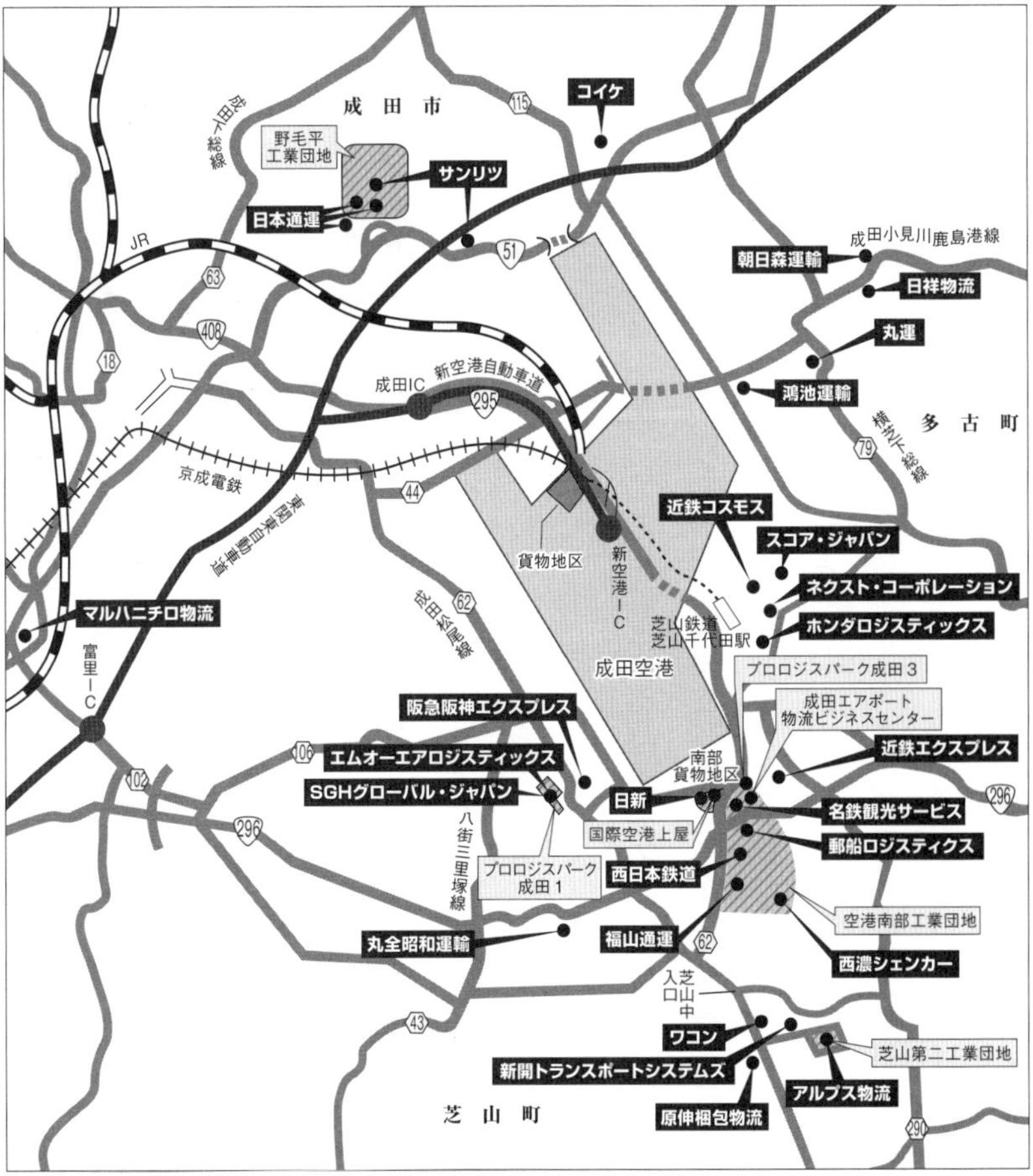

成田市
多古町
芝山町
成田空港
貨物地区
南部貨物地区
野毛平工業団地
空港南部工業団地
芝山第二工業団地
国際空港上屋
プロロジスパーク成田3
プロロジスパーク成田1
成田エアポート物流ビジネスセンター
コイケ
サンリツ
日本通運
朝日森運輸
日祥物流
丸運
鴻池運輸
近鉄コスモス
スコア・ジャパン
ネクスト・コーポレーション
ホンダロジスティックス
マルハニチロ物流
阪急阪神エクスプレス
エムオーエアロジスティックス
SGHグローバル・ジャパン
日新
近鉄エクスプレス
名鉄観光サービス
郵船ロジスティクス
西日本鉄道
福山通運
西濃シェンカー
丸全昭和運輸
ワコン
新開トランスポートシステムズ
原伸梱包物流
アルプス物流
JR
成田線
京成電鉄
東関東自動車道
新空港自動車道
成田IC
新空港IC
富里IC
芝山鉄道
芝山千代田駅
成田小見川鹿島港線
横芝下総線
成田松尾線
八街三里塚線
芝山中入口

（2019年10月末時点。機用品専用などを除く）

関西や中部でも主要フォワーダーは自社上屋を構えています。関西では関空の貨物地区内に上屋を持っている企業もありますが、対岸のりんくうタウンや、大阪市内の南港地区（住之江区）に拠点を持って上屋を展開している所も多いです。中部では主

Question
61

インタクト輸送

インタクトのメリットとは何ですか？

中級編

空港に到着した輸入貨物のユニット・ロード・ディバイス（ULD）を解体せずに空港外のフォワーダー貨物施設まで輸送すること、あるいは輸出貨物をフォワーダーが自社施設でULD化し、搭載できる形で航空会社へ搬入することをインタクト（intact）輸送といいます。成田空港の周辺には、フォワーダーや施設会社が開設したいわゆる空港外施設がたくさんあります。ULDを自社施設で積み付けたり解体することは、フォワーダーにとって大きなメリットがあります。

輸入の例でいうと、**空港上屋でULDを解体する時間を省くことで、フォワーダーは直ちにULDを自社のコントロール下に置くことができます。航空会社の輸入上屋を経由せず、フォワーダー上屋に直接貨物を搬入することを「機側インタクト」と言います。**貨物の積み付けから解体までのプロセスを全て自社で手掛けることで、ダメージの軽減やリードタイムの短縮など、サービス品質を高めることができます。フォワーダーなどが運営する成田空港外施設は、荷主のディストリビューション・センター的な役割も果たしていますので、貨物を自社管理下に置いたことを荷主にいち早く連絡できることもサービス向上の一つといえるでしょう。

は輸送条件によって梱包の養生を行ったり、特殊なケアを施したりするわけです。しかし、海外の国・地域によっては自社でULDの積み付けができないところもあり、そういった場合、空港に事務所を設けて現場を監督しています。

輸出の場合も、フォワーダーにとっては品質面で大きなメリットがあります。**空港上屋での積み付け作業が必要なくなる分、航空会社との交渉で搬入時間を後ろ倒しすることができます。**海外仕向地の天候など、地域特性に応じた対策も可能です。ＵＬＤに貨物を積み付ける際に各社が工夫を施すことで、スペースの有効活用と収益向上を図れるというメリットもあります。

トランジット貨物の場合にもメリットが発揮できます。貨物を輸入上屋に引き込む必要がなく、ランプサイドから次の便の機材に搭載することも可能です。また、トランジットのインバウンドとアウトバウンドで航空会社が異なり上屋が違う場合なども、リードタイムの短縮につながります。

フォワーダーのULD積み付けの様子

出発地でＵＬＤ積み付けが単一フォワーダーの貨物だけで行われないと、通常は到着空港からインタクト貨物としてそのまま引き取れません。一つのＵＬＤに積み付けられた貨物の通関業者が複数にまたがると、空港上屋でＵＬＤを一度解体するのが普通だからです。このため輸入インタクト輸送を本格的に行うには、出発地での単一ＵＬＤ積み付けの体制構築が同時に必要なのです。

Memo インタクトは特に新興国などの輸送品質が担保しにくい地域で実施することで、品質面のアピールにつながります。混載業者や共同上屋に委託することもできますが、品質は担保できません。日系荷主は高い輸送品質を求める会社が多く、フォワーダー

Question 62

料金表のようなものがあると聞きました

航空運賃の仕組み

航空運賃の基本価格となるのが、航空会社がそれぞれ持っているタリフレートです。タリフとは料金表のこと。日本の航空法では、航空会社は運賃を定め、あらかじめ国土交通大臣に届け出て、認可を受けなければなりません（航空法105条、129条）。その際に提出する料金表をタリフと呼んでいます。なお税関用語では、タリフは関税率表を意味します。

かつては、航空会社のタリフはほとんど同じでした。国際航空貨物運送協会（IATA）によって定められた運賃表（IATAタリフ）を各国政府機関が認可し、各航空会社がそれを自社のタリフとして利用していたためです。日本はこれを独占禁止法の適用除外としていましたが、米国などを中心にカルテルに当たるという動きが出てきて、2011年に適用除外を廃止することとなりました。現在は、航空会社それぞれが独自に数百レーンの運賃を定め、国交省に提出しています。

運賃は会社によってレートが異なりますが、タリフに沿って計算されます。ベースとなるのは、輸送区間と貨物の大きさです。大きさは実重量で計算し、容積重量が大きい場合はそちらが適

その中で大きな部分を占めるのが航空運賃となります。また、危険物や温度管理が必要な貨物などの特殊貨物については、その分の取り扱いサービス料が加わってきます。国内貨物も基本的には同じです。

用されます。

ここで重量逓減制という大口割引の仕組みも出てきます。航空貨物の運賃には、大きく分けて①一般貨物賃率（GCR＝ゼネラル・カーゴ・レート）②特定品目賃率（SCR＝スペシフィック・コモディティー・レート）③品目分類賃率（CCR＝コモディティー・クラシフィケーション・レート）――の三つがあります。このうちGCRは、輸送する貨物が重くなればなるほど1キログラム当たりの運賃単価が低くなる仕組みになっています。45キログラム、100キログラム、300キログラムというように運賃・重量が数段階に分かれており、段階が上になればなるほど単位重量当たりのレートが低く設定されているのです。つまり、重量が増えるほど安くなる。これが重量逓減制です。

SCRは、品目別に設定された運賃です。対象品目は4ケタの品目番号で分類され、路線別に細かく設定されています。GCRより割引になっているケースがほとんどです。

CCRは、対象となる地区間または地区内の特定品目の運送に適用される運賃で、通常はGCRの45キログラム未満賃率に対する割引や割増で表示されます。

重量逓減制では貨物が重くなるほど航空会社に支払う運賃の単価が低くなるようにしてありますから、フォワーダーはこの制度を利用して荷主から航空会社の運賃より低価格で運送を引き受け、航空会社に対しては貨物をまとめてボリューム・ディスカウントを得ることで、一般的に「混載差益」と呼ばれる利益を得ているわけです。

Memo

航空貨物の輸送料金はどうなっているのでしょう。荷主が支払う料金の内訳には、輸出の場合、通関料、フォワーダーの取扱料（荷扱いや手配）、上屋での保管料、燃油サーチャージ、運送状発行料、爆発物検査料などさまざまな項目があります。

Question 63

混載運賃と荷主の支払い

直接、航空会社に依頼した方が安いのでは？

前項では運賃の仕組みを見てきました。航空会社に直接輸送をお願いした方が、フォワーダーに支払う手数料が節約できるので、お得に輸送できるのではと疑問に思った人も多いのではないでしょうか。ですが、小口の貨物を輸送する場合、航空会社に依頼した方が割高になってしまいます。**フォワーダーは複数の荷主から小口貨物を集めて、大口の混載貨物として航空会社に輸送手配するため、割安で輸送することができるのです。**

フォワーダーが荷主から混載貨物を受け付ける場合に提示する運賃のことを混載運賃（利用運送事業運賃）といいます。混載運賃は国土交通大臣に対する届出制です。そして、混載運賃の多くは、航空会社の公示貨物運賃よりも一般的に安く設定されています。

フォワーダーは複数荷主から集荷した貨物を同じ仕向地にまとめ、自ら荷送人となり、航空会社と運送契約を結んで貨物を航空機に搭載します。航空会社の貨物運賃は重量逓減制、つまり貨物が大口になればなるほど料率が低くなります。フォワーダーは複数荷主から集荷した貨物を大口にまとめることで、料率の低い航空会社の高重量帯運賃の適用を受けられるのです。

中級編

求に応えるため、関税や消費税を荷主に代わり立て替えているケースも少なくありません。関税、消費税の立替金は回収が遅れると額が膨らみ、フォワーダーの収益性を圧迫する大きな要因となります。

航空輸送では、一般商業貨物はほとんどが混載貨物として輸送されています。航空貨物運送協会（JAFA）がまとめた2018年の輸出航空貨物取り扱い実績によると、混載貨物取扱量は126万1132トンで、直送貨物（フォワーダーが航空会社の代理店として集荷した貨物）およびチャーターを加えた総量136万5288トンに対するシェアは92・3％。9割以上の貨物が混載貨物として集荷されているわけですね。従って、ほとんどの荷主はフォワーダーと混載貨物輸送の取引をしていることになり、混載運賃が適用されているのです。

運賃面だけでなく、フォワーダーに依頼することで業務を簡素化することもできます。フォワーダーは航空会社への輸送手配だけでなく、集荷／配送、通関、爆発物検査など、輸送前後の物流サービスも提供しています。集荷の配車や通関業者を独自で手配するのは荷主にとって大きな手間ですし、支払い業務も煩雑になります。税関検査が発生した場合、荷主の立ち会いが必要になりますが、フォワーダーはそれを代替して行ってくれます。フォワーダーが輸送に関わるさまざまな業務を行ってくれることで、荷主は輸送費の支払いを一括して行うことができるのです。

フォワーダーがさまざまな業務を代わって行うことで、業務も効率化できる

Memo

フォワーダーが荷主に提示する価格は、さまざまな要素からなります。近年、フォワーダーが提供するサービスは、貨物の保管、流通加工、ディストリビューション機能なども組み合わせた総合的な内容になっています。一方で、荷主の運賃引き下げ要

Question 64

フォワーダーはどうやって運賃を決めているの?

実勢運賃

荷主と輸送会社間の価格交渉によって決定する運賃のことを実勢運賃と言います。航空輸送の場合、フォワーダーと航空会社間で交渉を行って、フォワーダーごとに料率を決定します。この運賃交渉は貨物1個当たりの収益性に関わってきますので、航空会社、フォワーダーにとっては経営を左右するほど非常に重要なものとなります。

航空会社とフォワーダーの交渉は長期・スポットの2種類があります。長期の場合、夏季・冬季スケジュールが始まるまでに半年の料率を決めるところが多いですが、航空会社によって年に数回交渉を行うところもあります。

料率は輸送区間ごとに決定しますが、運賃の決定方法はさまざまです。フォワーダーが一定のスペースを完全に買い切ることもありますし、前回の実績をベースに料率を決める場合もあります。

航空会社からすれば安定的にスペースを利用したいので、フォワーダーにスペースを買い切ってもらう方が良いわけです。フォワーダーもその方が安い料率を得られることになりますが、

ンテナの輸送では一般的ですが、航空輸送でも実施されています。また中小のフォワーダーにとっては、大手とコ・ロードすることで比較的安価な運賃で輸送できるというメリットもあります。

そのスペースを埋めなければならないというリスクを抱えることになります。

　フォワーダーは物量を多く持っている方が有利に交渉できます。取扱量の大きいフォワーダーは大量にスペースを利用する分、安い料率を適用してもらえるのです。そして、ここがフォワーダーの腕の見せどころ。フォワーダー側は調達部門や購買部門が交渉を担うのですが、非常に重要な部署です。営業部門と連携して特定の仕向地向けの貨物を増やしたり、取引する航空会社を絞ったりすることで、航空会社のメリットになる条件を提示し、安くスペースを仕入れるのです。これにより、特定の路線に強いフォワーダーというのが出てきます。全体の物量は少なくても、特定の国・地域向けでは大手に比肩するような会社もあります。

　スポットは、その時その時の市況が大きく影響してきます。ヒット商品が爆発的に輸出されスペースが枯渇しているような場合は、スポットの相場は高くなりますし、その逆もあります。一般にクリスマス前などは年末商戦に向けてスペースが不足します。

　従来、運賃交渉は仕出し空港単位で行っていたことが多かったのですが、近年の傾向として、大手のフォワーダーに多くみられますが、交渉をグローバルやアジア・米州といった地域単位で一括して行うところも増えてきました。各地の貨物をまとめて物量を多くして交渉できますし、あまり物量がない拠点でもグローバルで交渉した料率が使えるようになるので、荷主への営業がしやすくなるわけです。併せて、特定航空会社とのパートナーシップを強化する取り組みも増えています。

Memo
毎回スペースを埋めるための貨物を集めるのは非常に大変です。それ故にスペースを買い切ってしまうとリスクもあります。それを解消する手段の一つとして、複数のフォワーダーが共同で混載貨物を仕立てるコ・ロードという方法もあります。海上コ

Question 65

燃油サーチャージ

燃油価格が上がると航空運賃も上がるのですか？

ジェット燃料で飛ぶ飛行機は、燃油価格が極端に上がると運航コストも大幅に上がってしまいます。**多くの航空会社はその都度、運賃を改定するのではなく、その時々の燃油価格に応じて変動する追加料金、「燃油サーチャージ」を設定しています。**

日本の航空会社が燃油サーチャージの適用・廃止の指標としているのは、シンガポール・ケロシン価格（アジア地区を代表する燃油価格）です。国際貨物の場合、平均燃油価格に応じたサーチャージの価格テーブルを方面別に設定しており、直近1カ月の平均価格に応じて翌月の適用額を決めます。左表は日本航空の価格テーブルで、2019年11月の適用額を示したものです。この時は、直近の9月の平均燃油価格が1バレル77・72米ドルと、8月の同74・6米ドルよりも高くなったことで、サーチャージも10月の適用額から上がりました。

近年は、サーチャージの適用方法を見直す航空会社もあります。2014年夏以降、燃油価格の下落が続き、100ドルを超えていた燃油価格は2016年1月に40ドルまで下がりました。燃油価格が高騰していた時は、旅客も貨物も燃油サーチャージが高くなったことにより、

中級編

する貨物に課される「ペーパーサーチャージ」などがあります。本文で紹介した「オールイン運賃」のほかに、さまざまなサーチャージを統合した「航空貨物サーチャージ」を設定する航空会社もあります。

日本航空の2019年11月の貨物燃油サーチャージテーブル

(表示価格は貨物1kg当たり)

燃油指標価格(米ドル/バレル)	貨物燃油サーチャージ額		
	①遠距離路線 米州・欧州地区宛(アフリカ、中近東宛を含む)	②アジア遠距離路線(①、③以外)	③アジア近距離路線 香港、中国、フィリピン、台湾、韓国、グアム
125.00以上130.00未満	¥84	¥42	¥42
120.00以上125.00未満	¥78	¥39	¥39
115.00以上120.00未満	¥72	¥36	¥36
110.00以上115.00未満	¥66	¥33	¥33
105.00以上110.00未満	¥60	¥30	¥30
100.00以上105.00未満	¥54	¥27	¥27
95.00以上100.00未満	¥48	¥24	¥24
90.00以上95.00未満	¥42	¥21	¥21
85.00以上90.00未満	¥36	¥18	¥18
80.00以上85.00未満	¥30	¥15	¥15
(今回適用) 75.00以上80.00未満	¥24	¥12	¥12
(2019年10月適用) 70.00以上75.00未満	¥18	¥9	¥9
65.00以上70.00未満	¥12	¥6	¥6
60.00以上65.00未満	¥6	¥3	¥3
60.00未満	適用なし		

本体価格となる運賃を引き下げて料金競争を行いました。2016年以降は、燃油価格が下がって価格の安定も見込まれるようになったことで、一部の外国航空会社は燃油や航空保安にかかるサーチャージを貨物運賃に含める「オールイン運賃」を導入しました。

日本航空は2016年10月適用分から価格テーブルを改定しました。サーチャージの適用額を従来よりも引き下げ、運賃そのものを適正な水準に戻す狙いからです。2016年以降、燃油価格が月平均で100ドルを超えたことはなく、以前よりは安定して推移するようになりました。しかしサーチャージの扱いについては、国や航空会社によって方針が分かれています。

Memo サーチャージとは、追加料金のことです。燃油サーチャージのほかにも、爆発物検査など航空保安コストの増加に伴って追加料金の負担を求める「セキュリティーサーチャージ」や、マスターAWBの電子化(eAWB)を推進する狙いから、紙のAWBを利用

Question 66

いつもより気を付けて運んで欲しいのですが…

航空会社の高付加価値サービス

航空会社は、通常よりもさらに手厚い荷扱いや、素早い貨物の受け渡しを望む顧客に対し、特別なサービスメニューを用意しています。主要な航空会社は、内容の異なる複数のサービスに共通したブランド名を冠し、高付加価値サービスとして提供しています。

航空会社が提供する高付加価値サービスには、例えば指定した便に必ず搭載することを約束したり、いつもよりも到着後の貨物の引き渡しを急いだりするサービスがあります。取り扱いに専門性が求められる美術品や重量物、動物、生鮮貨物、危険品、厳格な温度管理が求められる医薬品など、特定の品目で高度な荷扱いを提供するサービスもあります。

こうしたサービスメニューを用意することには、より質の高い航空輸送を求める顧客に対し、自社が提供できるサービスを分かりやすく伝えられるメリットがあります。航空会社は特別なサービスを提供するための容器や資機材をそろえ、実績とノウハウを蓄積して利用者に選ばれようとしています。特殊なニーズに応えることは、より多くの貨物を集められるようになるだけでなく、収益性を高めることにもつながるからです。

中級編

ず、チャーター便を利用したり、コードシェアの形で大型貨物機のスペースを確保する場合もあります。大型貨物機は輸送力が高いのはもちろん、輸送できるモノの幅が広がるため、高付加価値サービスの提供にも適しています。

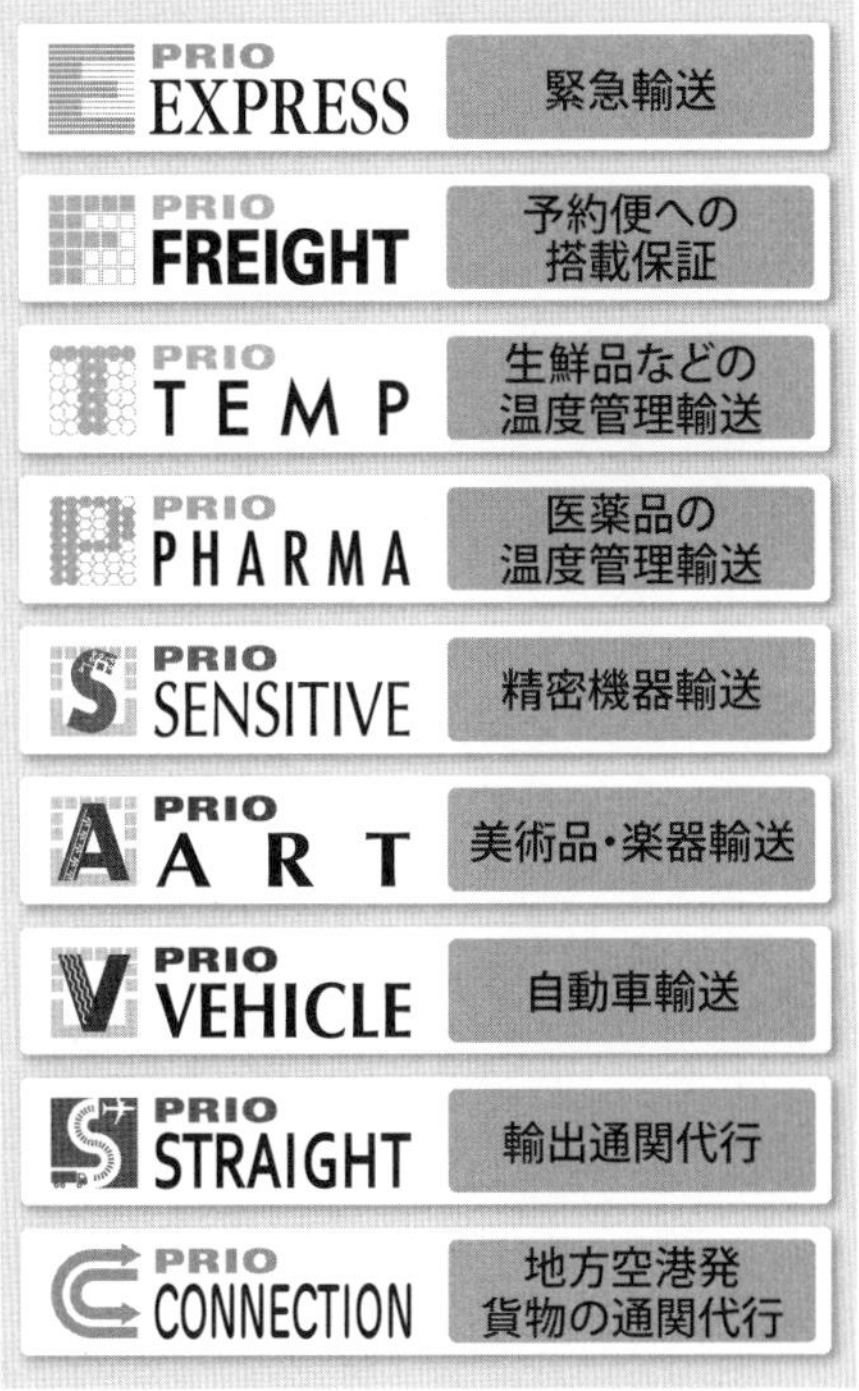

PRIO EXPRESS	緊急輸送
PRIO FREIGHT	予約便への搭載保証
PRIO TEMP	生鮮品などの温度管理輸送
PRIO PHARMA	医薬品の温度管理輸送
PRIO SENSITIVE	精密機器輸送
PRIO ART	美術品・楽器輸送
PRIO VEHICLE	自動車輸送
PRIO STRAIGHT	輸出通関代行
PRIO CONNECTION	地方空港発貨物の通関代行

全日本空輸の高付加価値サービス「PRIO」シリーズ

全日本空輸は2019年、大型貨物機のB777F型機を成田ーシカゴ線などに導入しました。これに先駆け、自社の高付加価値サービス「PRIO」シリーズに、大型貨物機への搭載に適した精密機器や自動車に特化した輸送サービスを加えました。新機材の導入など自社の戦略や、今後取り込みを強めたい貨物に合わせて、サービスを拡充しているのです。

近年、世界的に開発が活発なのが、医薬品や医療関連品を対象にした温度管理輸送サービスです。医療・医薬分野では国際的に輸送時の管理要件を厳しくする動きが強まっており、より温度管理を徹底する必要性が高まっています。そのため、航空会社は荷主が求める温度帯を逸脱しない輸送商品づくりに取り組んでいます。より多様な温度管理ニーズに応えるために、メーカーなどと輸送容器を共同開発したりすることもあります。

Memo

近年は、米国と日本をはじめアジアとの間を行き来する航空貨物が増えたことや、半導体製造装置などの大型貨物の輸送需要が高まったことで、日本の航空会社が大型の貨物専用機を利用した輸送を強化しています。必ずしも自社で機材を保有・運航せ

中級編

Question 67

統計用語のトンキロとは何を指す単位でしょうか？

イールドの重要性

トンキロメートルは、搭載した貨物量と実際に輸送した距離を掛け合わせた単位です。10トンの貨物を10キロメートル輸送した場合、100トンキロメートルになります。搭載量のトン数（重量）だけを見ても、航空会社の業績をきちんと把握したことにはなりません。例えば、同じ100トンの貨物でも成田からソウルまで運ぶのと、ニューヨークまで運ぶのでは輸送距離が全く異なります。当然、航空会社に支払う貨物運賃もかなり違いますよね。

旅客運賃を考えれば、より分かりやすいと思います。運んだ旅客数がものすごく多くても短距離旅客がほとんどを占めた場合の総収入と、さほど旅客数が多いわけではないのに長距離路線の総収入が逆転したりするわけです。従って、航空機に搭載した貨物量だけでは輸送実態を的確に把握できないため、より正確を期すために航空会社の決算書や活動報告書などではトンキロメートルで実績を掲載することが多いのです。

有償貨物トンキロメートルは、有償貨物つまり航空会社が運賃収入を得て運んだ貨物量と輸送距離を掛け合わせた単位です。わざわざ有償という言い方を用いる理由は、運賃収入を得な

る距離を掛け合わせた単位は有効貨物トンキロメートル（ATK=Available Ton Kilometer）です。また、供給したスペースにどれだけ貨物を積めたかを示す指標を「ロードファクター」と言います。

いで運ぶ貨物の運送実績と区別するためです。運賃収入を得ない貨物のことを無償貨物といいます。通常、自社の航空機向けに使う補修部品や航空会社の社用貨物などは無償貨物になります。航空機の補修部品にはかなりの重量になるものもあります。そこで、無償貨物を除いて運んだ貨物量と輸送距離を掛け合わせた有償貨物トンキロメートルが必要になるのです。

ANAホールディングス（ANAHD）と日本航空の2019年3月期の貨物事業実績

		ANAHD		日本航空	
		実績	前期比(%)	実績	前期比(%)
国内線	①貨物収入（億円）	274	▲10.6	218	1.6
	②有償貨物トンキロ(百万)	408	▲8.9	343	▲5.6
	③貨物イールド（①÷②）	67.2	▲1.9	63.6	3.2
国際線	①貨物収入（億円）	1,250	5.9	654	16.9
	②有償貨物トンキロ(百万)	4,318	▲3.5	2,429	8.8
	③貨物イールド（①÷②）	28.9	9.8	26.9	7.5

注：単位未満は切り捨て。前期比(％)は増減率。▲はマイナス。郵便輸送実績を含まない。

1トンキロ当たりの売上を（貨物）イールドといいます。イールドとは単位当たりの売上を意味し、旅客でも座席と輸送距離を掛け合わせた座席キロ当たりの売上をイールドと呼んでいます。イールドの動向は航空会社の利益率の大きな指標となります。いくら貨物を輸送しても、スペースを安値で売ってしまえば航空会社のもうけにならないため、イールドの維持・向上は航空会社にとって死活問題です。

航空会社はイールドを向上させることにも力を入れています。例えば生鮮品や医薬品を定温・保冷輸送する場合、その分のサービス料を通常運賃に加算でき、イールドを向上できるのです。手間はかかりますが、一般貨物でスペースを埋めるよりは利益率が高くなります。これが、サービスのラインアップを拡充し、重量より高品質のサービスに力を入れる航空会社が多くなる理由です。

Memo

有償貨物トンキロメートルをアルファベット3文字で表すとRTK（Revenue Ton Kilometer）です。100トンの貨物を1000キロメートル運んだ場合には10万トンキロメートル（10万RTK）になります。貨物を搭載できるスペースの供給量と輸送す

Question 68

紛失・盗難などのリスクが怖いです

貨物輸送保険の役割

海外旅行する際には、万が一の事故や病気、荷物を紛失した場合などに備えて、旅行保険を掛けていくケースが多いと思います。航空貨物輸送でも、事故による損害を補てんするための保険があります。**荷主、運送業者は、輸送中の損傷や紛失などによる貨物の損害を保険で補えます。**貨物に関する保険としては、荷主の財産である貨物を保護するための「物保険」、運送業者の賠償責任をカバーするための「賠償責任保険」があります。

事故や盗難が起こった場合は、約款（Q45〈102ページ〉参照）を確認する必要があります。混載業者は荷主との間では運送約款に基づく契約をしていますが、国土交通大臣が定める約款（標準国際利用航空運送約款）では、航空運送中に生じた損害などの責任は運送人が負うことになっています。もし、航空運送中に貨物の損傷や紛失といった事故に遭ったとき、運送業者は荷主に対して賠償金を支払う必要があります。混載貨物の場合、混載業者（フォワーダー）が運送業者に当たります。もちろん、航空運送中に発生した事故の場合は、航空会社が混載業者に賠償するという手続きも出てきます。

中級編

設のハンドリング中なのか、はたまた陸上輸送中のダメージなのか、特定できないケースもあります。荷受人のところで到着したコンテナを開けたら貨物が破損していたというときが、まさにこれに当たります。

混載業者や航空会社が賠償金を支払うのならば、なにも荷主が保険に入る必要がないようにも思われます。ただ、運送業者が実際に支払う賠償金には上限があります。現在、日本は賠償金に上限のあるモントリオール条約、モントリオール第四議定書（ＭＰ４）に加盟していますから、運送約款に記載される賠償金にも上限が設定されています。モントリオール条約を締結している国同士では、責任限度額は1キログラム当たり、22ＳＤＲ（国際通貨基金の特別引き出し権）です。従って、**荷主は運送約款の上限以上の損害を被ってしまったときの差額を保険で賄うという考え方になります。**

海外旅行と同じように航空貨物輸送にも保険がある

また、運送業者から賠償金を受け取ることができるのは、運送業者サイドに責任があるときです。事故が発生しても、場合によっては運送業者の責任が問われないこともあります。このように賠償金が支払われないケースが出てくることを考えれば、やはり保険に入っておく必要が出てきます。ただし、荷主は運送業者から支払われる賠償金と、保険会社から支払われる保険金の双方を受け取って、損害額以上の金額を手にするということはできません。外国間貿易の取引条件（インコタームズなど）によっては貨物保険を掛けることが義務付けられているケースもあります。

Memo

コンシールドダメージというものがあります。いつ、どの区間で損傷が発生したのか、事故原因や事故発生場所などの特定が困難なダメージのことをいいます。航空貨物はコンテナでドア・ツー・ドア輸送する場合があるので、損傷が搭載時なのか、貨物施

Question

69

信用状（L／C）

支払いを保証してくれるような仕組みってあるの？

L／Cとは、貿易用語で信用状（Letter of Credit）の略です。銀行が取引先の依頼によって、その信用を第三者に対して保証するために発行する証書のことをいいます。

通常、航空貨物輸送などを利用する貿易では、銀行が商業信用状を発行します。銀行が輸入業者のためにその信用を保証し、一方では輸出業者の金融上の危険や不安を解消する手段となります。前者の場合、銀行を通じて輸出業者が輸入業者から信用状を受け取る形となり、これは輸出信用状（輸出L／C）と呼ばれます。また後者の輸入業者が輸出業者のリスク回避のために受け取る信用状は、輸入信用状（輸入L／C）と呼びます。

一般的に輸出入業者間の貿易決済は銀行の口座を通じて行われますが、例えばある輸出業者がある輸入業者に商品を輸出する場合、仮に商品を送っても輸入業者の口座から代金の振替がなされないと、輸出業者はキャッシュフローの上で大変困ります。輸出L／Cは代金の決済を銀行が保証するものですから、安心して商品の輸出ができるわけです。

これを個人取引に置き換えてみると、飲食代をカード決済する場合、飲食店にとっては代金の

中級編

ムはこれまでにも開発されていましたが、運用コストやセキュリティー面などにより浸透していませんでした。ブロックチェーンは信用状以外でも、輸送保険などの分野でも導入が見込まれています。

支払いがカード会社から保証されているので安心です。この場合は、カードがL／Cと同様の役割を果たしているわけです。個人がカードを持つ場合でもカード会社は審査を行いますが、輸出入業者が銀行にL／Cを発行してもらう場合には、当然もっと厳重な審査があります。言い換えれば、輸出入業者が銀行から信用を失ってしまうと、L／Cの発行、ひいては貿易ができなくなってしまいます。

信用状決済の主な流れ

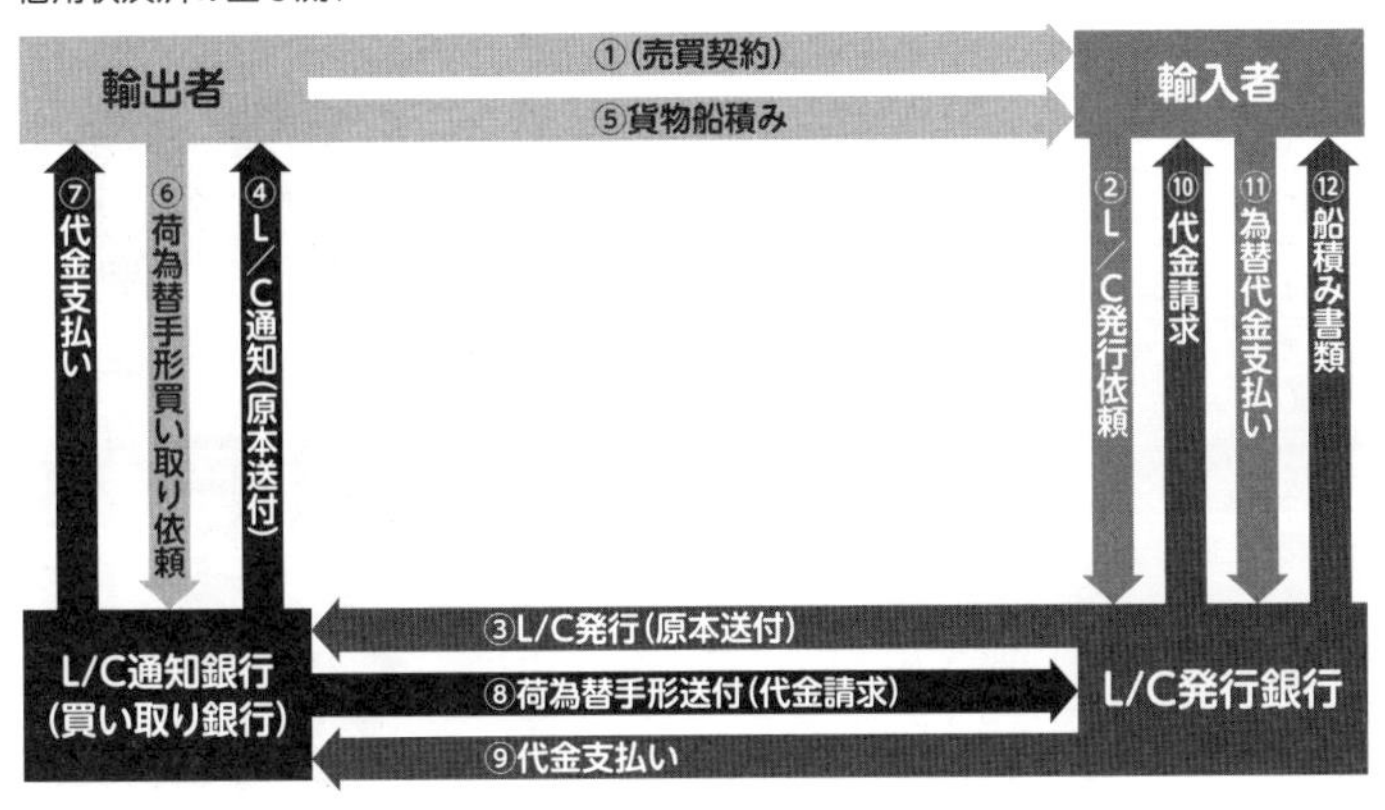

航空輸送では、フォワーダーが輸入荷主のために関税や消費税を立て替えるケースがあります。そのとき、未収金が発生する場合があります。L／Cは、そうしたことのないように銀行が発行します。貿易を行っても安心というお墨付きを銀行が与える、という意味合いがあるのです。

昨今はグループ間（企業内）の貿易取引が拡大しています。長期的な取引関係をベースに、信頼のおける相手ならばあえてL／Cを開設しない場合もあります。このような送金ベースの取引は、L／C取引に対して、オープンアカウント（OA）取引と呼ばれます。

Memo

上のフローチャートでも分かるように、信用状のやり取りは非常に複雑で、書類の受け渡しなどに日数を要します。近年ではブロックチェーン技術を使って、このやり取りを簡素化しようという取り組みが開始されています。貿易取引に関する電子化システ

Question 70

航空貨物関連の統計

日本には何万トンの貨物が出入りしていますか？

２０１７、２０１８年は2年連続で、日本に約４００万トンの航空貨物が出入りしました。

日本で航空貨物輸送が始まって以来、最大の量になります。こうしたデータは、国の機関などが全国の空港の重量実績を把握し、まとめているから分かるのです。

航空貨物の仕事に携わる人の中には、日本全体や成田、羽田などの空港別に、直近の荷動きやこれまでの貨物量の推移を知りたいという人も多いでしょう。そういう場合は、財務省や国土交通省などの省庁やその下部組織がまとめている資料、航空貨物運送協会（ＪＡＦＡ）などの業界団体がまとめている資料が非常に役立ちます。

成田、羽田、関西、中部、福岡、那覇の6空港については、各空港を管轄する税関が毎月、前月の貨物取扱量の実績を発表しています。各税関のウェブサイトに前月分が翌月初めには発表されるので、各空港の直近の荷動きをいち早く知りたい人はチェックしてみましょう。日本を出ていく貨物は「積み込み量」、日本に入ってくる貨物は「取り降ろし量」と表記され、積み込みには「輸出量」、取り降ろしには「輸入量」が含まれます。積み込み、取り降ろしともに、

中級編

北米や欧州、アジアの主要国との輸出入量が掲載されている点で大変貴重でしたが、2017年10月を最後に更新が止まってしまいました。現在、日本の航空貨物の国別動向を空港別に知るのは難しくなっています。

2018年は主要6空港だけで400万トンを取り扱った

2018年の主要6空港の国際航空貨物取扱量

空港	項目	総取扱量	積み込み量 計	積み込み量 輸出量	積み込み量 仮陸揚量	取り降ろし量 計	取り降ろし量 輸入量	取り降ろし量 仮陸揚量
首都圏	実績（トン）	2,799,858	1,381,175	946,351	434,824	1,418,683	990,543	428,140
	前年比（%）	▲1.3	1.8	14.3	▲17.7	▲4.2	2.5	▲16.7
成田	実績（トン）	2,198,012	1,094,656	760,182	334,474	1,103,356	798,816	304,540
	前年比（%）	▲2.9	0.1	12.5	▲19.8	▲5.7	2.3	▲21.6
羽田	実績（トン）	601,846	286,519	186,169	100,350	315,327	191,727	123,600
	前年比（%）	4.9	8.9	22.6	▲9.8	1.4	3.4	▲1.5
関西	実績（トン）	813,775	401,806	330,651	71,155	411,969	327,783	84,186
	前年比（%）	▲0.1	4.7	9.2	▲12.2	▲4.4	▲1.2	▲15.3
中部	実績（トン）	195,263	104,472	89,283	15,189	90,791	76,696	14,095
	前年比（%）	10.6	10.6	14.1	▲6.2	10.5	15.9	▲11.8
那覇	実績（トン）	126,981	61,466	2,185	59,281	65,515	4,988	60,527
	前年比（%）	▲24.2	▲23.8	46.2	▲25.1	▲24.6	13.5	▲26.7
福岡	実績（トン）	64,149	31,024	30,950	74	33,125	33,017	108
	前年比（%）	0.4	2.9	2.8	105.6	▲1.9	▲2.0	111.8
6空港計	実績（トン）	4,000,026	1,979,943	1,399,420	580,523	2,020,083	1,433,027	587,056
	前年比（%）	▲1.5	1.8	12.8	▲17.7	▲4.5	2.2	▲17.6

東京、名古屋、大阪、沖縄地区、門司の各税関速報より作成。「前年比」は増減率。「首都圏」は成田・羽田の2空港の合計。沖縄の仮陸揚量は「通過」量

日本を経由する「仮陸揚げ貨物」の実績も示されています。各項目とも、実際に各空港を出入りした貨物の重量実績とともに前年に比べて増えたか、減ったかがすぐに分かります。一方で、どこの国に向けて何が出ていったのかは分かりません。

JAFAが毎月まとめている「輸出混載貨物実績」は、日本から輸出される混載航空貨物の重量、件数が主要国・方面別に集計されています。JAFAには日本発着で航空貨物を取り扱うフォワーダーがほとんど加盟しているため、ここで示される数字には日本の航空貨物市場の現況がおおかた表されていると言えます。特に輸出実績については、日本から主要な国・方面別の物量が前年比増減とともに分かる貴重な資料です（巻末資料⑦〈217ページ〉参照）。

Memo

日本発着の全体的な航空貨物の動向が分かる資料としては、国交省が毎月まとめていた「日本出入航空貨物実績（路線別）」がありました。輸出、輸入の貨物量と件数が、空港ごとに掲載されています。この資料は成田、関西、中部、羽田の主要空港別に、

Question 71

航空事業に関係する法律にはどんなものがありますか？

航空貨物関連の法律

中級編

航空会社は、**航空法**に基づいて運航しています。全日本空輸や日本航空、日本貨物航空のような邦人定期航空会社は国土交通大臣の事業許可を得て運航しています。外国航空会社は国土交通大臣の経営許可を受けなければ、日本に定期便の乗り入れができません。日本国内路線の運航ができる航空会社には外資規制が設けられており、これも航空法で規定されています。チャーター便は同じ航空法ですが、取り扱い条項が違います。航空運賃は国内線が届出制で、国際線が認可制です。

フォワーダーは**貨物利用運送事業法**に基づき、国土交通大臣から事業を許可されています。フォワーダーは航空会社の貨物スペースを使用するという意味合いで利用運送事業者と呼ばれます。

航空フォワーダーは単に空港から空港までの区間にとどまらず、両端での集荷、配達という陸送を含むのが普通です。これを第二種利用運送事業といいます。

第一種利用運送事業は空港から空港までの事業のみを行うフォワーダー、第二種は空港から

めています。関税法、関税定率法、その他関税に関する法律、外国為替および外国貿易法、通関書類の策定要領、その他通関手続きの実務、通関業法といった科目に関する試験を受けます。

空港までの区間に加え、出荷荷主から空港まで、あるいは空港から受取主までの陸上輸送も行うフォワーダーのことを指します。大多数の航空フォワーダーは第二種利用運送事業者となっています。

フォワーダーは通関業者を兼ねているケースも多く、通関業は**通関業法**に基づき、管轄税関長から許可されています。関税全体や保税行政の在り方などは**関税法**、関税率などは**関税定率法**がカバーしています。

空港に関しては**空港法**（2009年4月1日施行）という法律があります。空港法は、それぞれの空港に関して誰が設置や管理を行うかを定めています。

空港法とは別に成田国際空港、関西国際空港、中部国際空港という国際拠点空港に関する法律もあります。これら3空港は空港会社が設置・管理者となっており、その根拠、空港の設置や運営などについて定めた法律が存在します。

法律以外にも、例えば航空会社のチャーター便の実施条件の詳細などは「通達」に規定されています。法律が大枠の規則を定めているのに対して、運用に当たっての詳細は告示や通達で定めています。法律の制定・改正は国会での可決が必要ですが、告示や通達はパブリックコメント（意見募集）などを経て制定・改正されるのが一般的です。

関係省庁が、大学教授をはじめとした専門家、民間事業者などの関係者を集めて議論、検討を深めた上で、法律や告示、通達の改正を行うこともあります。

Memo 通関士は通関業法に基づく資格です。航空貨物に関連する資格や認可は、一般的に企業を対象としたものが多いのですが、通関士は個人に与えられる資格です。通関業法は「通関士になろうとする者は、通関試験に合格しなければならない」と定

Question 72

なぜディプロマホルダーが必要なのですか？

世界に通じる国際航空貨物取扱士

国際航空運送協会（IATA）の国際航空貨物取扱士（カーゴ・ディプロマ、IATAディプロマ）は、航空貨物輸送についての知識と能力を認定するものです。IATA公認フォワーダー／IATA公認貨物代理店となる際の要件の一つに、ディプロマの有資格者スタッフの設置が求められています。日本だけでなく世界で通用する国際資格です。

ディプロマが社内昇格や特別給与の要件となっているケース、企業間提携や契約における要件に挙げられるケースもあります。こうした背景から、ディプロマ試験の挑戦者は航空貨物業界にとどまらず商社やメーカーの物流担当者、さらには学生にまで広がっています。

IATAのカーゴ・ディプロマのコースで重要なのは①基礎コース（Cargo Introductory Course）、②危険物コース（DGR Course＝初受験・失効者が対象の「イニシャル」と、更新者が対象の「リカレント」の2種類）――の二つです。IATA公認フォワーダーとなるためには、それぞれの有資格者各2人をIATAに登録する必要があります。

「基礎コース」は国際航空貨物運送に関わりのある国際機関の説明から運送状や輸送スケジュ

中級編

界的な規模で認知されている資格です。試験にパスした人は、航空貨物取り扱いのノウハウを有するエキスパートとして世界から認められます。日本では、ディプロマの資格取得に力を入れるコースを設置した専門学校もあります。

ールの作成、運賃計算などの基礎知識、「危険物コース」は危険物輸送に関する関連書類、貨物保険、輸送梱包などについての基礎知識などを修得します。危険物コースの有効期限は2年で、更新には試験を受ける必要があります。

　また、国際航空貨物の積み合わせ、ユニット・ロード・ディバイス（ULD）使用などによる各種運賃計算、運送状などについての専門知識などを問う上級コース（Air Cargo Advanced Marketing for the Leadership & Management Training Program）があります。

IATA

DIPLOMA

awarded to

Taro Konsai

who passed

IATA Cargo Introductory Course

Montreal, October 2011

Guido Gianasso, Vice President
Human Capital

IATA Training & Development Institute

KNOWLEDGE • EXPERIENCE • NETWORKING • SKILLS • RESULTS

342153 JAF JP

ディプロマ認定証

　カーゴ・ディプロマを取得するためには、年に数回開催されている認定試験にパスする必要があります。ディプロマ試験は全て世界共通。英語で行われます。

　日本でのカーゴ・ディプロマ試験は航空貨物運送協会（JAFA）のほか、航空危険物安全輸送協会（JACIS）など、IATA公認のトレーニングセンター（ATC＝Authorized Training Center）・スクール（ATS＝Accredited Training School）でも実施しています。

Memo

IATAディプロマの正式名称は「INTERNATIONAL CARGO AGENTS TRAINING PROGRAMME」といいます。1977年に試験が開始された、世界的な規模で認知されている資格です。現在およそ90数カ国・地域で実施されていて、世

Question 73

手書きだと、間違えたときに書き直すのが面倒です

書類でやり取りされることが多いAWB（航空貨物運送状）ですが、近年ではこれを電子化するeAWB(electronic Air Waybill)の取り組みも進められています。国際航空運送協会(IATA)は2019年1月1日から、eAWBの標準化を求めています。

eAWBでは、AWBの表面に記載されている貨物情報を電子データで運用します。裏面約款は企業間の合意により、それぞれ取り決めます。電子化することで書類削減によるコスト削減や、記載ミスなどによるイレギュラー回避につながります。

eAWBは、航空貨物業界が目指すeフレート化（航空貨物関連書類のペーパーフリー＝完全電子化）における取り組みの第一歩です。IATAは、2004年に初めてeフレートを提唱しました。その後、日本の航空業界に紹介されたのは2008年でした。最初からeフレートを目指すのではなく、まずは航空会社が発行するマスターAWB（MAWB）から電子化していこうということで、IATAが主導するeAWBプロジェクトが世界に拡大していきました。

え事業者や税関の対応環境が整っていてもできません。ちなみに、航空貨物1件につき関連書類は最大30種類あり、世界中で毎年7800トン以上もの書類がやり取りされています。これは大型貨物機のB747F型機にして80機分に相当する量です。

IATAは加盟航空会社とともに、完全eAWB化に向けた行動喚起キャンペーン活動として「eAWB360」を推進しています。特定の空港ごとに展開しているもので、日本では成田空港、関西空港を対象に、参加航空会社による「シングルプロセス」が導入されました。航空会社がフォワーダーから受託する貨物情報を全て電子的に受信し、必要に応じて発地、着地、経由地で航空会社やハンドリング事業者がAWBフォームを印刷する仕組みです。

eAWBを運用するためのプロセスを見てみましょう。

まず、フォワーダーと航空会社間でEDIアグリーメント（EDI協定、裏面約款の項目を守るという契約）を締結する必要があります。しかし、幾多もある航空会社とフォワーダーの組み合わせでそれぞれ同契約を結ぶのは大変な負担ですので、IATAは2013年3月に、マルチラテラルeAWBアグリーメント（MeA協定）を承認しました。IATAとMeA協定に同意することで、航空会社とフォワーダー間の個別のEDI協定を結ぶ必要がなくなります。日本の航空会社では日本航空、日本貨物航空、全日本空輸いずれも締結しています。

個別のEDI協定、包括的なMeA協定のいずれかを結んだ後は、フォワーダーが航空会社に対して対象発地ごとに「アクティベーションノーティス」の発効を依頼します。航空会社はそれを受け、対象のFWB（電子MAWB情報）を精査して、基準を満たすことを確認して同通知を発効します。この時点でようやく対象レーンで運用するeAWBの裏面約款契約が成立するのです。同通知は原則、フォワーダーと発地の組み合わせに対して行います。

Memo eAWBが運用可能となるにはまず、発地国、着地国ともにモントリオール第四議定書（MP4）かモントリオール条約（MC99）のどちらか共通の条約を批准していることが必要です。いずれも批准していない国、例えばミャンマーを発着する貨物では、たと

Question 74

航空貨物運賃精算のCASS

精算の仕組みと役割はどうなっているの?

航空会社とフォワーダー、貨物代理店との間の運賃精算は、お互い個別に行っているところもあれば、各国・地域ごとに設立されたCASS（Cargo Accounting Settlement System、キャス）という国際航空運送協会（IATA）が定める貨物運賃共同精算システムを利用しているところもあります。航空会社が取引のある全てのフォワーダー、貨物代理店に請求書を送付したり、また逆にフォワーダー、貨物代理店が取引のある全ての航空会社に支払いをしようとすると、膨大な業務量になります。**そこで両者の精算業務を中継し、業務の簡素化・効率化を図るために設立されたのがCASSです。**

実務上では、航空貨物の出荷後に精算するクレジットカード決済のような取引になります。また、複数の重要手続きを包括的かつ事前に行うことができるのも特徴です。輸送案件を成立させるためには、航空会社とフォワーダー間で個別に運送契約を結び、フォワーダーが航空会社に対して銀行保証やデポジット料金を支払うことが求められますが、CASSにより代替できます。

CASSの運営組織はIATAの一機関という位置付けですが、参加はあくまでも任意です。

メントのほかにも、IATA公認貨物代理店の審査・サポート業務を行っています。ちなみに、ニュートラルエアウェイビルナンバーの配券は、CASSlink内のStock Managementという機能を用いて行われています。

CASSは2019年時点で、世界94カ国・地域で独自に運営されており、200社以上の航空会社、貨物総販売代理店（GSA）／総販売サービス代理店（GSSA）、グランドハンドリング会社が参加しています。2019年8月末時点で、日本では航空会社53社、フォワーダー130社がCASSを利用しています。CASSでは各国で異なる税制や精算ルールに対応しており、国ごとに利用者登録をする必要があり、日本でCASSを利用する場合は、「CASSジャパン」に登録することになります。

従来は、各国・地域のCASSがそれぞれ独立してシステムを運営してきましたが、IATAは運賃精算システムにおける1件当たりの処理コストを低減させることを目的に、運賃精算システムの運営を世界でデータ・プロセッシング・センター（DPC）1社に絞り、ドイツのEDS社を起用してウェブベースで精算情報を受け渡しするCASSlink（キャスリンク）システムを開発したのです。現在では、航空会社が運賃精算情報をキャスリンクにアップロードし、フォワーダーがそこから運賃請求書をダウンロードするという手順で精算処理を進めていきます。

日本では2006年4月にキャスリンクでの輸出精算業務を開始し、その後、Web ADR（ニュートラルエアウェイビル配券システム）などの機能を追加し、2007年4月精算分からはキャスリンクに着払い運賃の精算機能が追加されました。2010年4月からはキャスリンク・オンライン・コレクションを導入し、代理店が即時にオンライン上で請求書の修正を行えるようになりました。

Memo 2013年から、日本地区でのCASS管理をIATAシンガポールが行っています。日本側の航空会社、フォワーダーと一元化されたCASSlinkとの間で窓口となり、精算業務が円滑に行われるように管理する役割です。IATAシンガポールではCASSマネジ

中級編

Question 75

通関情報処理システムのＮＡＣＣＳ

航空貨物の通関はＩＴ化されていると聞きました

その通りです。日本の輸出入貨物は、航空、海上とも、総許可件数のほぼ全てが日本の通関情報処理システムであるＮＡＣＣＳ（Nippon Automated Cargo and Port Consolidated System）で処理されています。従来は、航空貨物はＡｉｒ－ＮＡＣＣＳ（航空貨物通関情報処理システム）、海上貨物はＳｅａ－ＮＡＣＣＳ（海上貨物通関情報処理システム）としてそれぞれ独立していましたが、２００８年のＳｅａ－ＮＡＣＣＳ、２０１０年のＡｉｒ－ＮＡＣＣＳの更改を機に統合されました。現行のＮＡＣＣＳには、国土交通省が管理・運営していた港湾ＥＤＩシステムや経済産業省が管理・運営していたＪＥＴＲＡＳなどの関連省庁システムも統合され、国際貨物情報を総合的に管理するプラットフォームシステムとなっています。運営するのは、輸出入・港湾関連情報処理センター（ＮＡＣＣＳセンター）です。

ＮＡＣＣＳの航空貨物関係の利用者は税関、航空会社、保税蔵置場（上屋など）、通関業者、混載業者、航空貨物代理店、機用品会社、荷主、銀行などです。

輸入貨物の場合、空港到着別の貨物情報事前報告に始まり、空港に到着した貨物が航空機か

経済性の高いシステム」「総合物流情報プラットフォームとしてのさらなる機能の充実」「国際物流に関連した最新技術の応用・周辺の応用貿易情報基盤との連携の可能性」というものが盛り込まれています。

NACCSの主な業務

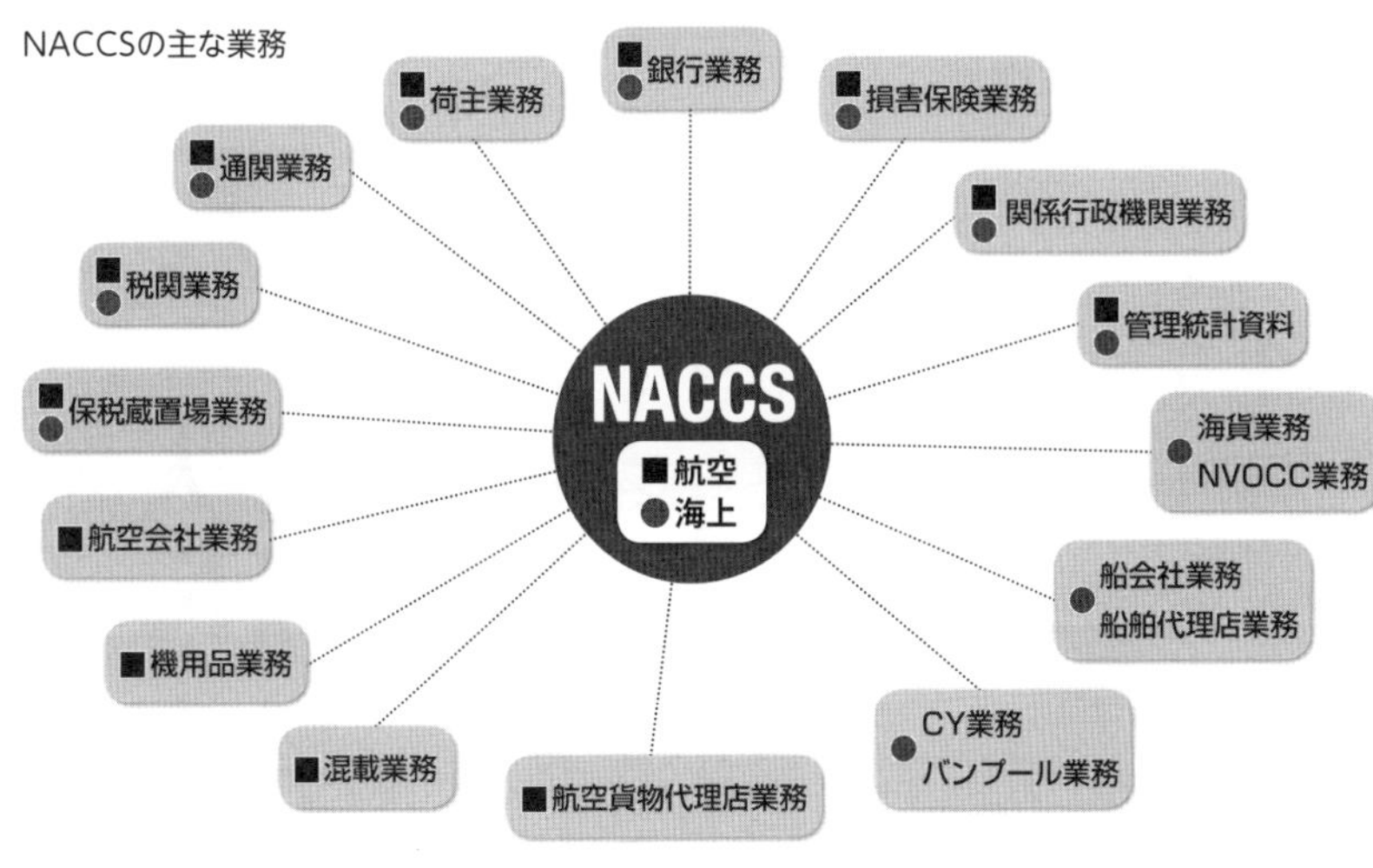

ら取り降ろされて保税蔵置場に搬入された後、通関申告、輸入許可済みとなって保税蔵置場から引き取られるまでの各種業務処理をオンライン処理します。

輸出貨物も、貨物がフォワーダーの手倉に搬入されて保税蔵置場に運送された後、輸出許可済みとなり、航空機に搭載されるまでの各種業務をオンライン処理します。また、NACCSを利用した申告にかかる関税・消費税などの納付は、リアルタイムで銀行口座から振り替えることができるようになっています。

NACCSは近年、海を飛び越えてアジア諸国でも導入が始まっています。日本の政府開発援助（ODA）によって2014年にNACCS型の通関システムがベトナムで稼働を開始し、2016年にはミャンマーでも稼働しました。日本のNACCSが途上国の通関手続きの近代化を後押ししています。

Memo

NACCSは2017年10月に現在の最新システム（第6次NACCS）へ更改されました。現在は2025年の更改に向け、第7次の仕様が検討されています。物流のデジタル化が進んでいることから、次期の開発コンセプトには「公共的インフラとして、効率性・

Question 76

ロジスティクスとは何か

人によって意味が違うので困惑しています

ロジスティクスは、そもそもは軍事用語です。日本では「兵站(へいたん)」と訳されています。兵站とは、戦闘を行っている前線の部隊に対して、弾薬・食料・医薬品などを補給するための後方支援を意味します。そこから、計画的かつ効率的に調達・供給を行うという意味として、現在では企業などの事業活動にも使われるようにもなりました。日本では東日本大震災時にサプライチェーンが乱れたことから、BCP(事業継続計画)戦略の一環として社会全体でロジスティクスの重要性が見直されることとなりました。

企業や人によってロジスティクスが示す業務領域には違いがあります。航空輸送が主力事業のフォワーダーでは、保管・配送などの倉庫を基点としたサービスを指すことが多いですが、船会社ではコンテナを港から倉庫や工場まで輸送するドレージのことをロジスティクスと言ったりもします。自分たちの主力事業以外の物流工程の作業を指して言う場合が多い一方、サプライチェーンにおける物流工程全体がロジスティクスだという人もいます。言葉の持つ本来の意味から考えると、後者の意見がより本質的だと考えられます。

応用編

れに付随する業務を指すことが多いです。商品の保管を任せられれば顧客の囲い込みになりますし、緊急時に一番近くのCL委託先に声が掛かることになります。そのため、フォワーダーはCL業務の拡大を図っているのです。

現在、航空貨物の市況変化から多くのフォワーダーがロジスティクス・プロバイダーへの変革を図っています。空港間やA地点からB地点に輸送するという意味では、従来のフォワーディングがやることは大きく変わりません。フォワーダーは得意な路線や地域があり、多くの貨物を集めて混載差益を出したり、航空会社からの仕入値を引き下げたりして、利益を出していました。しかし、荷主が入札で輸送業者を選定するようになり運賃が低下してきた結果、現在ではなかなか輸送単体で利益を出し難く、差別化も困難となっています。そこで、輸送に付随する業務や在庫保管などに業務領域を広げて、輸送だけでなく物流全体で利益を確保する戦略に切り替えているわけです。物流全体を見て荷主の業務の一部を代替、または特定分野でのソリューションを提供することで、サプライチェーンの一部を担うという形です。

物流コストの削減を目的に海上や陸上への輸送モードのシフトを図るところが多く、荷主も物流をより計画的に考えるようになってきました。主要都市間などでの航空輸送需要は確かに減少してきています。しかし、航空輸送自体でなかなか収益が出せなくなっているとは言え、本書で見てきたように航空輸送は緊急時のスピード輸送や、高付加価値貨物の輸送で非常に重要な役割を担っていますし、それは今後も変わりません。また災害時や、動物、高級品の輸送などでは、ほかの輸送モードが航空輸送に取って代わることはできないでしょう。経済活動がグローバル化し物流工程が複雑化する中で、新しい需要も生まれています。その意味では、航空輸送は今後も欠くことのできないロジスティクスの効果的な機能であると言えます。

Memo

フォワーダーがロジスティクスという時に、狭義ではコントラクト・ロジスティクス（CL）を示すことがあります。一義的にCLとは、物流業者が荷主との間で、業務内容、期間、料金を決定した上で業務を一括して請け負うことですが、輸送以外の倉庫保管とそ

Question 77

3PL/4PL/LLP

物流企業の呼び方が良く分かりません!

サード・パーティ・ロジスティクス(3PL)とは、第三者が荷主に委託(アウトソーシング)されて物流・ロジスティクスに関わる業務の一部あるいは全てを行うことを言います。荷主は専門性の高い物流業務を物流企業に任せることで、コスト削減につなげたりサプライチェーンの効率を高めることが可能になります。また、物流部門の人件費を縮小し、営業や開発などより収益拡大に結びつく部門にシフトすることが可能になり、会社の収益力を高めることもできます。

広義の3PL企業にはフォワーダーも含みますが、倉庫を基点としたサービスを提供する会社が、自らをそう呼ぶことが多いです。受発注や在庫管理、輸配送の手配など、荷主の業務を代替する要素が強いからでしょう。倉庫は自分たちのアセット(資産)として持っている場合もありますし、都度顧客のニーズに応じて手配する場合もあります。それも含めて最適な業務体制を作るという意味で、倉庫のスペースや作業を提供する倉庫会社ではなく、自分たちは3PL企業だという認識を持っている会社が多いのだと思います。

さまざまな指標で物流企業を評価し、結果として自分たちのライバル企業にフォワーディングの案件を任せてしまうということもあるようです。物流を改めて重視する企業も増えており、こうした4PL、LLPでの専門性提供は、ますます重要となっていくでしょう。

近年ではフォース・パーティ・ロジスティクス（4PL）という概念も一般的になってきました。3PL業務の受託範囲を拡大し、商品や部品等の受発注情報管理やサプライチェーン構築、物流会社を起用する際の入札支援まで、包括的に物流を受託することを指します。3PLが配送センターなど一つの事業所の物流を任されることが多いのに対し、4PLは会社全体の物流業務の意思決定をサポートすることが多いです。物流企業が専門性を基にしたコンサルティングを行うというイメージをすればよいでしょう。

似たような言葉として、リードロジスティクス・プロバイダー（LLP）というものもあります。提供するサービスは前で説明した4PLの業務内容とほぼ同じですが、物流の専門性により荷主を導く（リードする）ことで、荷主のパートナーになるという意味合いが強いようです。大手のフォワーダーもこうしたLLPへの進化を目指すところが増えています。コントラクト・ロジスティクスの強化・拡大を進めている会社が多いのも、そういった文脈です。包括的に荷主の物流業務をサポートするため、倉庫・配送や在庫管理等の知見やノウハウも必要となります。

今は国際競争の観点からもトータルコストの削減やロジスティクスの効率化が経営上、大変重要になってきています。近年では物流業務を、3PL・4PL業者、LLPに任せる領域を増やし、物流子会社を売却する動きも多く見られます。ただ一方で、物流を戦略的事業として物流子会社を本社に吸収するところもあり、会社によって考え方はさまざまとなっています。

Memo
4PLやLLPのサービスでは、物流企業が荷主に代わって物流企業の起用や入札を行うケースもあります。フォワーディング業務も行う4PL業者は、中立的に企業選定を行うためにに4PL営業とフォワーディング営業を切り離して荷主をサポートしています。

Question 78

フォワーダーの変革

ロジスティクス4・0って何ですか？

フォワーダーにとって、現在は変革の時期にあります。2010年代半ばごろから、ロジスティクス4・0という言葉が使われるようになりました。物流は今までに三つの革新的変化が起こり、今四つ目の大きな変革を迎えているという意図で使われています。

これまでの変革をみていくと、最初は19世紀末から20世紀初頭。鉄道や自動車などの機械による輸送が始まり、大量輸送が可能となりました。1960年代になると、海上コンテナが普及し、荷役が機械化・自動化されるようになります。これが二つ目です。そして1980年代となると、倉庫管理システム（WMS）や輸送管理システム（TMS）、また税関申告の電子化などにおいてITシステムが使われるようになり、効率的な物流モデルが作られるようになりました。

では現在、物流はどう変わっていくのでしょう。ロジスティクス4・0では「物流の装置産業化」が進むと言われています。装置産業とは大型の設備・装置を必要とする産業のことです。オートメーション化された製造業や、巨大なコンピューターシステムを使う金融業などがこれに当た

応用編

と言われています。ただこの項でも挙げたように、そうした機能を大手フォワーダーも導入するようになっており、デジタルフォワーダーという呼称はあまり使われなくなりつつあります。

ります。

システム化や電子データでのやりとりが進んできたとはいえ、物流業界はまだまだ労働集約型産業です。多くの業務が手作業や人力で行われています。グローバルで労働力不足が深刻となる一方、人工知能（AI）や機械学習、ビッグデータ、ロボティクスなどの新技術が成熟してきました。そうしたデジタル技術を物流にも取り入れて、省人化・自動化を進めようという流れが強まっています。

物流は経済活動の血流でもあり、そこで動く情報は大きな資産となります。そうしたデータをモノのインターネット（IoT）技術を使って吸い上げ、さまざまな活動に生かそうというのもロジスティクス4.0の特徴の一つです。

さて、そうした変革の中、フォワーダーが提供するサービスはどうあるべきでしょうか。物流が自動化・デジタル化していく中で、従来のようにただ地点間の輸送を行っていくだけでは利益を生むことはできません。自動化できる部分は自動化しながら、顧客の収益に寄与するような物流を提案するなど、サービスの高度化が重要になります。

フォワーダーのデジタル化で先行しているものとしては、窓口機能のオンライン化が挙げられます。従来は電話やファクスなどで行っていた輸送見積もりや予約を、ウェブ上で簡単に行えるようにするというものです。外資大手などで貨物追跡の機能と合わせて窓口機能を強化する会社が増えています。

Memo 2010年代半ばごろ、見積もり・予約から輸配送手配までをオンライン上で完結できるサービスを提供するスタートアップ企業が出てきました。米国のフレックスポートが有名です。こうした企業は、従来のフォワーダーと区別して「デジタルフォワーダー」

全土24時間、全世界72時間」の配送実現に向けて、ベルギーやマレーシアに物流ハブの構築も進めています。アリババが物流を強化する理由には、中国での大型セールへの対応もあります。

Question 79

eコマースの航空輸送

越境ECで航空輸送が多く使われていると聞きました

最近ではオンラインショッピングが浸透し、海外のサイトから商品を購入する人も増えています。企業も自社でeコマース（EC）のサイトを構築したり、Amazon．com（アマゾン）や楽天のようなECモールに出店するなど、オンラインでの販路拡大を進めています。

国境を超えてECサイトで商品が売買されることを越境ECと言います。拡大の続く越境ECの市場では、航空輸送が重要な役割を担っています。似たような商品がオンライン上で売買されるようになると、商品が届くまでに1カ月以上もかかるようでは販売機会の損失につながってしまいます。そこで、リードタイムの短縮のために航空輸送を利用するケースが増えているのです。

越境EC市場の規模が大きい中国では、越境ECの貨物を専門とするフォワーダーもあります。従来、国内市場のみでビジネスを展開しているような企業は、貿易の知識も少ないですし、そもそもの輸出入の物量も大きくありません。EC専門のフォワーダーは、そうした企業にも使いやすいサービスや通関に関する知見を提供することで、一般貨物を扱う大手フォワーダーとの差別化を図っています。

ECモール側でも物流に注力するようになってきました。特に世界最大手のECモール、アマゾンは物流に多額の投資を行っていることで有名です。アマゾンのような企業が物流に力を入れるのには二つの側面があります。一つはエンドユーザーに対するサービス向上、もう一つは安定したコスト構造を構築するためです。

ECモールは基本的に実店舗を持たないわけですから、輸送・保管費が支出の大部分を占めることになります。大手の運送会社に物流を任せていては、需給がひっ迫した際、値上げの要請があった場合などコストが大きく膨らんで赤字になってしまいます。またクリスマス前などの繁忙期は、配達のドライバーや車両の確保が難しいということもあります。そこで巨大なECモールでは自分たちで物流網・インフラを構築し、運送会社への物流の依存度を下げる必要があるのです。

アマゾンは陸送だけでなく、航空のネットワークも自分たちで抱えています。2016年には自社ブランドのフレイター「アマゾンワン」初号機の運用を開始しました。航空機リース会社との運航契約によって、自らの航空輸送網を構築しているのです。2019年10月現在で貨物機数は45機以上で、米国内のいくつかの空港では拠点も構えてハブとして運用しています。さらには、海上貨物のライセンスも取得しています。アマゾンは、もはや物流企業だということもできるでしょう。

Memo

アマゾンと並んで物流に力を入れているECモールで有名なのが、中国の阿里巴巴集団（アリババ）です。菜鳥（ツァイニャオ）という物流会社をグループに抱え、そこが中国のエクスプレス業者などと協業し、物流ネットワークを担っています。同社は「中国

Question

80

成田国際空港の拡張

将来、3本目の滑走路ができるのですか？

成田空港は3本目の滑走路を建設することなどで、航空機が1年に発着できる回数を50万回に増やそうとしています。

成田空港には２本の滑走路があり、航空機が年間30万回発着できます。現在は25万回くらい発着していますが、訪日外国人旅客の増加などで航空機の往来が増加しており、将来的には発着回数が足りなくなると予想されているのです。

国や成田空港会社などは２０１８年に空港の周辺市町の合意を取り付け、現在は空港の拡張工事に向けた準備を進めています。拡張計画では、空港の敷地を現在の９割増の約２３００ヘクタールに拡大し、長さ３５００メートルの新滑走路を建設する予定です。現在は２５００メートルのＢ滑走路も３５００メートルに延ばします。これらの拡張工事を２０２９年３月までに終えることを目指しています。

３本の滑走路の運用が始まった後は、これまで騒音の影響を避けるために朝６時から深夜11時までとしていた航空機が発着できる時間帯を、朝５時から深夜０時30分まで延長します。こ

応用編

開業しましたが、2017年度には年間利用客が764万人に到達。2019年度には到着ロビーを増築するなどして処理能力を高めました。今後は2021年度までにターミナルの規模を倍にして、年間1500万人の旅客に対応する計画です。

さらに発着回数が増える成田国際空港（成田国際空港会社提供）

れらの取り組みにより、年間の発着回数を50万回に増やします。まず、2019年10月末からA滑走路だけ発着時間帯を朝6時から深夜0時までに1時間延ばしています。

成田空港の拡張は、航空貨物を取り扱う航空会社やフォワーダーなどにとっても大きな関心事です。成田空港は1978年の開業から40年が経っており、貨物施設などは老朽化が進んでいます。さらに、現在の貨物施設で取り扱える貨物量は年間235万トンとされていますが、成田では既に2017、2018年に220万トンを取り扱っていることから、貨物地区の混雑が常態化しています。拡張計画では航空貨物の処理能力を300万トンに拡大するとしており、貨物ターミナルの拡張や移転が見込まれています。将来の貨物ターミナルの姿がどうなるのか、まだ全貌は見えておらず、注目が集まっています。

Memo

成田空港では2015年に第3旅客ターミナルビルの運用が開始されました。第3ターミナルは格安航空会社（LCC）の就航で既存ターミナルが手狭になったことで、LCC専用のターミナルとして整備されました。年間750万人の旅客をさばける施設として

応用編

Question

81

羽田空港の国際貨物ターミナル

最近、急激に取扱量が伸びているのですか?

羽田空港を発着する国際航空貨物の総取扱量は、2013年には15万トンあまりにとどまっていましたが、2018年には約4倍の57万トン超に急増しています。特に、輸入貨物と他国からの経由貨物を含む取り降ろし量は、2年連続で30万トンを超えました。

羽田空港は2010年に4本目の滑走路が完成し、国際線の定期便が再就航しました。その後、3年ほどは国際線の運航便数も限られ、国際貨物の取扱量も伸び悩みましたが、2014年3月に国際線の発着回数がそれまでの6万回から9万回に増えると、風向きが大きく変わりました。全日本空輸や日本航空を中心に欧州線や東南アジア線の就航・増便が加速。2015年には中国、2016年には米国との航空交渉がまとまったことで、需要の大きい両国との間で羽田発着便が大幅に増えました。これに伴って、国際航空貨物量も左のグラフのように、まさに右肩上がりの成長を見せています。

羽田空港で国際航空貨物の上屋を運営するのが、三井物産子会社の東京国際エアカーゴターミナル(TIACT)です。ターミナルの敷地面積は約17万平方メートルで、共同上屋機能を持

ため、同ターミナル至近に三国間の機移し貨物などの中継スペースを確保しました。日本航空は空港至近の大型物流施設「MFIP羽田」内に保税上屋を新設。海外通販貨物などスピードが要求される貨物の取り扱い体制を強化しました。

羽田空港では国際航空貨物の取扱量が急増している

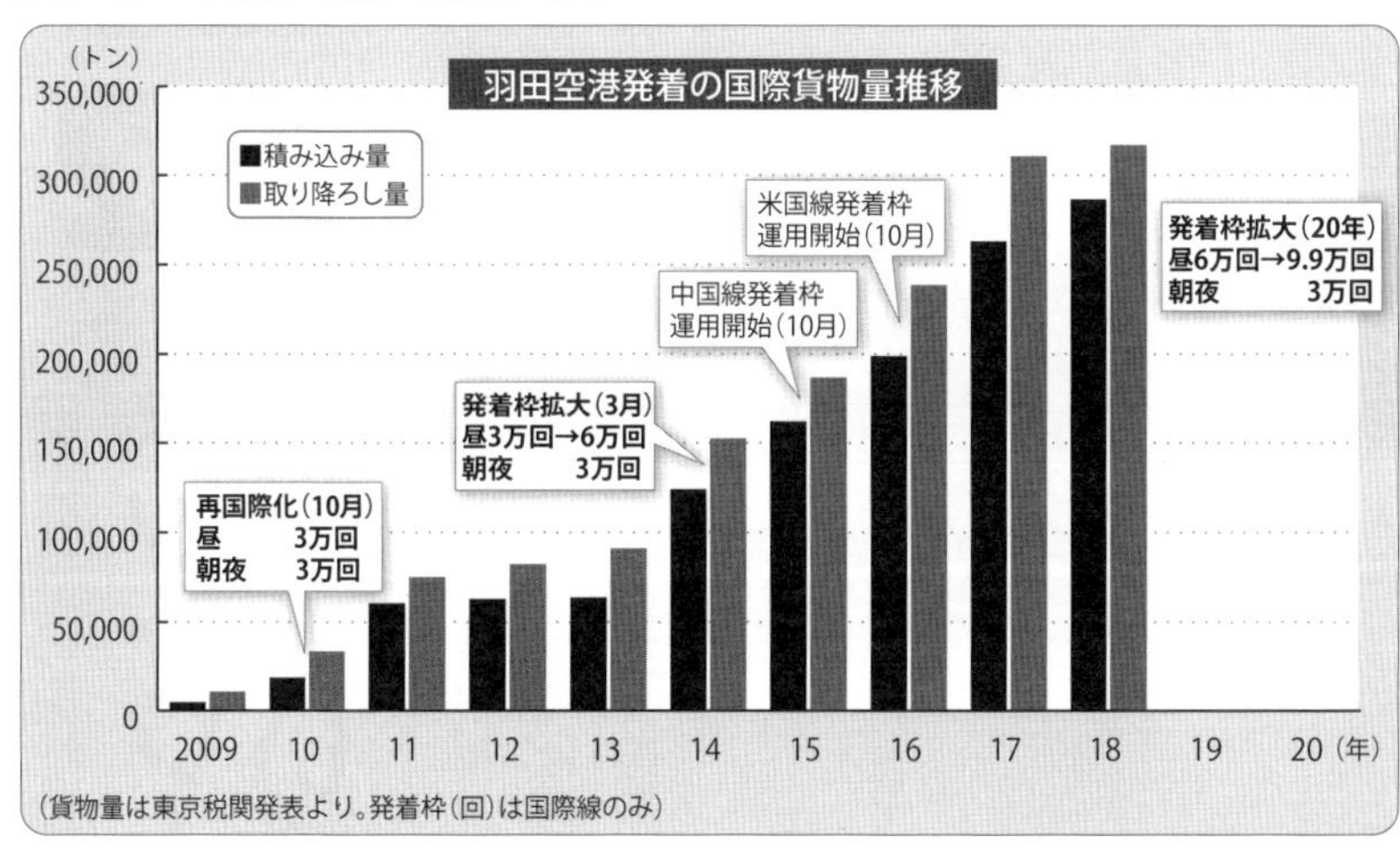

つ第一国際貨物ビルで、輸出入航空貨物を一体的にハンドリングしています。第二国際貨物ビルには全日本空輸と日本通運が自社の上屋を構えるほか、事務所棟には多くの物流業者が入居。生鮮棟や薫蒸庫を備えるため、生鮮貨物も多く取り扱っています。

2020年3月から、羽田空港の国際線発着枠はさらに3・9万回増えて12・9万回と、現在の4割増になります。将来的には国際貨物も同じくらい増えて、関西空港と同レベルの90万トン以上に拡大すると見込む航空貨物関係者もいます。TIACTは、この間の国際貨物量の増大で上屋が手狭になってきており、現在は新しい上屋棟を建設中です。新上屋は約1万8000平方メートルで、TIACTは共同上屋の面積を約3割拡大して増便に備えます。

Memo

2020年3月の羽田の国際線発着枠拡大に向けて、航空会社も体制を強化します。第二国際貨物ビルで自社上屋を運営する全日本空輸は、上屋面積を約1.4倍に拡大。さらに、従来は国内線専用だった第2旅客ターミナルに国際線が発着するようになる

Question 82

ネットワーク拡大が続いているようですね

羽田空港の国際線

1978年5月の成田空港の開港に伴って、羽田空港は国内線専用の空港となりました。成田空港は国際線の基幹空港、羽田空港は国内線の基幹空港としての役割を担う時代が続きましたが、羽田空港は2010年10月に再国際化が実現しました。それ以降は順次、国際線発着枠が増加しています。

2020年夏季スケジュールにおける3回目の国際線発着枠確保の規模は年間3・9万回、1日50便・100回となりました。発着枠配分の航空交渉は2019年9月初めに完了し、9カ国・地域との間で合意に至りました。

政府は、2020年夏季スケジュールの羽田新規発着枠配分に関して、訪日外国人旅行者数の目標を戦略的に進めるために重要な路線、国際競争力強化に資する日本発の直行便需要が高い路線に配分するという基本方針を示していました。日本側企業への配分（1日当たり）は全日本空輸13・5便、日本航空11・5便となりました。羽田国際線発着枠は昼間時間帯が年間9・9万回、深夜早朝時間帯が3万回、合計12・9万回となっています。

応用編

のですが、これに対応する容量の確保が課題となります。2020年3月時点で、新たな容量拡大計画は示されていません。羽田空港への乗り入れ希望が多い現状にどのように対応するかは、日本の航空政策の課題の一つです。

羽田国際空港の就航権益状況

2020年3月時点

国・地域	昼間／深夜早朝帯	従来の権益	2020年夏季スケジュール追加権益	合計便数
米国	昼間時間帯	1日5便	1日12便	1日17便
	深夜早朝時間帯	1日1便	—	1日1便
カナダ	昼間時間帯	1日1便	—	1日1便
	深夜早朝時間帯	1日1便	—	1日1便
韓国	昼間時間帯	ソウル・金浦1日6便（このうち2便は釜山線も可能）	—	1日6便
	深夜早朝時間帯	1日2便	—	1日2便
中国	昼間時間帯	北京・現空港1日4便、上海・虹橋1日2便、上海・浦東1日2便、広州1日2便	1日4便（日本側は深圳、青島、上海・浦東、大連。中国側は北京・新空港2便、北京・現空港1便、上海・浦東1便）	1日14便
	深夜早朝時間帯	中国国内地点1日2便	—	1日2便
香港	昼間時間帯	1日2便	—	1日2便
	深夜早朝時間帯	1日3便	—	1日3便
台湾	昼間時間帯	台北・松山1日4便	—	1日4便
	深夜早朝時間帯	台北・松山以外1日1便	—	1日1便
シンガポール	昼間時間帯	1日2便	—	1日2便
	深夜早朝時間帯	1日2便	—	1日2便
マレーシア	昼間時間帯	—	—	—
	深夜早朝時間帯	1日1便	—	1日1便
タイ	昼間時間帯	タイ側1日1便、日本側1日2便	—	タイ側1日1便、日本側1日2便
	深夜早朝時間帯	タイ側はバンコク1日1便、日本側にも同等の権益	—	タイ側はバンコク1日1便、日本側にも同等の権益
ベトナム	昼間時間帯	1日2スロット	—	1日2スロット
	深夜早朝時間帯	1日2スロット	—	1日2スロット
インドネシア	昼間時間帯	1日2スロット	—	1日2スロット
	深夜早朝時間帯	1日2スロット	—	1日2スロット
フィリピン	昼間時間帯	1日2スロット	—	1日2スロット
	深夜早朝時間帯	1日2スロット	—	1日2スロット
インド	昼間時間帯	—	1日1便	1日1便
	深夜早朝時間帯	—	1日1便	1日1便
オーストラリア	昼間時間帯	—	1日2便	1日2便
	深夜早朝時間帯	1日1便	—	1日1便
ニュージーランド	昼間時間帯	—	—	—
	深夜早朝時間帯	1日1便	—	1日1便
アラブ首長国連邦	昼間時間帯	—	—	—
	深夜早朝時間帯	旅客便はドバイ、アブダビそれぞれ1日1便	—	旅客便はドバイ、アブダビそれぞれ1日1便
カタール	昼間時間帯	—	—	—
	深夜早朝時間帯	旅客便はドーハ1日1便	—	旅客便はドーハ1日1便
トルコ	昼間時間帯	—	1日1便	1日1便
	深夜早朝時間帯	1日1便	—	1日1便
英国	昼間時間帯	ロンドン1日2便	—	ロンドン1日2便
	深夜早朝時間帯	ロンドン（制限なし）	—	ロンドン（制限なし）
フランス	昼間時間帯	パリ1日2便（昼間、深夜早朝を問わず合計）	—	パリ1日2便（昼間、深夜早朝を問わず合計）
	深夜早朝時間帯		—	
ドイツ	昼間時間帯	昼間・深夜早朝を通して1日2便	—	昼間・深夜早朝を通して1日2便
	深夜早朝時間帯	（深夜早朝に限定した権益1日1便）	—	（深夜早朝に限定した権益1日1便）
オランダ	昼間時間帯	—	—	—
	深夜早朝時間帯	アムステルダム1日1便	—	アムステルダム1日1便
オーストリア	昼間時間帯	—	—	—
	深夜早朝時間帯	1日1便	—	1日1便
ロシア	昼間時間帯	—	1日2便	1日2便
	深夜早朝時間帯	—	—	—
イタリア	昼間時間帯	—	1日1便	1日1便
	深夜早朝時間帯	—	—	—
フィンランド	昼間時間帯	—	1日1便	1日1便
	深夜早朝時間帯	—	—	—
スカンジナビア	昼間時間帯	—	1日1便	1日1便
	深夜早朝時間帯	—	—	—

※便数・スロット数は日本と相手国・地域それぞれ
※羽田昼間時間帯に国際定期貨物便の就航は想定されていない（チャーター便は可能）
※羽田深夜早朝時間帯は国際定期貨物便の運航は可能。ただし米国線は昼間時間帯・深夜早朝時間帯ともに貨物便権益は設定されていない。
シンガポールの深夜早朝時間帯（1日2便）のうち貨物便は1便まで
※スロット表記の場合は2スロットで1便相当

日本は各国・地域とオープンスカイ協定を進めていますが、羽田空港はその対象に入っていません。国内線の基幹空港として機能していて、国際線発着枠に制限があることが原因として挙げられます。羽田空港への乗り入れを希望する航空会社は多い

Question
83

関西国際空港の現在、未来

先進的な貨物施策を打ち出していると聞きます

関西国際空港は物流分野で先駆的な施策を相次いで打ち出してきました。食の輸出、貨物ハブの誘致、医薬品貨物の取り扱いなどが挙げられます。このうち医薬品の取り扱いに関しては、医薬品専用共同定温庫「KIX‐Medica」がその代表例です。関西空港の物流事業者で構成する空港コミュニティーは、国際航空運送協会（IATA）の医薬品取り扱いに係る認証「CEIVファーマ」を取得しています。日本の空港コミュニティーとして初めてCEIVファーマを取得しました。

関西国際空港の開港は1994年9月です。関西国際空港会社を設置管理者として空港運営が開始されました。2007年8月には2本目滑走路の供用が始まりました。**4000メートル級滑走路2本を備える「完全24時間空港」が、関西国際空港の強みと言えるでしょう。**

2012年7月には関西国際空港と大阪国際空港（伊丹空港）の経営統合が実現しました。経営統合の背景には、関西空港が海上空港として整備された経緯から巨額の費用が投入されたことが挙げられます。関西国際空港会社は膨大な有利子負債によって経営を圧迫され、思い切っ

応用編

られることや、伊丹空港および神戸空港の発着枠なども、同懇談会で関係者が認識を共有した上で運用されています。2019年５月の懇談会では神戸空港の発着枠や運用時間の拡大で合意しました。

た経営戦略をとることが難しい状況が続きました。

国土交通省は、関西空港と収益性の高い伊丹空港を経営統合する方針を提示。関空と伊丹の一体的な運営を行う新関西国際空港会社が2012年4月に設立され、同年7月に関空と伊丹空港が経営統合されました。新関空会社の下で両空港の事業価値を高め、運営権を民間に委託（売却）する「コンセッション」という制度を導入することになり、この対価で債務償還を図ることになりました。

この間、ローコストキャリア（LCC）の就航が活発になったことも追い風に、関西空港の国際線ネットワークが飛躍的に拡大しました。

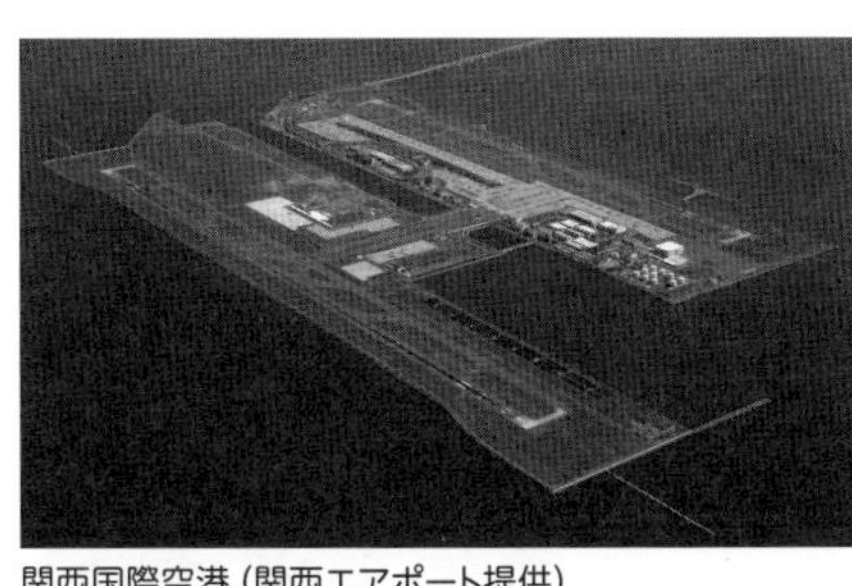
関西国際空港（関西エアポート提供）

コンセッション制度の下で、オリックスと仏ヴァンシ・エアポートが中心となって設立した「関西エアポート」が2016年4月に関西空港と伊丹空港の運営を開始しました。2018年4月には、関西エアポートの100％出資会社である関西エアポート神戸がコンセッション制度を活用して神戸空港の運営に着手。「関西3空港の一体運営」を実現しました。3空港の運用の最適化を図ることで、関西圏の航空輸送需要の創出に取り組んでいます。物流分野の施策も例外ではなく、冒頭の医薬品関連貨物の取り扱いも関西空港の先駆的な取り組みの一つと言えます。

Memo
関西空港、伊丹空港、神戸空港の3空港の役割、運用のあり方については、歴史的経緯や地域とのつながりを踏まえて、地元自治体や経済界で構成される「関西3空港懇談会」で議論されます。関西空港が国際線を受け入れる基幹空港として位置付け

Question 84

日本一のモノづくり圏のゲートウエー

中部国際空港はどのように活用されていますか?

中部国際空港(セントレア)は、名古屋市中心部から約35キロメートル離れた愛知県常滑沖にあり、2005年2月17日に開港しました。**深夜帯でも航空機の離着陸ができる24時間空港です。滑走路は3500メートルあり、B747F型機やアントノフ124型機のような大型貨物機でも貨物を満載にして離発着できます。2020年冬季スケジュールでは、旅客便は合計37社34路線合計455便、貨物便は4社合計27便の乗り入れがあります。**

セントレアの国際貨物取扱量を見ると、総取扱量(積み込み量、取り降ろし量の合計)のピークは2006年の25万21トンです。リーマン・ショックのあった2008年を境に、総取扱量は一時10万トン台まで落ち込み、2014~2017年は16~17万トン台で推移していましたが、各種貨物施策や航空会社誘致施策の成功もあって、2018年には19万5293トンに達しました。

DHLは2013年に中部国際空港会社と戦略的パートナーシップを締結して以来、セントレアをハブとして積極的に活用しています。同年にはDHLが出資するアメリカの貨物航空会

応用編

のが、ボーイング787型機主要部材の輸送です。愛知県内の工場で製造された部品をセントレアの港まで海上輸送し、787部品輸送専用輸送機「747LCF型機(ドリームリフター)」に搭載され、アメリカの組み立て工場まで空輸されます。

社、ポーラーエアカーゴが就航し、現在までに貨物便網を北米・アジアに拡大しています。また、2019年3月末からはアメリカの貨物航空会社、カリッタ航空が日本路線で初の就航地点に中部空港を選び、乗り入れを開始しました。アジアの航空会社では同月からチャイナエアラインが約12年ぶりに再就航するなど、セントレアの空のネットワークはピーク期の活気を取り戻しつつあります。

近年では、総貨物量のうち半分以上を積み込み貨物（トランジットを含む輸出貨物）が占めています。**自動車、航空機をはじめ大手製造業が多く拠点を構える中部圏は、日本一のモノづくり地域。また愛知は農業産出額が全国8位（農林水産省の2017年実績）と全国有数の農業県でもあります。花き産出額は1962年度以降、全国首位です。**

国際航空貨物の輸出需要は底堅いものがありますが、その全てがセントレアから輸出されるわけではなく、他空港にトラックで転送されているものも多いのです。そこで中部空港会社は、地元の三県一市、中部経済連合会などが参加する中部国際空港利用促進協議会に参加し、地域の貨物を地域の空港を活用して輸出することを推進する「フライ・セントレア・カーゴ（FCC）」事業を推進しています。

2013年4月にはDHLと中部国際空港会社が戦略的パートナーシップを締結。DHLが出資するポーラーエアカーゴも就航し、貨物便網が北米・アジアに拡大した

Memo

セントレアは航空機部品や発電機器、人工衛星のような大型貨物のオペレーション動線が良く考えられて整備されています。空港島内に本格的な岸壁（港）が整備されており、大型貨物などをシー・アンド・エアで運ぶ需要にも対応しています。代表的なも

Question 85

地方空港の国際貨物量

新千歳からの航空輸出が増えているのですか？

2018年の新千歳空港の国際航空貨物取扱量は、前年からほぼ倍に増えて2万5000トンを超えました。 国土交通省が発表した全国の空港の国際航空貨物量ランキングを見ると、同年は小松空港を抜き、福岡空港に次いで全国で7番目の国際航空貨物量を記録しました。アジアなどで、ホタテやウニなどの北海道産の魚介類の人気が高まっているため、新千歳から旅客便を利用した輸出が増えています。

新千歳空港は2017年もやはり魚介類を中心に物量を伸ばして、前年比3割増の1万3000トンを取り扱っていました。物量の拡大を受け、同空港で国際航空貨物上屋を運営する札幌国際エアカーゴターミナル（SIACT）は2018年7月に新上屋を開設。同年、新千歳に新たに拠点進出するフォワーダーもいました。2018年に8位の小松空港も、外国の貨物航空会社の就航・増便などで貨物量を増やしています。

物量では新千歳や小松に及びませんが、2018年に目覚ましい伸びを見せたのが北九州空港です。同年6月から全日本空輸が沖縄経由アジア向けの貨物定期便を就航させたことで、同

応用編

以外を出入りする国際航空貨物は全体の1%しかありませんが、その中でも取扱量には大きな開きが出ています。空港や都市の規模よりも、その地方ならではの輸出品があったり、輸送力が高い貨物便を誘致したりする空港の物量が伸びています。

年は前年比2・5倍の3671トンを取り扱いました。北九州空港は、福岡県や北九州市などの地元自治体が貨物定期便の運航や国際航空貨物に対する助成制度を実施するなど、航空貨物の取り込みに積極的です。2019年には大韓航空も貨物定期便を就航させたほか、世界最大級の貨物輸送機「アントノフ」もしばしば飛んできています。

なお、表は国際貨物量のランキングですが、国内貨物量で見ると各空港の順位は様変わりします。2018年の国内貨物量の順位は、首位が羽田、2位が那覇、3位が福岡、4位が新千歳、5位が大阪・伊丹の順。羽田が那覇の3倍の貨物量を運んで圧倒的な1位です。国内航空貨物は東京から遠く海を隔てた北海道や沖縄、九州などとの間で素早く運びたいという需要が高いため、羽田と地方空港の貨物量が多くなるのです。

2018年の空港別・国際貨物量ランキング（国交省・速報値）

順位	（前年）	空港	貨物量（トン）	前年比（%）
1	(1)	成田	2,198,012	▲2.9
2	(2)	関西	813,775	▲0.1
3	(3)	羽田	586,534	8.4
4	(5)	中部	195,263	10.6
5	(4)	那覇	128,729	▲34.7
6	(6)	福岡	64,373	0.7
7	(8)	新千歳	25,398	97.8
8	(7)	小松	16,747	3.3
9	(10)	北九州	3,671	147.3
10	(11)	鹿児島	1,609	24.3
11	(9)	佐賀	1,038	▲47.1
12	(13)	静岡	617	38.6
13	(17)	長崎	574	▲62.9
14	(19)	岡山	498	796.5
15	(12)	広島	323	▲32.7
16	(14)	百里	322	1.6
17	(15)	仙台	212	3.4
18	(16)	新潟	149	▲16.3
19	(18)	富山	54	▲38.2
20	(21)	高松	23	144.0
21	(20)	宮崎	19	131.1
22	(23)	大分	0.4	57.3
23	(22)	青森	0.15	▲62.5
全国計			4,037,427	▲1.3

注：東京航空局、大阪航空局調べ（成田、中部、関空は管轄税関調べ）。
前年比は増減率。

Memo

日本発着の国際航空貨物は、実に99%が上位6空港を出入りしています。地方空港は国際線の便数が限られることから、地方から海外へ航空貨物を送ろうとすると、トラックや国内航空便で成田などに転送するしかない場合が多いのです。上位6空港

Question
86

海外主要空港で機能拡張が進んでいるようですね？

し烈な空港間ゲートウエー競争

今後20年で、世界の航空旅客数は倍増の見通しです。想定される需要増に対応する容量を確保すべく、世界各地で主要空港の機能拡張、新規開設が続いています。貨物取扱量が世界トップの香港国際空港では、2022年までの供用開始を目指す第3滑走路（3800メートル）整備を中心とする機能強化が進められています。香港空港は2019年時点で滑走路2本体制ですが、2022年には需要が容量を超え、2035年には貨物量が約1000万トンに達する見込みです。

アジアを見ると、中国では2017年に上海・浦東空港の第5滑走路が完成。2019年9月には、新たに北京大興国際空港が開港しました。また広州白雲空港では、2025年までに第4、第5滑走路が増設される計画です。韓国の仁川空港でも2023年までの第4滑走路整備などが予定されています。仁川では、2030年までに貨物処理容量が年間1140万トンに引き上げられる見込みです。容量が拡大すれば、その分航空会社の利便性も高くなり、おのずと空港間のゲートウエー競争はし烈さを増していきます。

応用編

能）、アジア、オセアニアなど近・中距離直行便では中小型ジェット機で2000～2500メートルという基準が示されています。ちなみに、日本最長の滑走路は成田空港のA滑走路と関西空港のB滑走路で、いずれも4000メートルあります。

世界の主要空港の拡張、新空港建設計画

空港	国際貨物取扱量（年間、トン）	主な空港拡張、新空港建設計画など
香港	5,017,631	2022年に第3滑走路を供用開始。
上海・浦東	2,915,502	2017年に第5滑走路完成。
仁川	2,857,845	2023年までに第4滑走路増設、最終的に滑走路5本体制へ。
ドバイ（DXB）	2,641,383	2010年から段階的に、新空港アール・マクトゥーム国際空港（DWC）が供用開始。
台北・桃園	2,305,209	2023～24年以降に第3滑走路着工へ。
成田	2,198,012	2020年代半ばまでに第3滑走路新設とB滑走路延伸へ。
ドーハ	2,163,544	2014年に旧ドーハ空港から現空港（ハマド国際空港）への機能移転を完了。
シンガポール	2,154,900	2020年代初頭に滑走路3本体制へ。
アンカレジ	1,991,512	滑走路増設計画を検討開始へ。
マイアミ	1,771,199	2035年ごろまでをめどに、エアサイド、貨物、ターミナルなどを含む全面的な機能拡充へ。
ロンドン	1,684,220	2026年に第3滑走路供用開始へ。
バンコク	1,453,064	2021年を目指し、3本目の滑走路完成へ。
イスタンブール	1,213,406	2018年10月に新空港が開港し、滑走路数は開港当初の2本から最終的には6本体制へ。
ライプチヒ	1,127,075	DHL向けのエプロン側に誘導路増設、駐機スポット36カ所を増設へ。

※国際空港評議会（ACI）の2018年世界空港ランキング（速報値）、各空港発表資料、Daily Cargo編集部取材より2019年9月作成

欧州では、英ロンドン・ヒースロー空港がいよいよ容量限界に迫ってきました。機能拡張を進め、2026年に3本目滑走路を供用開始する計画です。発着容量は現在から1・6倍に、貨物処理能力は現在の年間169万トンから300万トンに拡大する見込みです。

ここ10年では新空港も開港ラッシュです。カタールでは、2014年に旧・ドーハ空港から現在のハマド国際空港に機能移転しました。アラブ首長国連邦のドバイでは、2010年から段階的に、新空港（アール・マクトゥーム国際空港）が供用開始しています。トルコでは2018年10月にイスタンブールの新空港が開港しました。

Memo 離発着する機材の種類、旅客、貨物、燃油などの搭載量、航続距離などさまざまな条件で必要な滑走路の長さが決まります。日本では、国際線では大型（多発）機で欧米など長距離直行便の場合は3500メートル級（技術的には3000メートル級でも可

Question 87

取得するとどのようなメリットがあるのでしょうか?

AEO制度

AEOとはAuthorized Economic Operatorの頭文字を取ったもので、直訳は「認定された経済事業者」です。世界的に保安対策の強化が進む中、コンプライアンスに優れた荷主や物流事業者などの貿易関係者を当局が認定し、手続きの簡素化などで優遇措置を与える制度です。

日本ではAEO制度が確立する以前から、コンプライアンス体制が整った貿易事業者には優遇措置を与える制度を作っていました。2001年3月に輸入者を対象に実施した「簡易申告制度」では納税申告前の貨物引き取りが可能となったり、2006年3月の輸出者を対象とした「特定輸出申告制度」では保税地域に貨物を搬入することなく、自社工場などで輸出通関を行えるようになりました。日本のAEO制度はこれらを取り込むとともに、2007年10月に実施された倉庫業者を対象に届け出だけで保税蔵置場を新設でき、許可手数料も減免される「特定保税承認制度」を導入。日本経済団体連合会など産業界からの要望が強かった国際物流業者にもAEO対象を拡大すべきという意見をくみ、2008年4月から通関業者を対象とした「認定通関業者制度」、フォワーダーなど国際運送事業者を対象とした「特定保税運送制度」も導入しました。

取得メリットが少なかったためと考えられます。しかし、本文にある申告官署の自由化を前に、2010年代に認定通関業者制度の取得が増加。取得業者数は2019年10月末現在で218社となっています。

応用編

以前のAEO認証について、物流事業者に関してはフォワーディングなどの業務全体を対象としたものではなく、保税蔵置場、通関、保税運送と法律的な事業許認可区分ごとに認証が分かれていることなどから、他国との相互承認で独自のメリットを得られないと言われていました。ただし、2017年10月に行われた輸出入申告官署の自由化（Q88〈188ページ〉参照）においては、AEO認定通関業者が、全国どこからでも貨物の蔵置場所に関わらず全国の税関官署への申告できるようになるなど、メリットが拡大しています。

日本は、AEO制度を導入済みの他国との相互承認も積極的に進めています。相互承認は、自国の認可事業者が他国でも税関手続き上の優遇措置を受けられるようにするものです。日本は2019年10月末現在でニュージーランド、米国、EU、シンガポール、カナダ、韓国、マレーシア、香港、中国、台湾、オーストラリアの11カ国・地域と既に相互承認を実施しています。日本のAEO認定事業者はこれらの国・地域の税関手続きでも、リスクに応じて書類審査・検査の負担が軽減される等の追加的効果が発生します。

AEO制度は2001年9月11日に米国で起きた同時多発テロ以来、各国でセキュリティー対策が強化される動きの中で確立してきました。世界税関機構（WCO）は貿易円滑化とセキュリティーを両立させるために、2005年6月の総会で安全確保および円滑化のための「基準の枠組み」を採択し、2006年6月には船会社、フォワーダー、航空会社、国内運送業者など、事業ごとに優良事業者を認定するためのガイドラインを作りました。

Memo
日本のAEO制度のうち、物流業者向けの「認定通関業者制度」「特定保税運送制度」は、制度開始以来、取得業者が増えない状況が続いていました。早くから多数の業者が取得した「特定保税承認制度」（2019年10月現在で141社が取得）に比べて、

応用編

Question 88

申告官署の自由化

輸出入申告がどこからでもできるようになったと聞きました

関税局・税関は2017年10月に通関業法の改正と併せ、「申告官署の自由化」を実施しました。申告官署の自由化は、貨物の蔵置官署宛てであれば全国どこの営業所からでも輸出入申告をできるようにするものです。従来の輸出入申告に関する法令は50年前にできたもので、IT化やAEO制度の確立を想定しておらず、物理的には可能となった遠隔申告を認めていませんでした。遠隔申告を適正通関が損なわれない範囲で認め、貿易手続きの円滑化を後押しします。

それまでの輸出入申告は、貨物の蔵置場所を管轄する税関官署宛てに、原則としてその官署の管轄地域内にある事業所、通関営業所から行わなければなりませんでした。例えば、横浜税関管内にある貨物の輸出入申告を東京税関管内の事業所や営業所で行うことはできませんでした。このため、全国展開する通関業者などは全国の税関でそれぞれ通関業許可を取り、蔵置官

貨物の蔵置場所に関わらず、全国の事業所、通関営業所から全ての税関官署に申告可能

ビスの質を維持しながら全国の航空・海上貨物の申告を一手に引き受けるには、高度な運用体制とシステムの構築が必要になります。また、貨物検査の際の現場立ち会いといった課題もあります。

「申告官署の自由化」

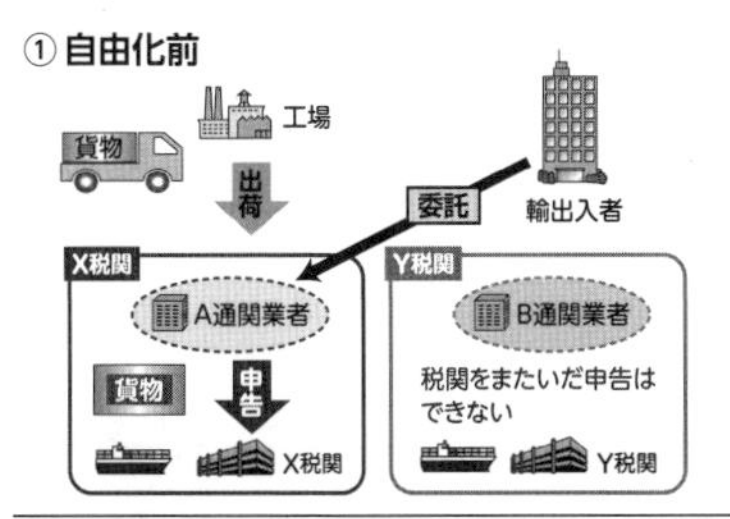

貨物の蔵置場所を管轄する税関官署あてに、原則として同官署の管轄地域内にある事業所、通関営業所から申告可能

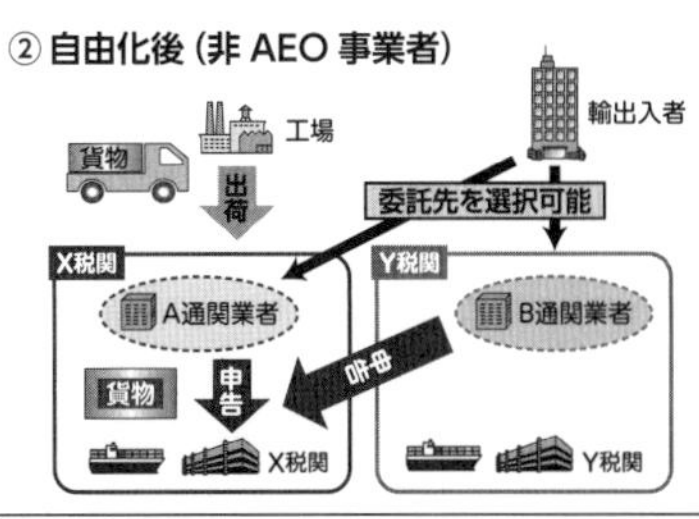

貨物の蔵置場所を管轄する税関官署あてに、全国の事業所、通関営業所から申告可能

署ごとに通関営業所と通関士を配置していました。

申告官署の自由化ではさらに、AEO制度の特定輸出者、特例輸入者、認定通関業者には、全国どこの営業所からでも貨物の蔵置場所に関わらず全国の税関官署への申告を認めます。例えば、大阪税関管内にある貨物の輸出入申告を東京税関管内の任意の官署宛てに行うことも可能になりました。これにより、大阪税関管内で輸出入貨物を取り扱う場合も申告業務は東京で行えるようになり、大阪に通関業務の人員を厚く配置する必要が無くなります。貨物が大阪で税関検査の対象になった場合は、検査の立ち会いを遠隔地にいる自社の社員や他社にお願いできるような仕組みも整備しています。

自由化後はAEO取得の有無に関わらず、従来は認められない一人の通関士が複数の営業所を兼任することも可能になりました。これらの改革により、通関業者にとってはこれまでのように全国津々浦々に通関拠点を持たずとも、全国を対象に通関業務の提供が可能になり、人や拠点の投資を抑えながらサービスの幅を広げられるようになったのです。

Memo 申告官署の自由化では、全国展開するAEO通関業者が全国を対象にした集中通関センターを東京に構え、全国の輸出入申告を東京税関管内の任意の1官署に申告することも可能になります。しかし実際には、営業・業務現場との連携やカスタマーサー

Question 89

貨物情報を間違えて送信したらどうなるのですか？

米国向け航空貨物の搭載前報告

米国向けの航空貨物は2018年6月から、出発地で航空機に搭載する前に詳細な貨物情報を送らなければならなくなりました。これを「航空貨物事前スクリーニング制度（Air Cargo Advance Screening＝ACAS）」と言います。**貨物情報に記入漏れや誤りがあると、米国の税関当局から質問への回答や追加情報の提出を求められたりして、予定していた便に搭載できなくなる恐れがあります。**また、貨物情報からテロの恐れがあるなど危険な貨物と判断されると、米国向けの航空機に搭載できなくなります。

米国は2004年から、米国向けや米国経由の航空機に搭載される全ての貨物を対象に、航空機が米国に到着する4時間前までに米国の通関システムに貨物情報を電子申告することを義務付けていました。2001年9月11日に発生した米国同時多発テロ事件をきっかけにテロを未然に防ぐ目的で始まり、一般的に「到着4時間前ルール」と呼ばれていました。これがACASの開始により、到着4時間前だった報告のタイミングが「出発地での航空機搭載前」に早まり、報告する項目もより詳細な内容を求められるようになりました。1年の猶予期間を経て、20

たものの、④の貨物の詳細では「general cargo」といった大ざっぱな記述が認められなくなり、貨物の内容を詳細に記す必要があります。また、⑤の数量についてもパレットに含まれる梱包物の数を最小単位で正確に記載しなければいけません。

19年6月から本格的に運用が始まっています。

到着4時間前ルールの頃から、米国への貨物情報の提出は基本的に航空会社が担っています。航空会社はフォワーダーなどから貨物情報を受け取り、当局に電子送信後、搭載許可を得られた貨物のみを搭載します。ここで当局から記入漏れや誤記載などを指摘されると、その貨物の搭載業務が止まってしまうのはもちろん、フォワーダーにその旨を連絡したり確認したりしていると時間と手間がかかって、他の問題のない貨物の搭載まで遅れてしまう可能性があります。このため日本の航空会社などは、米国など事前情報提出が必要な国に向けた貨物の搬入締め切り時間を前倒しするといった対応を取りました。業務の煩雑さが増すため、情報提出にかかる手数料を一部値上げした航空会社もあります。

貨物情報の事前申告は、日本も2007年から米国の到着4時間前ルールと同様の「積荷情報の事前報告制度」を開始しています。2009年から中国（香港、マカオは除く、第三国向け含む）、2011年から欧州、2012年には韓国と、日本との貿易量が多い主要国でも同様の制度が始まり、現在は多くの国で貨物到着前の情報提供が義務化されています。米国のACASは世界税関機構（WCO）が定めた国際基準に沿って導入されたもので、今後は各国で航空機への搭載前により詳細な貨物情報の提出を求める動きが加速すると見られます。航空会社やフォワーダー、それに荷主といった全ての関係者が、貨物情報をより正確に、詳細に記すことを当たり前に行っていく必要があります。

Memo

ACASで報告が求められる必須項目は、①航空貨物運送状（ハウスエアウェイビル<HAWB>）番号 ②荷主の氏名・住所 ③荷受人の氏名・住所 ④貨物の詳細 ⑤数量 ⑥総重量──の6点です。従来の到着4時間前ルールよりも報告項目は少なくなっ

応用編

日本に輸入する貨物にも詳細な報告を求めるのですか？

航空貨物の事前報告制度の拡充

日本でも2019年3月17日から入港する航空機に対し、従来運用してきた「積荷情報の事前報告制度」よりも詳細な貨物情報を求めるようになりました。「航空貨物の事前報告制度の拡充」と題して、制度変更が実施されました。

左図は、日本の事前報告制度の概要を示したものです。従来と制度変更後で求める報告内容と報告方式の違いを示しています。従来は、航空機の運航時間にもよりますが原則として到着3時間前までに、マスター・エアウェイビル（MAWB）の単位で税関宛てに積み荷情報の事前報告を求めていました。

制度変更後は、より詳細に貨物の内容を把握するため混載貨物（ハウスマニフェスト情報）の単位でも事前報告を求めています。従来は任意だった荷送人・荷受人情報の報告も、マスター・ハウスの各単位で義務付けるようになりました。報告方式も従来は書面による提出か、輸出入・港湾関連情報処理システム（NACCS）を介した送信のいずれかを選択できましたが、原則としてNACCSによる送信のみを受け付けるようになっています。

方式がNACCSに限定される一方、通信回線事業者を通じて「IATA電文」形式での報告が可能になりました。普段、航空会社とフォワーダーが貨物情報をやりとりする電文形式をそのまま使えたことは、スムーズな制度変更に寄与しました。

「航空貨物の事前報告制度」の概要

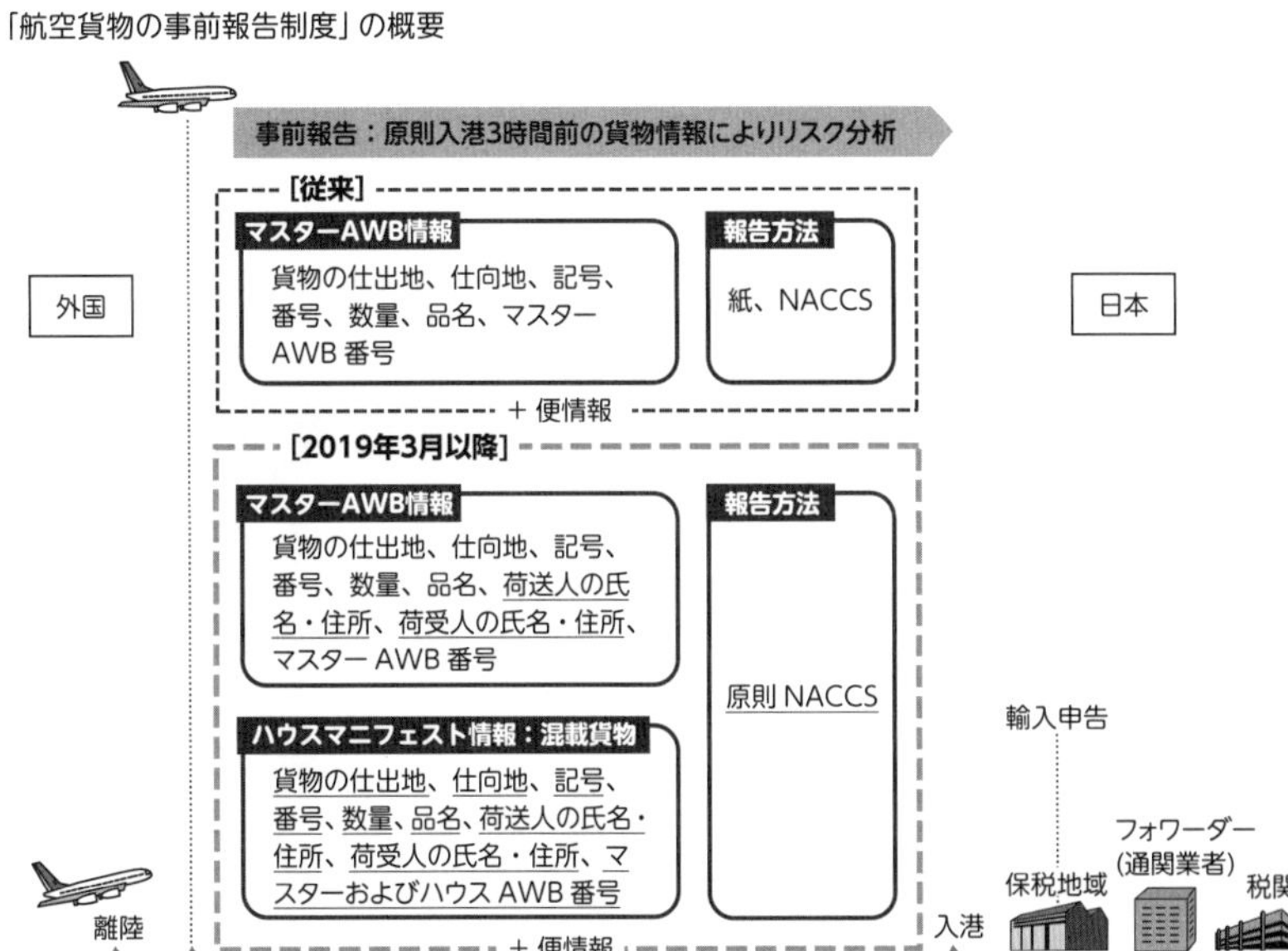

事前報告制度で報告義務を負うのは航空機の機長、すなわち航空会社です。偽った報告をしたりすると、「1年以下の懲役または50万円以下の罰金」に処せられる可能性があります。一方で、新たに追加されたハウスマニフェスト情報を含め、貨物情報は基本的にフォワーダーが荷主から得て航空会社に渡すもので、フォワーダーからの正確な報告が欠かせません。さらに事前報告制度は日本に入港する航空機に適用されるため、税関をはじめとする関係者は海外の航空会社、フォワーダーにも制度変更を周知する必要がありました。

Memo

制度変更により、税関は混載貨物の単位で貨物情報を得られるようになり、リスク分析の精度を高められるようになりました。既に多くの国々がマスター、ハウスの両情報の報告を求めていたため、報告内容を諸外国並みに引き上げました。また、報告

Question
91

KS／RA制度

航空機への搭載は、爆発物検査が必要と聞きました

航空機に搭載する貨物にはもともと、保安検査を実施しなければなりません。ただ現実的に全ての貨物を検査していれば、航空輸送の特性であるスピードが損なわれてしまいかねません。そこで**国土交通省は2005年10月、航空貨物の保安体制を強化するとともに、安全とみなされた貨物に関してはよりスピーディーな輸送を行えるよう「ノウンシッパー／レギュレーテッド・エージェント制度」（KS／RA制度）を導入しました。**

航空保安に関する国際条約である国際民間航空機関（ICAO）条約第十七付属書に適合した国内法「国家民間航空保安プログラム」が施行され、以来、「KS／RA制度」を基本とする航空貨物保安対策を実施。基本的に全ての航空貨物について爆発物検査等保安措置を義務付けられることになりました。

ただし「KS／RA制度」において、国土交通省の認定を受けた「特定航空貨物利用運送事業者」（RA）が、国交省が定める保安上の基準に基づいて適切に保安措置を講じることができると確認した「特定荷主」（KS）については、その貨物を特定フォワーダーが一貫して取り扱う場合、

成金制度を導入していますが、成田や関空、中部では同制度は適用されていません。基本的に各社は検査費用を荷主に求めていますが、日本発の航空貨物需要が低下している中で、完全に徴収するのは難しいとの声も聞かれます。

応用編

ノウンシッパー／レギュレーテッド・エージェント制度

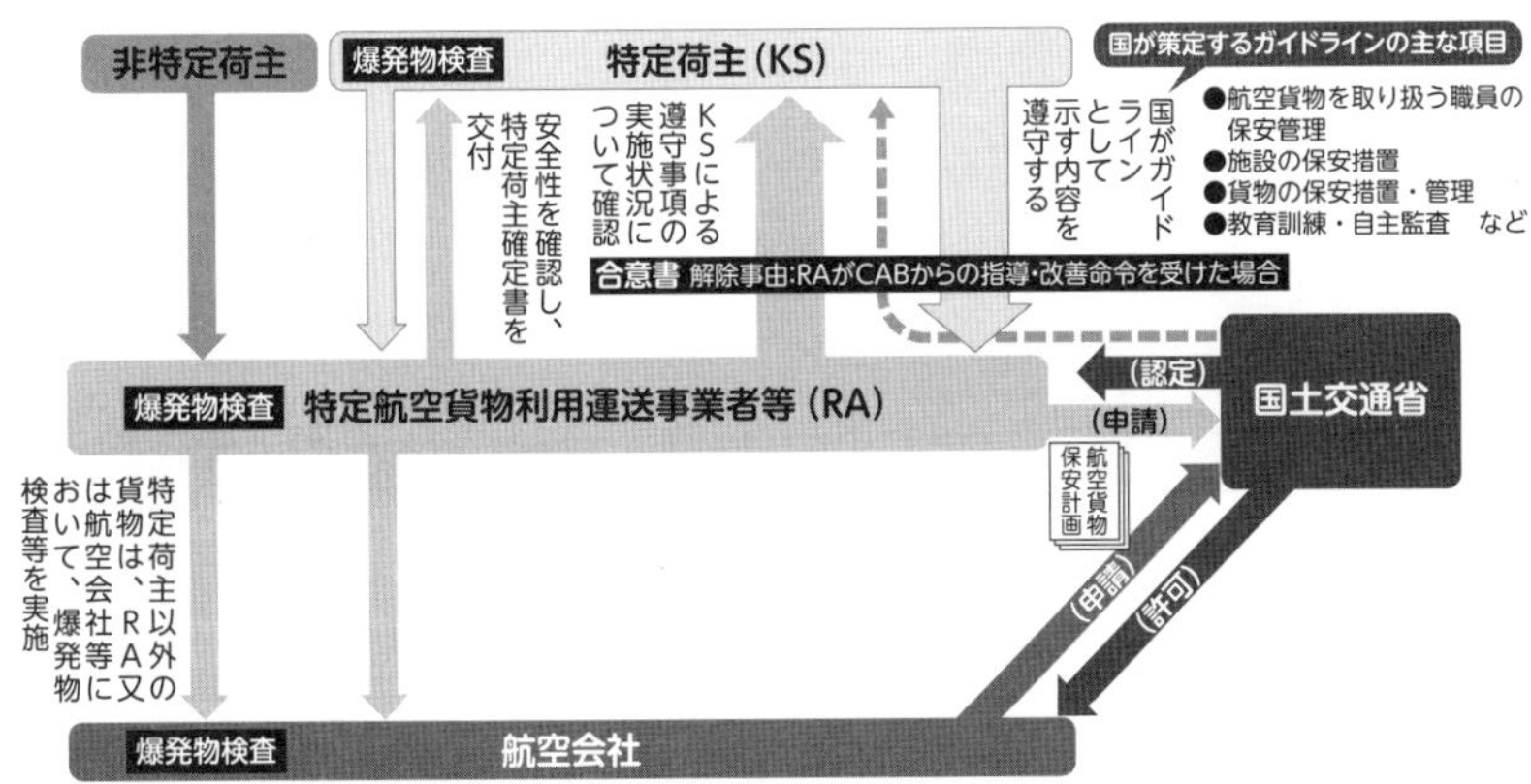

簡便な手続きで航空機への搭載を認められていました。中でも大きなメリットは爆発物検査が免除されていたことです。

しかし2012年12月には、米国9・11委員会勧告実施法に基づいて制度の改定が実施されました。まず、米国向け旅客便搭載貨物でRA制度の特定荷主の選定基準が厳格化され、さらに2014年4月からは、全世界向けで適用されました。

新制度では、荷主に爆発物検査の実施や自社倉庫など保管施設の厳重管理、貨物を取り扱う社員への教育訓練などの監査項目を求められるようになりました。保管施設への出入りは社員でさえも都度ボディーチェックが義務付けられるほか、航空貨物を扱う社員には航空保安への理解度を示すペーパーテストを実施しなければならないなど、非常に管理基準が厳しくなっています。従来の制度では16万社あるとされたKSも新制度では500社以下に大きく減少しました。

Memo

2014年4月の新KS／RA制度への移行はフォワーダーの自助努力に依存した形で成り立ちましたが、各社の負担は拡大しています。爆発物検査装置は1台数百万円し、X線検査装置は数千万円もします。政府は国管理空港に対して検査装置の購入に助

Question

92

モントリオール条約／モントリオール第四議定書

加盟国が増えているそうですね？

国際航空運送に関する条約は、ワルソー条約を起点として、その時々の情勢に応じて改正が加えられてきました。**現在、主な国で発効している条約には、モントリオール条約（MC99）やモントリオール第四議定書（MP4）があります。**日本ではMP4が2000年9月18日に、MC99が2003年11月に効力が発生しました。

MP4は国際貨物運送の改定に特化した条約です。それ以前の条約から大きく変更された点は①新賠償責任制度への移行 ②航空運送状（AWB）のペーパーレス化—の二つです。この賠償制度の骨子は ①重量1キログラム当たり17SDR（国際通貨基金の特別引き出し権）を上限とする絶対的賠償限度額制度 ②航空会社に対する厳格責任制度というものです。

それ以前のワルソー条約へーグ改正議定書は、航空会社に責任がある場合、荷主が限度額を超えて航空会社に賠償を請求できました。しかし、挙証責任が荷主側にあったため、裁判の長期化は当たり前でした。MP4では、航空会社が責任を基本的に認め、賠償裁判の早期終結を可能にしたとも言われています。

応用編

リオール条約に対応しており、より現実の運用に沿った内容となっていると言えます。ただし、MP4やモントリオール条約の適用が全世界的になるためには、加盟国がもっと増える必要があります。

モントリオール条約は旅客・貨物両面の改定が行われた条約です。モントリオール条約における賠償限度額は2019年12月28日に、それまでの19SDRから22SDRに変わりました。

なお、往復する旅客と違って貨物は片道輸送が基本なので、こうした条約は航空輸送の発着地となる両国で共に発効している条約のうち、最も新しい条約が適用されます。

モントリオール条約・モントリオール第四議定書加盟国・地域 ※2019年9月時点

	加盟国・地域
MC99（136カ国・地域）	アルバニア、アルゼンチン、アルメニア、オーストラリア、オーストリア、アゼルバイジャン、バハマ、バーレーン、バングラデシュ、バルバドス、ベルギー、ベリーズ、ベニン、ボリビア、ボスニア・ヘルツェゴビナ、ボツワナ、ブラジル、ブルガリア、ブルキナファソ、カーボヴェルデ、カンボジア、カメルーン、カナダ、中央アフリカ共和国、チャド、チリ、中国、コロンビア、コンゴ、クック諸島、コスタリカ、コートジボアール、クロアチア、キューバ、キプロス、チェコ、コンゴ民主共和国、デンマーク、ドミニカ共和国、エクアドル、エジプト、エルサルバドル、赤道ギニア、エストニア、エチオピア、フィジー、フィンランド、フランス、ガボン、ガンビア、ジョージア、ドイツ、ガーナ、ギリシャ、グアテマラ、ガイアナ、ホンジュラス、ハンガリー、アイスランド、インド、インドネシア、アイルランド、イスラエル、イタリア、ジャマイカ、日本、ヨルダン、カザフスタン、ケニア、クウェート、ラトビア、レバノン、リトアニア、ルクセンブルク、マダガスカル、マレーシア、マルディヴェス、マリ、マルタ、モーリシャス、メキシコ、モナコ、モンゴル、モンテネグロ、モロッコ、モザンビーク、ナミビア、ネパール、オランダ、ニュージーランド、ニジェール、ナイジェリア、ノルウェー、オマーン、パキスタン、パナマ、パラグアイ、ペルー、フィリピン、ポーランド、ポルトガル、カタール、大韓民国、モルドバ共和国、ルーマニア、ロシア共和国、ルワンダ、セントビンセントおよびグレナディーン諸島、サウジアラビア、セネガル、セルビア、セイシェル、シェラオネア、シンガポール、スロバキア、スロベニア、南アフリカ、スペイン、スリランカ、スーダン、スワジランド、スウェーデン、スイス、シリア、タイ、マケドニア、トーゴ、トンガ、チュニジア、トルコ、ウガンダ、ウクライナ、アラブ首長国連邦、英国、タンザニア、米国、ウルグアイ、バヌアツ、ベトナム、ザンビア、欧州連合（地域経済統合組織として加盟）
MP4（60カ国・地域）	アルゼンチン、オーストラリア、アゼルバイジャン、バーレーン、バルバドス、ベルギー、ボスニア・ヘルツェゴビナ、ブラジル、カナダ、チリ、コロンビア、クロアチア、キプロス、コンゴ共和国、コンゴ、デンマーク、エクアドル、エジプト、エストニア、エチオピア、フィンランド、フランス、ガーナ、ギリシャ、グアテマラ、ギニア、ホンジュラス、ハンガリー、アイスランド、イラン、アイルランド、イスラエル、イタリア、日本、ヨルダン、ケニア、クウェート、レバノン、ルクセンブルク、マレーシア、モーリシャス、モンテネグロ、モロッコ、ナウル、オランダ、ニュージーランド、ニジェール、ノルウェー、オマーン、ポルトガル、カタール、セネガル、セルビア、セイシェル、シンガポール、スロベニア、スペイン、スウェーデン、スイス、マケドニア、トーゴ、トルコ、アラブ首長国連邦、英国、米国、ウズベキスタン、ベネズエラ

モントリオール第四議定書の骨子

①運送状のペーパーレス化（電子運送状の採用）
※ただし、電子運送状の使用については荷送人の同意が必要。
②賠償限度額貨幣単位の現代化
・貨物重量1キログラム当たり17SDR（国際通貨基金の特別引き出し権）と規定。
※従来は貨物重量1キログラム当たり250金フラン（航空会社運送約款上では貨物重量1キログラム当たり20米ドルと言い換えている）と金本位制時代の通貨単位が使われている。
③絶対的（アンブレーカブル）賠償責任限度額制度の採用
・損害賠償責任を生じさせた事情のいかんを問わず、限度額を超えることはできない。
※従来は過失の責任が航空会社にある場合、限度額を超えて（ブレーカブル）補償を請求することができる。
④厳格責任制度の採用
・過失などが航空運送中に生じた場合は、4つの免責事由を除き航空会社が責任を負う。
※4つの免責事由とは、
a. 貨物の公有の欠陥または性質
b. 運送人またはその使用人もしくは代理人以外の者によって行われた貨物の荷造りの欠陥
c. 戦争行為または武力紛争
d. 貨物の輸入、輸出または通過に関してとられた公的機関の措置

Memo

2008年3月には、国際航空貨物運送状の裏面約款が大幅に改定されました。裏面約款は、荷送人と航空会社の契約条件が示されています。従来の裏面約款はワルソー条約・ヘーグ改定議定書に対応したものでしたが、新しい裏面約款はMP4、モント

Question 93

EPA、FTAとは何ですか？どんな違いがあるの？

経済／貿易協定

ＥＰＡはEconomic Partnership Agreementの略で日本語では経済連携協定、ＦＴＡはFree Trade Agreementの略で自由貿易協定と言います。いずれも幅広い経済関係の強化を目指して、貿易や投資の自由化・円滑化を進める協定です。

ＦＴＡが特定の国や地域の間で物品の関税やサービス貿易の障壁等を削減・撤廃することを目的とする協定であるのに対し、ＥＰＡは幅広い経済関係の強化を目的とする協定です。貿易の自由化に加え、投資、人の移動、知的財産の保護や競争政策におけるルールづくり、さまざまな分野での協力の要素等を含みます。

日本は２０００年以降、より幅広い分野を含むＥＰＡを推進してきました。近年、世界で締結されているＦＴＡの中には、日本のＥＰＡ同様に関税撤廃・削減やサービス貿易の自由化にとどまらない、さまざまな新しい分野を含むものも見受けられます。

ＥＰＡやＦＴＡを結んだ国・地域との間では、関税の引き下げ・撤廃が行われますから、貿易拡大が期待できます。ＥＰＡにおける関税譲許には、協定発効日に関税が撤廃される即時撤廃や、

応用編

続きを行う必要があります。つまり、企業がEPAを積極的に活用することによって、メリットを享受することができるのです。特恵関税を利用するには、まずHSコードを特定し、日本またはEUの原産品であることを確認・証明する必要があります。

段階的に関税を引き下げ撤廃する段階的関税撤廃、一定数量以内の輸入品に限り無税または低税率の関税を適用する関税割当などがあります。ただし、EPAの特恵税率を適用する場合には、各協定の原産地規則に基づき締約相手国の原産品であることを証明した原産地証明書が必要です。

日本と各国・地域とのEPA／FTAの状況

日・シンガポールEPA	2002年11月発効、2007年9月改正議定書発効
日・メキシコEPA	2005年4月発効、2007年4月追加議定書発効、2012年4月改正議定書発効
日・マレーシアEPA	2006年7月発効
日・チリEPA	2007年9月発効
日・タイEPA	2007年11月発効
日・インドネシアEPA	2008年7月発効
日・ブルネイEPA	2008年7月発効
日ASEAN・EPA	2008年12月から順次発効
日・フィリピンEPA	2008年12月発効
日・スイスEPA	2009年9月発効
日・ベトナムEPA	2009年10月発効
日・インドEPA	2011年8月発効
日・ペルー EPA	2012年3月発効
日豪EPA	2015年1月発効
日・モンゴルEPA	2016年6月発効
TPP12環太平洋パートナーシップ	2016年2月署名、日本は2017年1月締結
TPP11包括的・先進的TPP協定	2018年12月発効
日EU・EPA	2019年2月発効

近年は二国間ではなく、多国間の巨大な連携協定であるメガEPA／FTAが進展しています。日本が参加するメガEPA／FTAには、環太平洋パートナーシップに関する包括的及び先進的な協定（TPP11）、日EU経済連携協定（日EU・EPA）などがあり、また、環大西洋貿易投資パートナーシップ（TTIP）、東アジア地域包括的経済連携（RCEP）などの交渉も進んでいます。TPPは当初、米国を含む12カ国が参加するはずでしたが、2017年1月に米国が離脱。当初見込んでいた規模からは縮小してしまいましたが、それでも大規模な経済協定となっています。

Memo

2018年末から2019年初頭にかけてはTPP11や日EU・EPAといった、メガEPAが発効しました。ただ、EPAによる関税引き下げのメリットは、協定が発効すれば自動的に生じる訳ではありません。そのメリットを享受するためには、輸入企業が所定の手

Question 94

WCO、WTOって何ですか？

世界の貿易関連機関

国際的な貿易関連機関として、世界税関機構（World Customs Organization、WCO）と世界貿易機関（World Trade Organization、WTO）は覚えておきましょう。WCOは各国の関税制度の調和・簡易化と関税行政の国際協力を推進する国際機関で、本部はベルギーのブリュッセルにあります。２０１９年10月現在、１８４カ国・地域が加盟しています。日本は１９６４年に加盟しました。

主な任務は、①関税分類や税関手続きに関する諸条約の作成・見直し、統一的解釈の提示 ②国際貿易の安全確保や円滑化等に関するガイドライン等の作成・推進 ③ＷＴＯが主管する関税評価や原産地規則に係る協定の統一的解釈と適用のため、技術的検討を行うこと ④不正薬物や知的財産侵害物品等の監視・取り締まりの国際協力、関税技術協力の推進を行うこと――があります。

右記の任務に沿って行う活動の一つに、ＨＳ条約（商品の名称及び分類についての統一システムに関する国際条約）の管理があります。Ｑ38（88ページ）で見たように、ＨＳコードは貿易を行う上で重要です。ＷＣＯでは、分類の統一的適用や技術の進歩等に対応するために、あらゆる

担金は2018／2019 年度は米国（22.0%）に次いで第2位（約7.21%）、WCO が行う技術協力の財源となる関税協力基金に対しても最大（約42.1%、2017／2018年度）の拠出を行っています。

応用編

商品を体系的に分類するための品目表の改定・策定のほか、個別商品の分類を行っています。

AEO制度の普及・推進もWCOの重要な活動です。WCOは国際貿易でのサプライチェーンの安全確保と円滑化の両立を実現するためのガイドラインを作成、2005年にはAEO制度の導入・構築に係る国際標準となる「SAFE基準の枠組み」を作成し、これを採択しました。各国の税関当局は、このガイドラインに沿ってAEO制度の導入や相互承認などを進めています。

WTOは1995年に設立された国際機関です。自由貿易促進を主な目的とし、各国が自由にモノ・サービスなどの貿易ができるようにするためのルールを決めたり、分野ごとに交渉や協議を実施する場が設けられ、貿易障壁を削減・撤廃するため、加盟国間で貿易交渉を行っています。また物品の貿易に加え、サービスの貿易に関する協定を作成しています。

2019年10月現在の加盟国は164カ国・地域です。設立に伴い発効されたWTO協定（WTO設立協定及びその附属協定）は、貿易に関連するさまざまな国際ルールを定めています。WTOはこうした協定の実施・運用を行うと同時に新たな貿易課題への取り組みを行い、多角的貿易体制の中核を担っています。

通商摩擦を政治問題化することを防ぐ調停機能もWTOの大きな役割です。ルールに基づいた解決を目指す紛争解決手続きのシステムが設けられていて、加盟国間の貿易の紛争解決に関する事項について、上級委員会の委員の任命、パネルや上級委員会の報告の採択、被申立国への是正勧告などを行っています。

Memo　WCOのトップは日本出身の御厨邦雄氏です（2019年10月現在）。2009年1月に事務総局長に就任。2018年に行われた次期総選挙で再任が可決され、3期目を迎えました。日本はWCOに対し資金面にでも大きく貢献しており、運営経費となる分

Question

95

首都圏空港の貨物搬入体制

羽田から出発する貨物を成田に持ち込んでいるのですか?

近年、国際航空貨物の増加が著しい羽田空港ですが、多くの貨物は成田にある航空会社やフォワーダーの上屋を経由して羽田に入ってきています。**羽田発着の国際貨物を多く取り扱う東京国際エアカーゴターミナル（TIACT）の実績によれば、輸出などの積み込み貨物で約7割、輸入などの取り降ろし貨物で約5割が、羽田以外の国内他空港を経由しています。**その多くは、成田空港を経由していると見られます。

2010年から国際線定期便が運航されるようになった羽田空港ですが、当初は貨物量が想定以上に伸び悩みました。まだ国際線の路線・頻度が充実しておらず、貨物便の運航もない中で、利用者にとってあえて羽田を利用する理由が乏しかったこともありますが、羽田で国際貨物を取り扱う体制が十分に構築されてこなかったことも要因の一つです。例えば、羽田の国際線貨物地区で航空会社上屋を運営するのはTIACTと全日本空輸のみ。フォワーダーも当初は大手が自社上屋を構えていたものの、現在も単独で上屋を運営するのは日本通運のみで、貨物の受け皿となる荷役の体制などが十分とは言えない状況です。

貨物の荷役を担う人手不足も深刻です。2020年3月の羽田増便以降は、羽田で航空貨物を取り扱う体制を拡充し、成田を経由せず羽田で直接搬出入する貨物を少しでも増やすことが、航空貨物業界全体の課題になりそうです。

羽田で航空貨物の取り扱い体制の構築が進んでこなかったのは、国際空港として圧倒的な規模を持つ成田に極めて重厚な国際航空貨物の拠点が形成されているからです。航空会社もフォワーダーも空港内外に上屋などの自社施設を持ち、設備や人材をそろえています。国際航空貨物の一大市場が築かれているため、ハンドリング会社や梱包会社、陸送会社などの関連事業者も多く集まっています。国際線が少し運航され始めたという段階では航空会社もフォワーダーも羽田に大規模な投資はできませんし、結果的に関連事業者の集積も進みません。このため、羽田を発着する貨物も差し当たって成田に集め、両空港間を航空会社などがトラックでつなぐというスキームが一般的なまま、今日に至っています。

近年は発着回数の増加や航空交渉の進展などに伴い、羽田も国際貨物の輸送需要が高い主要国への路線網・頻度が充実してきました。2020年3月末からは羽田の国際線がさらに増え、米国や中国など国際貨物の主力路線もより充実します。羽田発着貨物の増加が見込まれる中、TIACTはターミナル面積の拡大を予定しており、航空会社やフォワーダーの中にも羽田空港内外で新たな投資を検討する会社が出てきそうです。

羽田のTIACTは上屋面積を拡大して直接搬入の増加に備える

Memo

これまでは、羽田を発着する貨物も成田を経由するのが効率的と捉えられてきましたが、成田の航空貨物の処理能力も無限ではありません。羽田の成長もあって、成田で取り扱う貨物量は増加傾向を続けており、成田の貨物地区は混雑を極めています。

Question

96

地方空港の国際貨物推進策

地域活性化に航空貨物が貢献しているのですか？

積極的に取り組む地方自治体や事業者があります。代表的な例としては、２００９年10月に供用が開始された那覇空港の新貨物ターミナルを軸とした、国際航空物流拠点形成の取り組みが挙げられます。全日本空輸（ＡＮＡ）はアジアの主要都市と運航時間が四時間圏内という沖縄の地理的な優位性を生かし、那覇空港で「沖縄ハブ＆スポーク方式」（沖縄貨物ハブ）を導入して、アジアを中心とした国際物流の取り込みを図っています。

貨物拠点化を推進している北九州空港では、２０１０年10月に初の国際貨物定期便が開設されました。現在はＡＮＡがＢ７６７Ｆ型機で成田ー北九州ー那覇線を運航しており、沖縄貨物ハブからアジア各地に接続するネットワークを構築しています。大韓航空はＢ７４７Ｆ型機でソウル・仁川へ貨物便を運航しています。

石川県の小松空港では、１９９４年のカーゴルックス航空の乗り入れにより国際定期貨物便が開設されて以来、県と同社は緊密なパートナーシップにより事業協力を進めています。就航を契機に設立された北陸国際航空貨物ターミナル（ＨＩＡＣＴ、２０１５年４月に北陸エアタ

応用編

り組んでいます。茨城空港では貨物上屋施設が整備され、2016年4月に供用を開始しました。中国からの越境eコマース商品が主力貨物となっています。各空港が立地や強みを生かして貨物の取り込みを図っています。

ーミナルビルが吸収合併）は2002年に新ターミナルを建設。2009年からは20フィートコンテナ型の冷蔵庫を新たに設置し、細かな温度管理のニーズにも対応できるようになりました。

空港の運営権設定・民間委託（コンセッション）制度の導入で民間運営に移行した空港でも、貨物取り込みが主要施策の一つとして掲げられています。国管理空港として初の民間運営への移行を実現した仙台空港では、運営会社の仙台国際空港会社が地元の農水産品の輸出拡大をはじめとした取り組みを自治体や航空会社、フォワーダー、荷主など幅広い関係者との協力の下で進めています。同じく民間運営に移行した福岡空港でも、福岡国際空港会社が貨物量拡大を目標に掲げています。

民間運営に移行した仙台空港も国際貨物の取り込みに積極的だ（写真は国際貨物棟）

政府は農水産物・食品の輸出拡大を重要戦略と位置付けており、こうした方向性も相まって地方空港から地元産品を輸出する取り組みが空港活性化、さらには地域活性化につながるものとして期待が寄せられています。

地元でとれた野菜や鮮魚などを、地元の空港から海外に輸出する「地産地出」というキーワードの下で、地域活性化に取り組んでいるケースもあります。

Memo 静岡県の富士山静岡空港も貨物に積極的で、地元産品や工業製品の輸出に注力しています。富士山静岡空港は2009年に開港し、2010年10月から国際貨物の取り扱いを開始しました。2011年の新貨物施設稼働などを経ながら、取り扱い拡大に取

多発する自然災害

BCPとは何ですか？

台風や地震などの自然災害が、空港などのインフラに大きな被害をもたらすことがあります。航空業界も自然災害への対策が重要な課題になっています。自然災害やテロなどの緊急時にも事業を継続するための計画は「事業継続計画」（Business Continuity Planning＝BCP）と呼ばれています。大規模な災害が数多く発生する状況にある中で、航空物流関係事業者もBCP策定を重視しています。

２０１１年３月11日の東日本大震災では、仙台空港が津波の被害を受けて甚大な被害が発生しました。国際貨物棟も火災が発生して焼失しました。現在は跡地で新国際貨物棟を運用しています。こうした事態を受けて、国は耐震化を含めて空港インフラの防災対策を積極的に進めています。

２０１８年９月の台風21号が関西地方を直撃した際には、強風も相まって高波が発生。関西国際空港で大規模な浸水が発生しました。関西空港の１期島国際貨物地区は、トラックの横転、浸水による貨物の濡損、電源設備の停止といった大きな被害に見舞われました。航空貨物を取

することの重要性も高まっています。航空物流維持の観点からは、例えば地方空港の活用を常時念頭に置いて物流ネットワークを構築することも、危機管理の一環として重視されることになりそうです。

り扱う機器が海水に浸かって使用できなくなる事例も多くありました。関西空港の運営を担う関西エアポートは、新たな防災対策を策定するとともに、護岸かさ上げなどの工事に着手しました。ソフト、ハード両面から自然災害への対策を強化しています。

関西空港の台風被害に際しては、成田空港や羽田空港、中部空港、福岡空港などが代替需要に対応しましたが、処理能力を超える貨物が集中して上屋作業は大きな混乱に陥り、自然災害が広域的に物流に大きな影響を与えることを思い知らしめました。

空港内だけでなく、空港外の被災も航空物流に大きな影響を与えます。2019年9月の台風15号は関東地方を直撃し、千葉県で大規模な停電が発生しました。成田空港は停電を免れましたが、周辺地域で広範な停電が起きました。空港外のフォワーダー拠点も例外ではなく、自家発電や非常用電源設備を活用して保冷倉庫などの電源を確保しましたが、事務所や一般倉庫の空調まで電源を確保できない状況が発生しました。自宅の被災、渋滞や鉄道の運休もあって通勤できないスタッフも多く、厳しい環境に置かれた中での復旧作業となったのです。

空港外の施設で貨物取り扱い能力が制限されたこと、陸上輸送網が寸断されたことを背景に、保冷貨物を中心に空港内上屋での貨物留め置き、搬出入の遅れも発生しました。電源確保の重要性が改めて認識されました。

航空貨物業界においても、BCPをベースとしたプラットフォームが求められています。業界関係者が協力して取り組むことが何より重要です。

Memo 災害などの緊急事態の発生時には、航空機が到着空港を変更したり、空港の離着陸を制限するといった各種対策も講じられています。到着空港の変更は一般的にダイバートと呼ばれます。併せて、鉄道の計画運休のように、こうした情報を早期に通知

Question

98

排出権取引が導入されるそうですね？

航空業界でも、航空機の飛行による騒音や排ガスによる大気汚染などを軽減する環境保全対策が課題とされています。

特に二酸化炭素（CO_2）削減については、業界全体で協力し合いながら取り組みが進められています。国際民間航空機関（ICAO）は国際航空分野の温室効果ガス排出削減に関して、グローバル削減目標（①燃料効率を毎年2％改善 ②2020年以降の総排出量を増加させない）を定めて、新技術の導入、運航方式の改善、代替燃料の活用などの対策を示しています。

こうした対策で補えない部分を、市場メカニズム（排出権取引）による排出削減制度「Carbon Offsetting and International Aviation」（CORSIA）でカバーすることにしています。日本は国際航空分野で責任ある役割を担っていること、かつ地球温暖化対策に積極的に取り組む必要があるという認識を持っていることを背景に、CORSIAへの参加を決めました。

CORSIAは、2021年～2026年は国ごとの自発的参加、2027年～2035年は義務的参加（小規模排出国、後発開発途上国などを除く）という形をとっています。2027年

ます。従来のジェット燃料に替わる代替燃料として、いわゆる合成燃料／バイオ燃料の開発と実用化に向けた取り組みも精力的に進められています。環境対応が不可欠となる中で、航空業界も技術革新が求められています。

以降の義務的参加は、世界の国際航空輸送量の9割の枠内に該当する国が対象となります。日本は自発的参加国になっていると同時に、2027年以降の義務的参加の対象になることが確実です。ICAOによると、9割に該当するのは2014年時点で37カ国、2017年時点で36カ国となっています。日本は10位前後です。

各航空会社の排出権購入に関しては「国際航空において2020年より増加した排出量について、各運航者の排出量に応じて割り当てる」こととされています。ただし2030年以降は「各社の個別の削減努力を段階的に反映する」となっています。

国土交通省は、日本の航空会社負担見込みは合計で制度開始当初の年間数十億円程度から、2035年には年間数百億円程度に段階的に増加するとの試算を示しています。各種国際機関が2050年あるいは今世紀中など長期的な削減目標を定めているため、ICAOもこれまでに示した対策に加えて、より長期的な削減目標やそれを実現するための施策を検討することとしています。

国際航空からのCO_2排出量予測と排出削減目標のイメージ

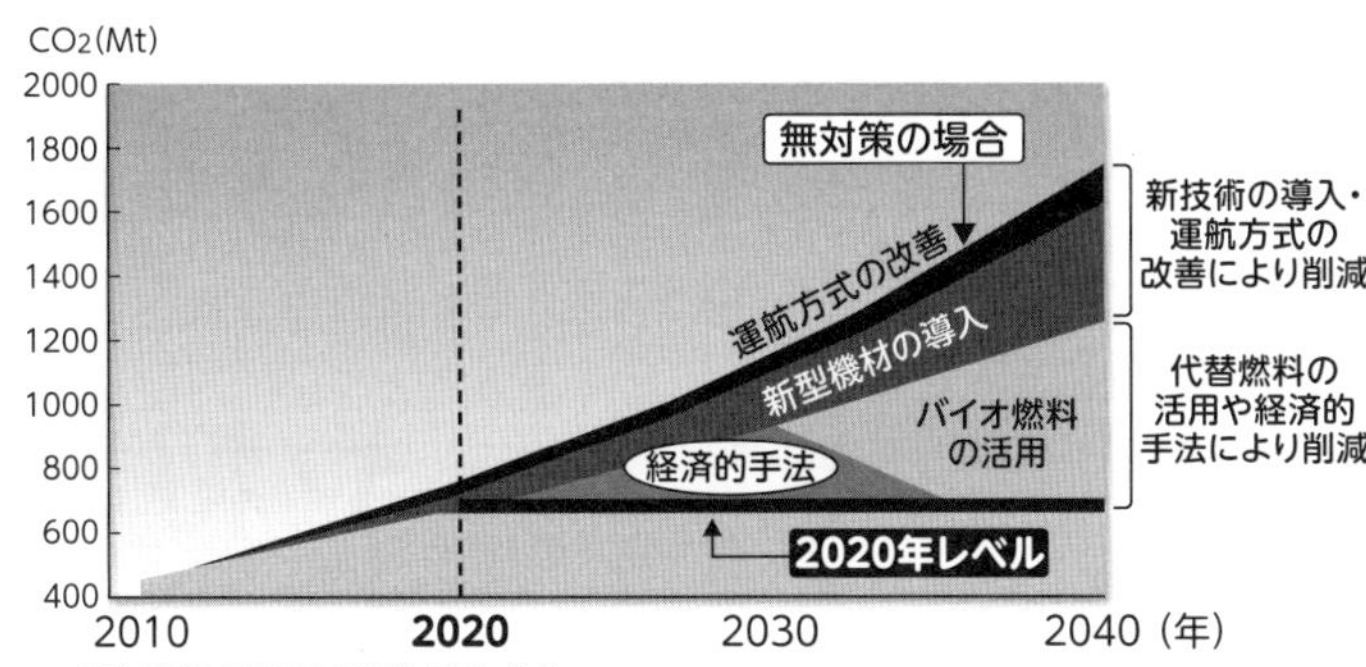

※2016年時点の国交省資料を基に作成

Memo 世界の航空機数は年々増加することが見込まれます。CO_2排出量の削減目標を達成するには、燃費効率の良い新型機材の導入とともに、現状のジェット燃料よりもCO_2排出量の少ない新しい燃料の開発と利用を進めていくことが重要な要素になり

Question 99

ワンレコード

将来、書類でのやり取りはなくなりますか？

航空貨物業界全体の動きとしては、航空貨物プロセスの電子化に向かっています。世界の航空会社が参加する国際航空運送協会（IATA）は「eフレート（航空貨物書類のペーパーフリー＝完全電子化）」の実現を目指し、eAWB（電子航空貨物運送状）をはじめとするさまざまなデジタル化の取り組みを推進しています。

現在のeフレートは、ネットワーク・システムを利用した定型フォームでデータをやり取りするEDI（電子データ交換）技術をベースとしています。例えばフォワーダーは、航空会社に委託する貨物の情報を貨物搬入と同時にIATA電文（メッセージフォーマット）を利用して電子的に提出します。近年ではこの方法が浸透しつつあり、電子化は徐々に進んできました。ただし、この方法では送り手と受け手が同一のバージョンを使用する必要があり、情報受信者が誤入力を修正することなどが課題となっています。

そこでIATAは二社間のやり取りを電子化する従来のやり方から、一斉の電子化に移行できないかと考えました。ウェブベースの単一プラットフォーム（PF）を構築することで、荷主、

のは②に分類されるeAWB（マスター AWBの電子化）でした。③は、貨物に貼付する「パウチ」内の書類を電子化するイメージです。近年では危険物申告書（DGD）の電子化に向けた取り組みも進んでいます。

応用編

フォワーダー、航空会社、税関、運送会社、グランドハンドリング業者と、航空物流のステークホルダーが誰でも必要なタイミングで必要な貨物情報へのアクセスを可能にする。これが「ワンレコード」構想です。通関書類やAWB、原産地証明書、インボイスなど商用書類——といったあらゆる航空貨物関連書類・情報共有から貨物追跡までのあらゆる機能を、関係者全てが共有するウェブPFに集約します。

ワンレコードでは二社間の双方型なメッセージングを、サードパーティによるAPI（アプリケーション・プログラミング・インターフェース）のウェブPF上でのやり取りに切り替えます。APIはソフトウェアの機能を共有する仕組みです。企業ごとに異なるソフトを採用していても、使用感を変えずに複数者でデータをシェアすることができます。

また、全体データの差し替えではなく、部分的に都度修正をかけることができるようになることも、APIのウェブPF採用で見込まれるメリットの一つです。航空貨物情報は実に多くの関係者が提出する情報により構成されており、かつ変動しやすいものです。仮予約段階の個数や重量が、本予約段階では変更されることもあります。ビジネスの実態に合うPFを採用することで、ユーザーストレスも減少します。

IATAは2017年秋に業界内外からの協力を得て、ワンレコード検証に着手しました。**ただしIATAとしては、ワンレコードは「次世代の技術」という位置付け。現時点ではEDIによる電子化をしっかり実施していく必要があると指摘しています。**

Memo

IATAが主導するeフレートでは ①通関書類 ②運送書類 ③商業書類および特殊貨物関連書類——の三つの電子化を目指しています。ここでいう電子化は、従来の書類に含まれる貨物情報をIATA電文による通信に置き換えることです。まず着手された

Question 100

エアカーゴのイノベーション

空港や航空分野はどう変わっていくのでしょう？

航空貨物では「人手不足解消」、「モノのインターネット（ＩｏＴ）」、「自動化」がイノベーションのキーワードとなります。特に、空港のグランドハンドリングや上屋内貨物荷役現場では、世界各地で担い手不足の状況です。航空貨物の受託、搬入から搭載までのプロセスを、データ面でも物理的な作業面でもＩｏＴ技術などを活用して自動化していこうという取り組みが世界各地で進められています。

世界を見ると、シンガポール・チャンギ空港では、世界初の人工知能（ＡＩ）を搭載する航空貨物自動荷役システムの商用化が目指されています。受託貨物の計量・計測など情報取得からユニット・ロード・ディバイス（ＵＬＤ）への積み付け、解体作業と、航空会社上屋における受託、引き渡し荷役業務を完全自動化するシステムです。上屋内の貨物搬送では、無人フォークリフトや無人搬送装置・マシンなども併せて活用することで、究極まで上屋内における手作業を排除するビジョンが示されています。

日本国内でも荷役自動化への投資が続いています。２０１７年４月に日本航空が成田空港の

送協会（IATA）が2017年に発表した地上支援訓練向けシステムは、VR搭載ゴーグルとコントローラーを使用し、仮想のランプで業務を学ぶものです。自分の体の動きに連動するバーチャル世界で、リアリティーのある訓練を受けることができます。

応用編

輸入上屋に自動倉庫を導入しました。2019年8月には、鈴与スカイホールディングスが中部国際空港に輸入貨物向け自動倉庫を導入しました。

鈴与スカイホールディングスが中部空港に導入した輸入貨物自動倉庫「スカイラック」。日本航空が利用している

航空貨物輸送が1910年に始まってから、この100年で航空機の性能は格段に進歩しました。**貨物機では、「無人機の商用化」が次の大きな変化となるでしょう。技術的には既に可能とされ、ボーイングなど大手メーカーからスタートアップまで多くの企業が研究開発に着手しており、世界中で商用化に向けた議論が進められています。数百グラム、数キロの貨物を無人輸送するドローンから、数トンを輸送可能な大型機種まで、さまざまな機体開発が進められています。**国際民間航空機関（ICAO）も、無人貨物機のためのルール策定に向け取り組んでいます。

Memo 2010年代半ばごろから、ウエアラブルデバイス導入によるAR（拡張現実）、VR（仮想現実）技術活用が世界各地で検討され始めました。いち早く着手した日本航空は2014年に「グーグルグラス」での機体整備を実証実験しました。また、国際航空運

資料① 日本発着の国際航空貨物取扱量の推移

（出典：財務省貿易統計）

（万トン）

（年）	2006	07	08	09	10	11	12	13	14	15	16	17	18
積み込み量	166	165	150	118	151	139	138	137	159	167	173	196	201
取り降ろし量	170	164	155	138	171	166	171	171	185	184	192	213	203
総取扱量	336	329	305	256	322	305	309	308	344	350	365	409	404

資料② 日本発着の航空貨物貿易額の推移

（出典：財務省貿易統計）

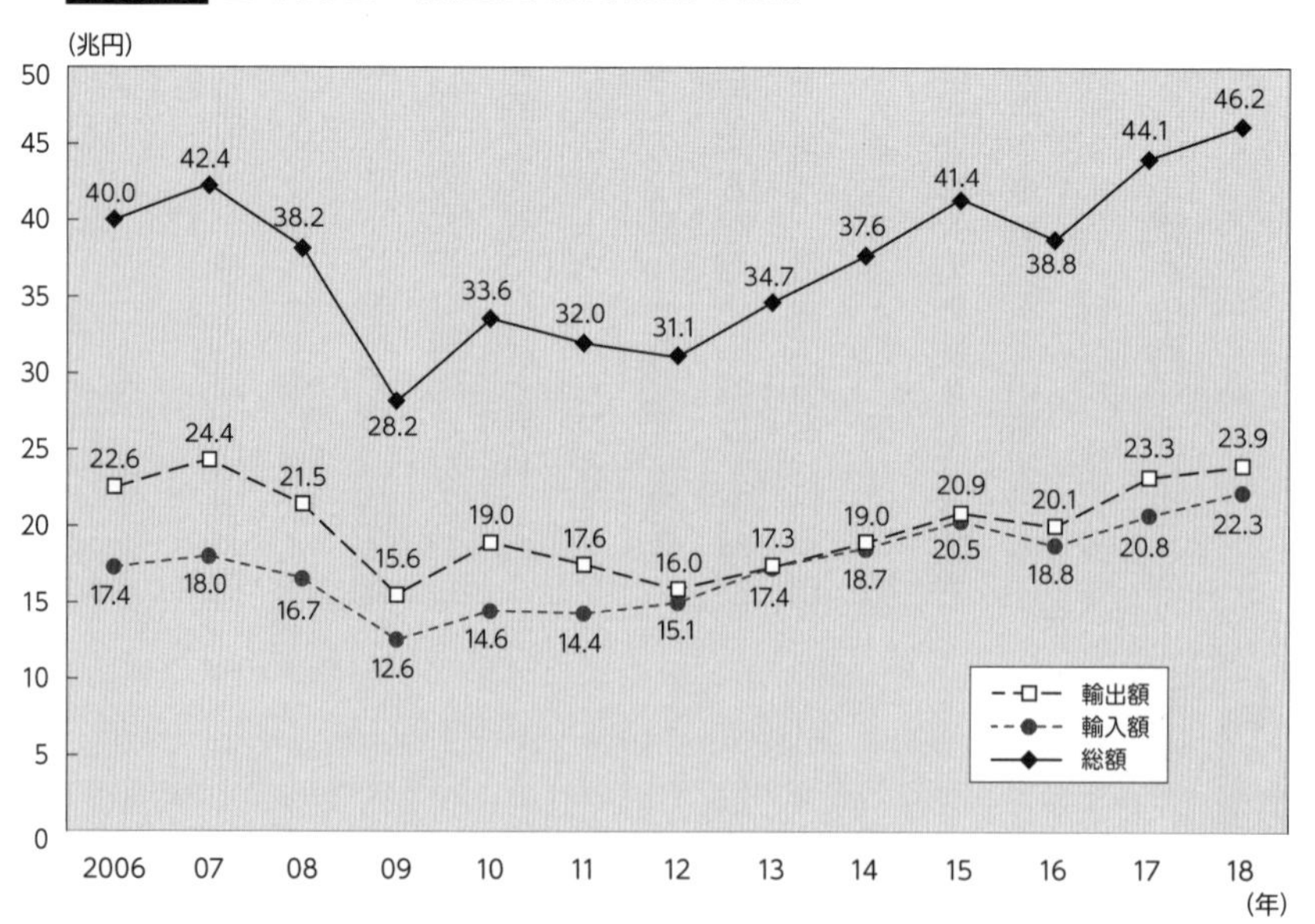

資料編

資料③ 2018年の航空貨物貿易額の地域別内訳

（出典：財務省資料、%はシェア）

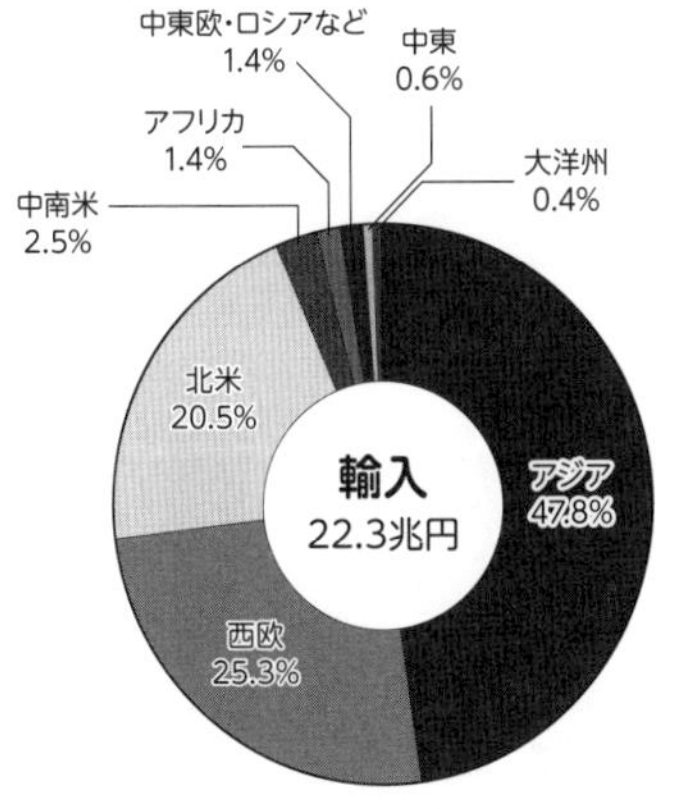

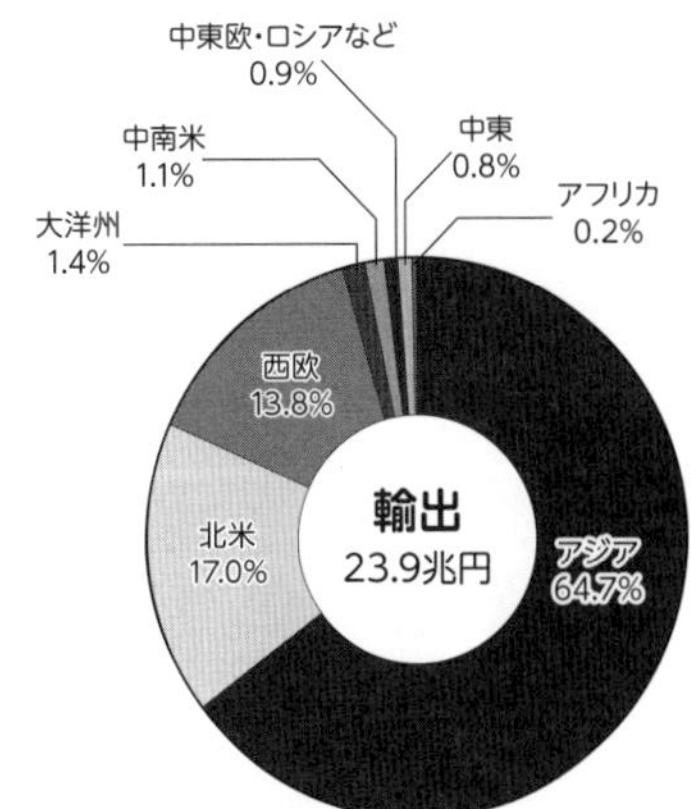

資料④ 2018年の航空貨物貿易額の主要品別内訳

（出典：財務省資料、%はシェア）

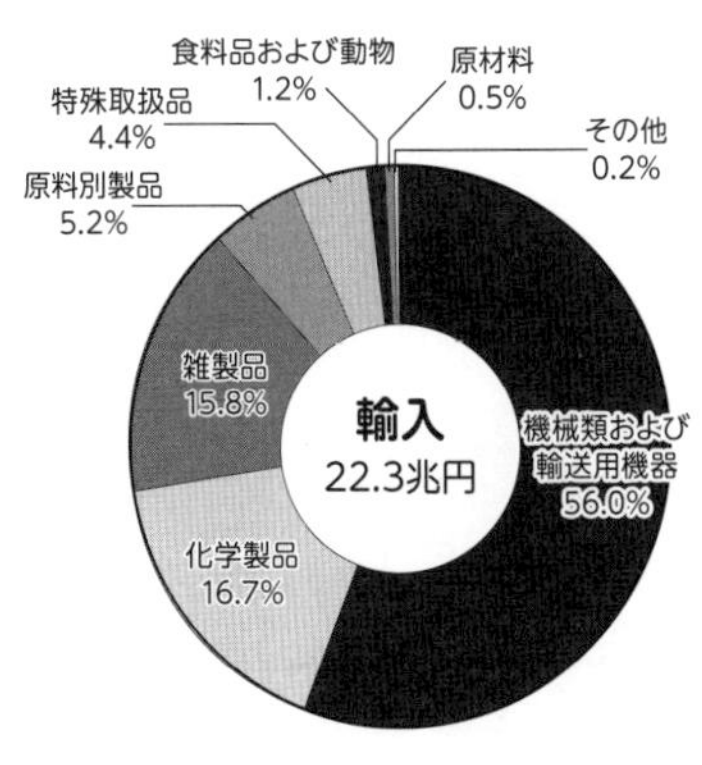

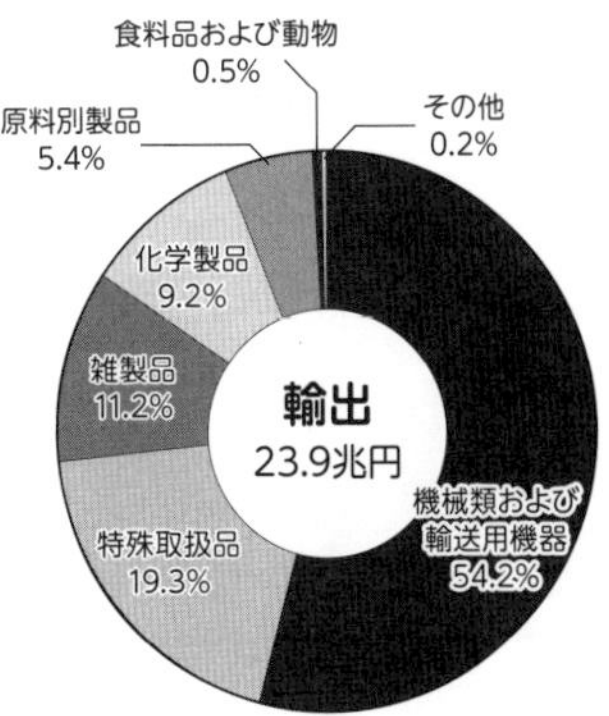

資料⑤ 輸出航空混載(利用運送)貨物実績の推移 (出典：航空貨物運送協会資料)

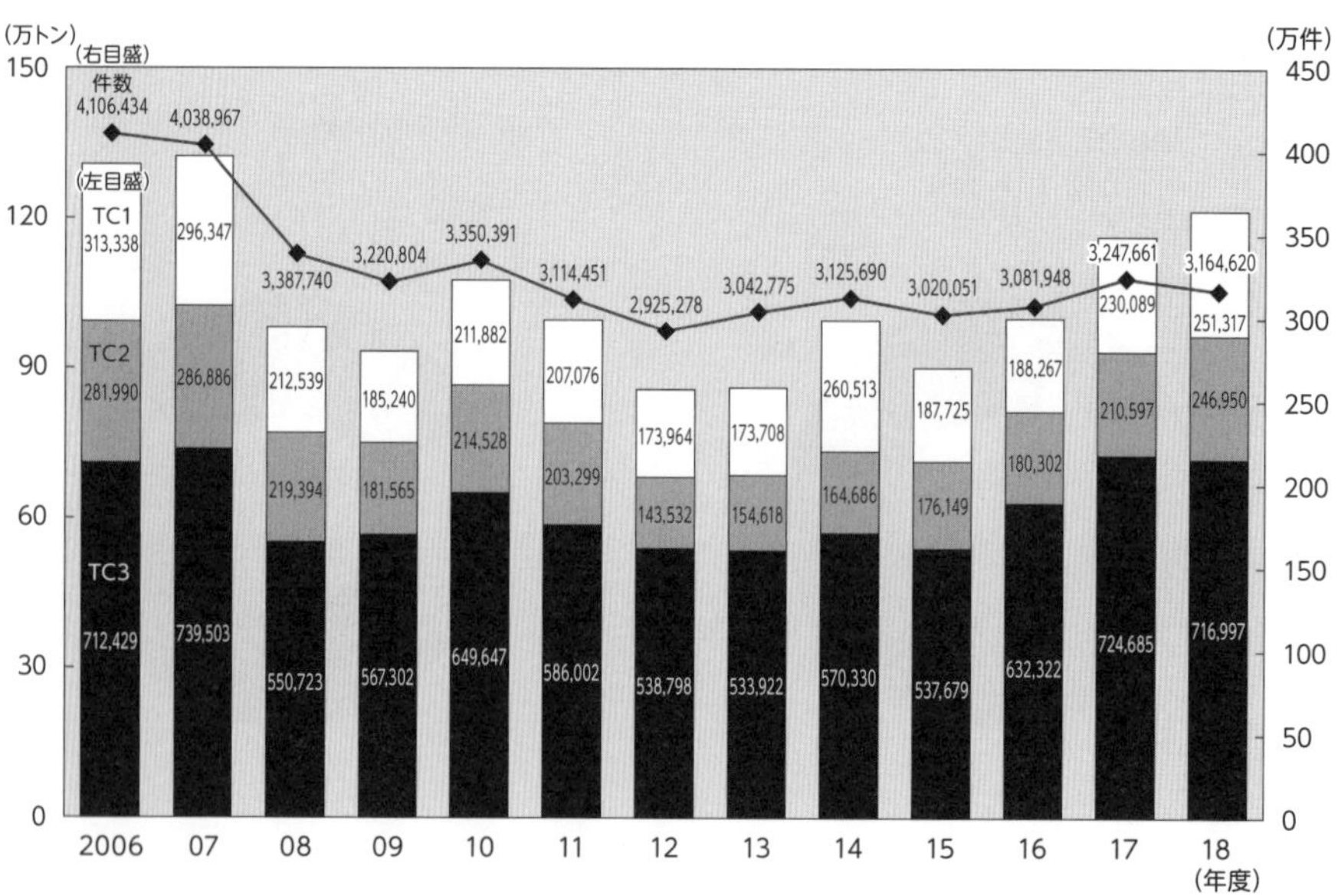

資料⑥ 輸入航空貨物実績の推移 (出典：航空貨物運送協会資料)

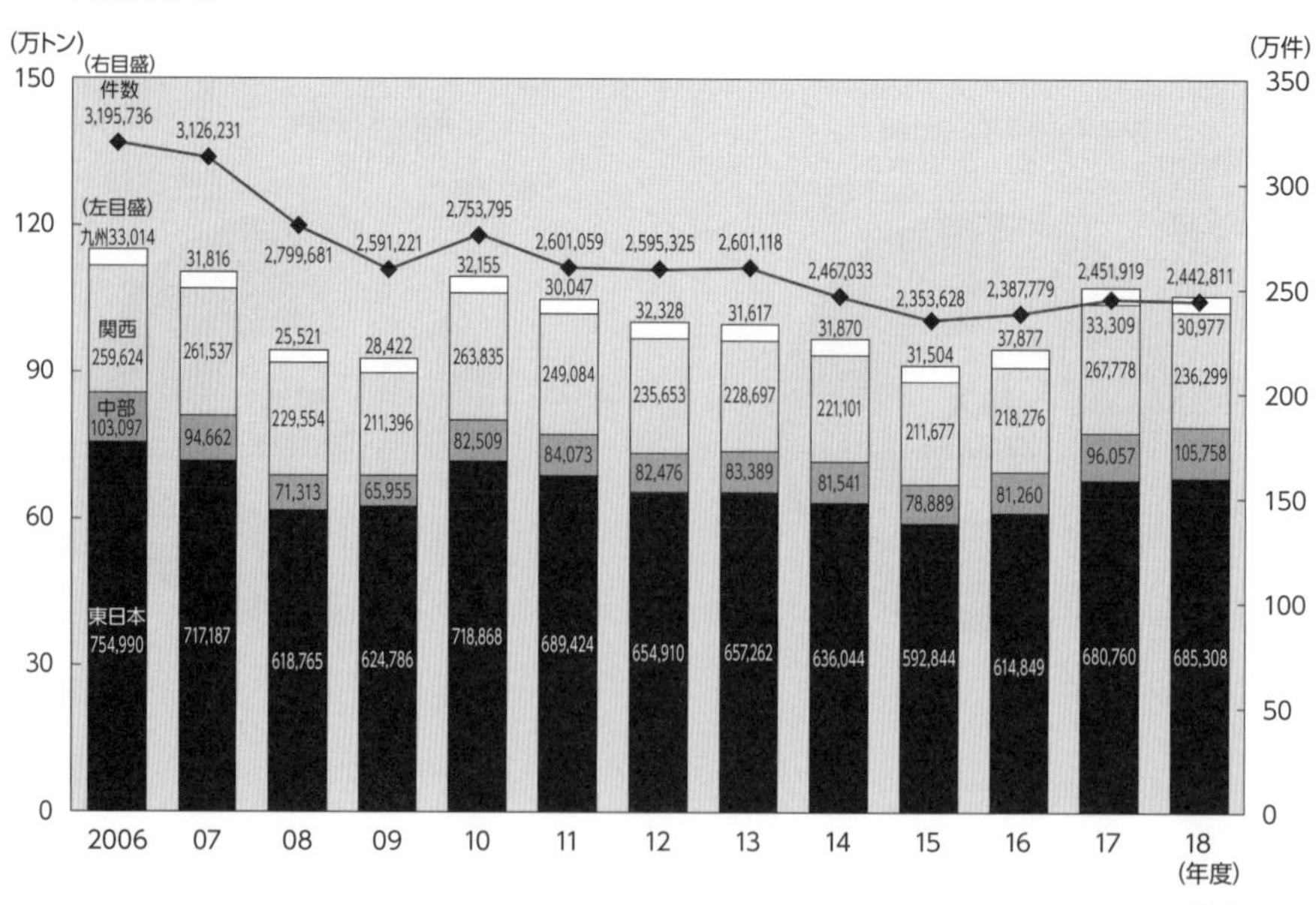

資料編

資料⑦ 2018年の輸出航空混載（利用運送）貨物実績の仕向地別内訳

（出典：航空貨物運送協会資料）

仕向地	件数	対前年比(%)	重量(kg)	対前年比(%)
アメリカ北東部	50,982	102.81	21,587,036	106.81
アメリカ中西部	149,271	105.72	88,646,654	123.55
アメリカ南部	91,349	107.37	52,115,490	122.91
アメリカ西部	145,521	102.15	52,831,475	104.92
カナダ	21,305	105.27	6,881,491	111.54
メキシコ	30,580	112.56	15,251,388	102.44
その他南米地区	43,758	101.23	15,953,575	122.83
TC1 TOTAL:	532,766	104.68	253,267,109	115.77
フランス	35,348	107.54	17,106,573	127.55
ドイツ	154,652	99.75	71,395,826	105.96
イギリス	48,749	102.32	24,338,682	141.86
イタリア	23,919	104.67	12,253,091	119.83
ベルギー、オランダ、ルクセンブルク	86,923	111.59	74,788,353	178.25
北欧４カ国	12,944	97.20	6,311,739	116.43
その他のヨーロッパ地区	69,950	103.78	34,697,200	144.39
中近東	21,283	101.29	9,407,931	107.55
アフリカ	10,808	92.61	4,251,167	99.33
TC2 TOTAL:	464,576	103.31	254,550,562	132.16
オーストラリア	30,710	98.61	10,391,688	102.89
ニュージーランド	7,258	96.03	1,740,097	92.18
香港	216,733	89.29	69,872,720	96.36
フィリピン	80,159	98.29	28,103,089	105.91
シンガポール	116,608	91.19	37,998,923	94.83
マレーシア	77,103	98.63	23,814,819	106.92
タイ	249,079	101.10	83,750,254	129.65
大韓民国	247,590	97.60	65,448,827	94.09
台湾	233,678	100.03	87,303,481	101.83
インド	101,671	112.10	31,709,132	132.83
インドネシア	86,541	110.33	30,988,051	133.59
中華人民共和国	673,659	100.99	248,249,717	108.02
その他アジア	129,345	107.07	33,944,522	101.57
TC3 TOTAL:	2,250,134	99.58	753,315,320	107.07
合　計	3,247,476	100.91	1,261,132,991	113.11

イースター航空 (ESR、ZE)
エアプサン (ABL、BX)
済州航空 (JJA、7C)
ティーウェイ航空 (TWB、TW)
ジンエアー (JNA、LJ)
エアソウル (ASV、RS)
コリアエクスプレス (KEA、KW)
中国国際航空 (CCA、CA)
中国国際貨運航空 (CAO、CA) ＊
中国東方航空 (CES、MU)
中国貨運航空 (CKK、CK) ＊
中国南方航空 (CSN、CZ)
上海航空 (CSH、FM)
海南航空 (CHH、HU)
中国郵政航空 (CYZ、CF) ＊
深圳航空 (CSZ、ZH)
山東航空 (CDG、SC)
厦門航空 (CXA、MF)
金鵬航空 (YZR、Y8)
奥凱航空 (OKA、BK)
上海吉祥航空 (DKH、HO)
春秋航空 (CQH、9C)
北京首都航空 (CBJ、JD)
天津航空 (GCR、GS)
四川航空 (CSC、3U)
中国聯合航空 (CUA、KN)
キャセイパシフィック航空 (CPA、CX) ＊
香港ドラゴン航空 (HDA、KA)
エアホンコン (AHK、LD) ＊
香港エクスプレス (HKE、UO)
香港航空 (CRK、HX)
マカオ航空 (AMU、NX)
チャイナ エアライン (CAL、CI) ＊★
エバー航空 (EVA、BR) ＊★
マンダリン航空 (MDA、AE)
タイガーエア台湾 (TTW、IT)
MIATモンゴル航空 (MGL、OM)
遠東航空 (FEA、FE)
ウズベキスタン航空 (UZB、HY)
ベトナム航空 (HVN、VN)
ベトジェット (VJC、VJ)
フィリピン航空 (PAL、PR)
フィリピンエアアジア (EZG、Z2)
セブパシフィック航空 (CEB、5J)
タイ国際航空 (THA、TG)
バンコク航空 (BKP、PG)
タイエアアジアX (TAX、XJ)
タイ・ライオンエアー (TLM、SL)
ガルーダ・インドネシア航空 (GIA、GA)
マレーシア航空 (MAS、MH) ＊
マリンドエア (MXD、OD)
シンガポール航空 (SIA、SQ)
シルクエアー (SLK、MI)
スクート・タイガーエア (TGW、TR)
ノックスクート (NCT、XW)
エア・インディア (AIC、AI)
ジェットエアウェイズ (JAI、9W)
スリランカ航空 (ALK、UL)
カンタス航空 (QFA、QF)
ジェットスター航空 (JST、JQ)
ジェットスター・アジア (JSA、3K)
ジェットスター・パシフィック (PIC、BL)
エアアジアX (XAX、D7)
ロイヤルブルネイ航空 (RBA、BI)
ニュージーランド航空 (ANZ、NZ)
フィジー航空 (FJI、FJ)
エア・パシフィック (FJI、FJ)
エア タヒチ ヌイ (THT、TN)
エアカレドニア (ACI、SB)
ニューギニア航空 (ANG、PX)

(注：カッコ内は3文字がICAOコード、2文字がIATAコード。一部コードシェアによる乗り入れを含む)

資料⑧ 主な邦人定期航空会社と日本乗り入れ外国定期航空会社一覧

（2019年9月時点）

〈＊は日本線貨物便就航会社、★は二国間航空協定以外の方式に基づき日本に乗り入れている外国航空会社〉

邦人航空会社

日本航空（JAL，JL）
全日本空輸（ANA、NH）＊
日本トランスオーシャン航空（JTA、NU）
エアージャパン（AJX、NQ）＊
日本貨物航空（NCA，KZ）＊
日本エアコミューター（JAC、3X）
スカイマーク（SKY、BC）
AIRDO（ADO、HD）
ソラシドエア（SNJ、LQ）
スターフライヤー（SFJ、7G）
ANAウイングス（AKX、EH）
新中央航空（THK）
東邦航空（TAL）
オリエンタルエアブリッジ（ORC、OC）
ジェイエア（XM）
琉球エアーコミューター（RAC）
北海道エアシステム（HAC）
天草エアライン（AHX、MZ）
アイベックスエアラインズ（IBX、FW）
春秋航空日本（SJO、IJ）
ピーチアビエーション（APJ、MM）
ジェットスター・ジャパン（JJP、GK）
エアアジア・ジャパン（WAJ、DJ）
フジドリームエアラインズ（FDA、JH）

日本乗り入れ外国航空会社

〈米州系〉

フェデックスエクスプレス（FDX、FX）＊
ユナイテッド航空（UAL、UA）
アメリカン航空（AAL、AA）
デルタ航空（DAL、DL）
ポーラーエアカーゴ（PAC、PO）＊
UPS（UPS、5X）＊
ハワイアン航空（HAL、HA）
エア・カナダ（ACA、AC）
アトラスエア（GTI、5Y）＊
カリッタ航空（CKS、K4）＊
アエロメヒコ（AMX、AM）

〈欧州・中東・アフリカ系〉

ブリティッシュエアウェイズ（BAW、BA）
エールフランス航空（AFR、AF）
ルフトハンザ・ドイツ航空（DLH、LH）
ルフトハンザカーゴ（GEC、LH）＊
アエロロジック（BOX、3S）＊
オーストリア航空（AUA、OS）
KLMオランダ航空（KLM、KL）
スカンジナビア航空（SAS、SK）
アリタリア・イタリア航空（AZA、AZ）
スイスインターナショナルエアラインズ（SWR、LX）
アエロフロート・ロシア航空（AFL、SU）＊
シベリア航空（SBL、S7）
オーロラ航空（SHU、HZ）
エアブリッジカーゴ（ABW、RU）＊
カーゴルックス航空（CLX、CV）＊★
カーゴルックスイタリア（ICV、C8）
フィンエアー（FIN、AY）
ウラル航空（SVR、U6）
LOTポーランド航空（LOT、LO）
イベリア航空（IBE、IB）
シルクウェイ・ウエスト航空（AZG、7L）＊★
ターキッシュエアラインズ（THY、TK）
エミレーツ航空（UAE、EK）
カタール航空（QTR、QR）
エティハド航空（ETD、EY）
エチオピア航空（ETH、ET）
エジプト航空（MSR、MS）

〈アジア・オセアニア系〉

大韓航空（KAL、KE）＊
アシアナ航空（AAR、OZ）＊

西鉄運輸
西日本鉄道
日陸
日新
日通NECロジスティクス
日通・パナソニック ロジスティクス
日本クーリエサービス
日本空輸
日本梱包運輸倉庫
日本通運
日本トランスシティ
ネットインターナショナル
濃飛倉庫運輸
初村第一倉庫
阪急阪神エクスプレス
パナルピナ・ワールド・トランスポート・ジャパン
日立物流バンテックフォワーディング
福山通運
フジトランスコーポレーション
富士フィルムロジスティックス
芙蓉エアカーゴ
プラスカーゴサービス
ベストシッピング
ペガサスグローバルエクスプレス
ホンダロジスティクス
ボロレ・ロジスティクス・ジャパン
マツダロジスティクス
丸運
丸全昭和運輸
丸紅ロジスティクス
三井倉庫エクスプレス
三井倉庫サプライチェーンソリューション
三菱倉庫
三菱電機ロジスティクス
三ツ輪運輸
名港海運
名鉄観光サービス
名鉄ゴールデン航空
ヤマタネ
ヤマト運輸
ヤマトグローバルエキスプレス
ヤマトグローバルロジスティクスジャパン
郵船ロジスティクス
ユーシーアイエアフレイトジャパン
ユーピーエスサプライチェーンソリューションジャパン
ユーフレイトジャパン
琉球通運航空
YDH・ジャパン
ワールドクウリアー

【準会員】

愛知陸運
朝日森運輸
エキスプレスネットワーク
エムオーエアロジスティックス
葛生運送
桑折商事倉庫
島鉄観光
高松商運
タンデム・ジャパン
トランスクローバー
西日本航空貨物
日新エアカーゴ
日本カーゴエキスプレス
平野ロジスティクス
プロフィットエアーシステムズ
ホライゾン・インターナショナル・カーゴ・ジャパン
マーケン・リミテッド
山田海陸航空
レシャコ ジャパン

(JAFAホームページより、2019年10月現在)

資料⑨ 航空貨物運送協会（JAFA）会員企業一覧（正会員、準会員）

【正会員】

アイシーエクスプレス
旭川通運
アジリティ
アリスペッド ジャパン
アルファ グローバル ロジスティクス
アルプス物流
伊勢湾海運
伊藤忠ロジスティクス
インターナショナルエクスプレス
エアモーダルサービス
エアロ航空
ANA CARGO
エイチアンドフレンズGTLジャパン
エイペックスインターナショナル
エクスペダイターズ ジャパン
SGHグローバル ジャパン
SBSグローバルネットワーク
エフ アンド エイチ エア エクスプレス
エフシースタンダードロジックス
岡山県貨物運送
岡山通運
沖縄空輸
沖縄日通エアカーゴサービス
沖縄ヤマト運輸
OCS
兼松ロジスティクス アンド インシュアランス
上組航空サービス
九州航空
九州西濃運輸
キューネアンドナーゲル
近鉄エクスプレス
近鉄ロジスティクス・システムズ
KSAインターナショナル
ケイヒン航空
ケイラインロジスティックス
鴻池運輸
コクサイエアロマリン
国際エキスプレス
国際空輸
コナポン コーポレーション
コールチャイナロジスティクスジャパン
佐川急便
札幌通運
サヴィーノ・デルベーネ・ジャパン
山九
サンキュウエアロジスティクス
サンリツ
澁澤倉庫
商船三井ロジスティクス
CJ Logistics Japan
シーバ ロジスティクス ジャパン
JPトールロジスティクス
GEODIS JAPAN
ジャスフォワーディングジャパン
ジャパン バン ラインズ
スコア・ジャパン
住友倉庫
西濃運輸
西濃シェンカー
セイノースーパーエクスプレス
泰運商会
辰巳商會
第一貨物
大栄空輸
ダムコジャパン
中越運送
DSVエアーシー
DHLグローバルフォワーディング・ジャパン
東京航空貨物
東芝ロジスティクス
東陽倉庫
東洋トランス
トナミ運輸
内外日東
NAX JAPAN
南海エクスプレス
新潟運輸

資料⑩ 国際航空貨物航空会社委員会（BIAC）会員企業一覧

【会員航空会社】 ※は部会参加

アメリカン航空
エールフランスカーゴ・KLMカーゴ
アリタリア-イタリア航空
チャイナ エアライン
カーゴルックス航空
デルタ航空
ガルーダ・インドネシア航空
ハワイアン航空
日本航空
大韓航空
ルフトハンザカーゴ
スイスインターナショナルエアラインズ
マレーシア航空
中国東方航空／中国貨運航空
全日本空輸
アシアナ航空
フィリピン航空
エアブリッジカーゴ航空
スカンジナビア航空
シンガポール航空
タイ国際航空
ユナイテッド航空
ベトナム航空
四川航空
UPSエアラインズ
シルクウェイウエスト航空
日本貨物航空　※東京部会
エアインディア　※大阪部会
中国貨運郵政航空　※大阪部会
中国南方航空　※大阪部会
香港貨運航空／香港航空　※大阪部会
ユナイテッド・パーセル・サービス　※大阪部会

（BIACホームページより、2019年11月現在）

資料⑪ 日本の空港一覧（ヘリポート・非公共用飛行場を除く）

【拠点空港（28）】

〈会社管理空港（4）〉

成田国際空港、中部国際空港、関西国際空港、大阪国際空港

〈国管理空港（19）〉

東京国際空港、新千歳空港、稚内空港、釧路空港、函館空港、仙台空港、新潟空港、広島空港、高松空港、松山空港、高知空港、福岡空港、北九州空港、長崎空港、熊本空港、大分空港、宮崎空港、鹿児島空港、那覇空港

〈特定地方管理空港（5）〉※国が設置し地方公共団体が管理する空港

旭川空港、帯広空港、秋田空港、山形空港、山口宇部空港

【地方管理空港（54）】

利尻空港、礼文空港、奥尻空港、中標津空港、紋別空港、女満別空港、青森空港、花巻空港、大館能代空港、庄内空港、福島空港、大島空港、新島空港、神津島空港、三宅島空港、八丈島空港、佐渡空港、松本空港、静岡空港、富山空港、能登空港、福井空港、神戸空港、南紀白浜空港、鳥取空港、隠岐空港、出雲空港、石見空港、岡山空港、佐賀空港、対馬空港、小値賀空港、福江空港、上五島空港、壱岐空港、種子島空港、屋久島空港、奄美空港、喜界空港、徳之島空港、沖永良部空港、与論空港、粟国空港、久米島空港、慶良間空港、南大東空港、北大東空港、伊江島空港、宮古空港、下地島空港、多良間空港、新石垣空港、波照間空港、与那国空港

【その他空港（7）】

調布飛行場、名古屋飛行場、但馬飛行場、岡南飛行場、天草飛行場、大分県央飛行場、八尾空港

【共用空港（8）】

札幌飛行場、千歳飛行場、三沢飛行場、百里飛行場、小松飛行場、美保飛行場、岩国飛行場、徳島飛行場

（国土交通省ホームページより、2019年11月現在）

資料⑫ 主要貨物機の搭載レイアウト例

※各メーカー公表資料から作成
※実際のレイアウトは各社機材、ローディングプランなどにより異なる

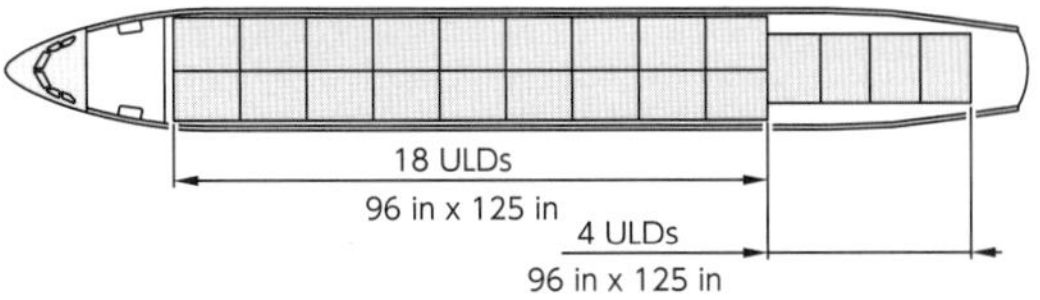

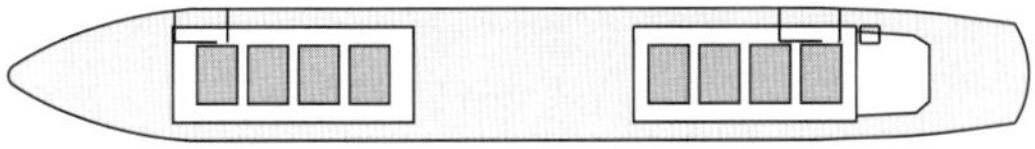

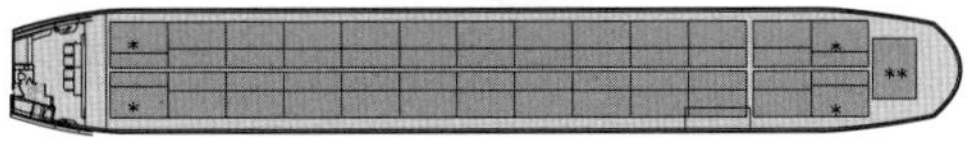

エアバス
A330-200F 型機
最大貨物搭載容量：65(70)トン

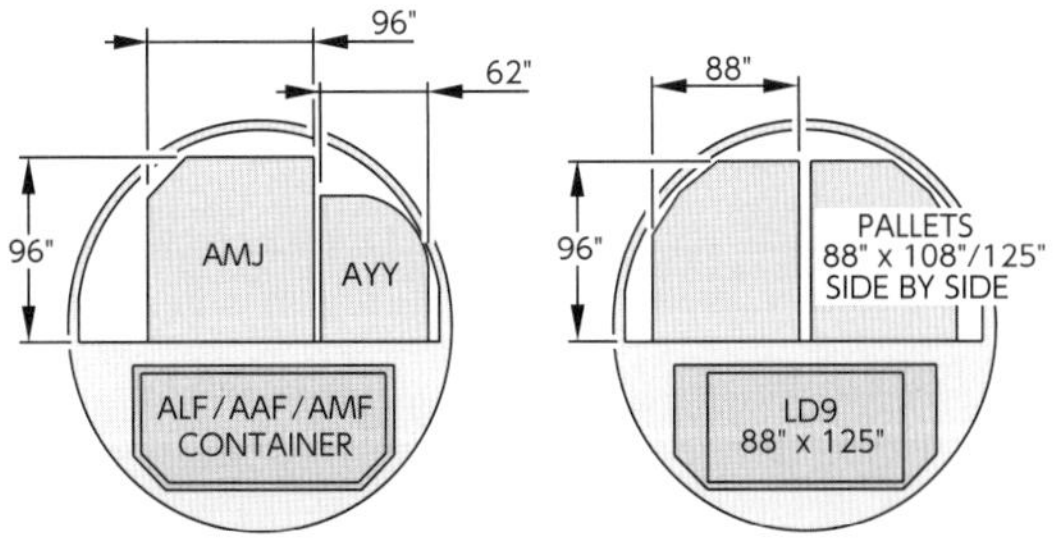

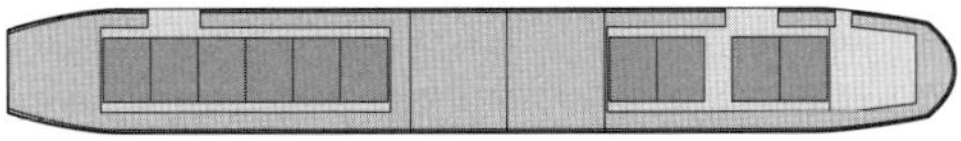

ボーイング
B777F 型機
(有償)貨物最大搭載量：102トン

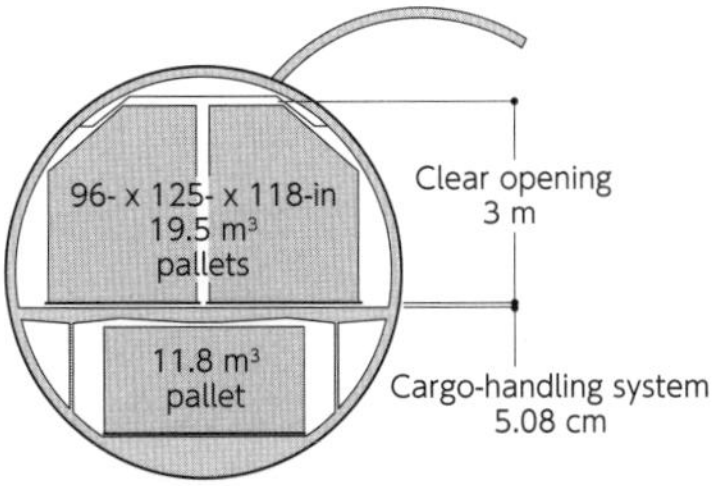

ボーイング
B747-8F 型機
（有償）貨物最大搭載量：137.75トン（最大）
133.2トン（基本）

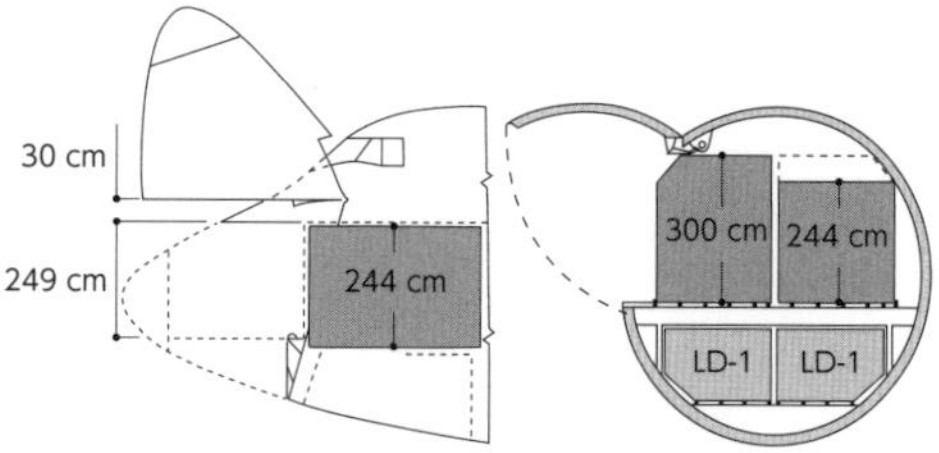

30 cm
249 cm
244 cm
300 cm 244 cm
LD-1 LD-1

アッパーデッキ

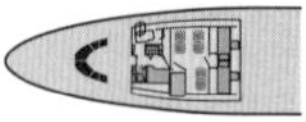

メインデッキ
Total volume, 692.7 m^3

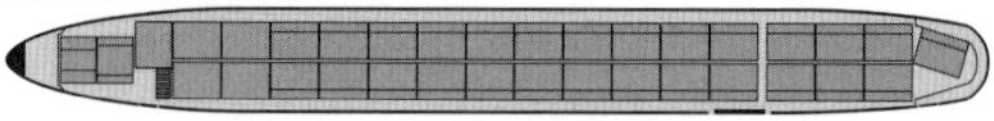

34 96- x 125-in pallets, including 27 10-ft-high units

ロアーホールド
Total volume, 165.0 m^3＊

Volume	Forward	Aft
	82.3 m^3	68.7 m^3
	7 96- x 125-in pallets	5 96- x 125-in pallets
		2 LD-1s

- The 747-8F has 14.0 m^3 of bulk cargo

＊Includes bulk cargo

ボーイング
B767-300F 型機
（有償）貨物最大搭載量：52.4トン

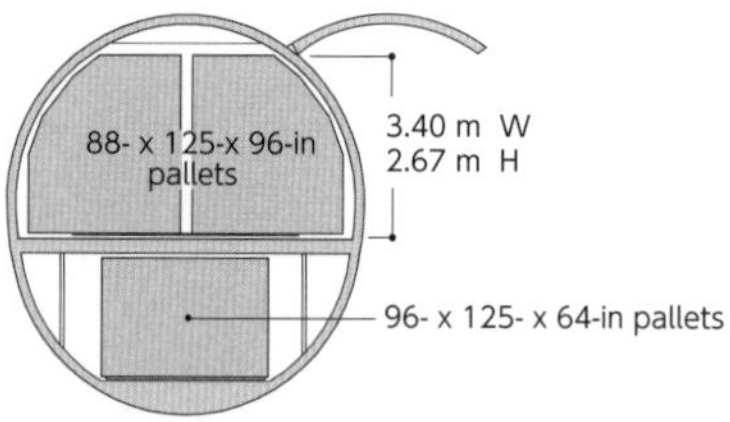

88- x 125-x 96-in pallets
3.40 m W
2.67 m H
96- x 125- x 64-in pallets

メインデッキ
Total volume, 336.5 m^3

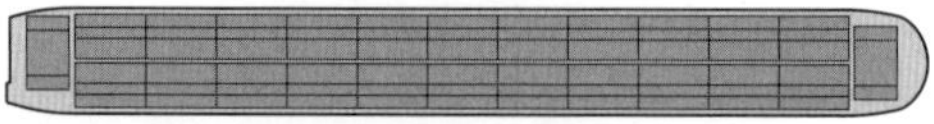

24 88- x 125-in contoured pallets

ロアーホールド
Total volume, 101.6 m^3＊

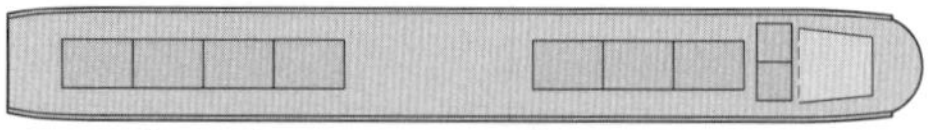

Volume	Forward	Aft
	47.0 m^3	42.4 m^3
	4 96- x 125-in pallets	3 96- x 125-in pallets
		2 LD-2s

- The 767-300F has 12.2 m^3 of bulk cargo

＊Includes bulk cargo

ボーイング
B767-300BCF 型機
Boeing Converted Freighter
（有償）貨物最大搭載量：52.9トン

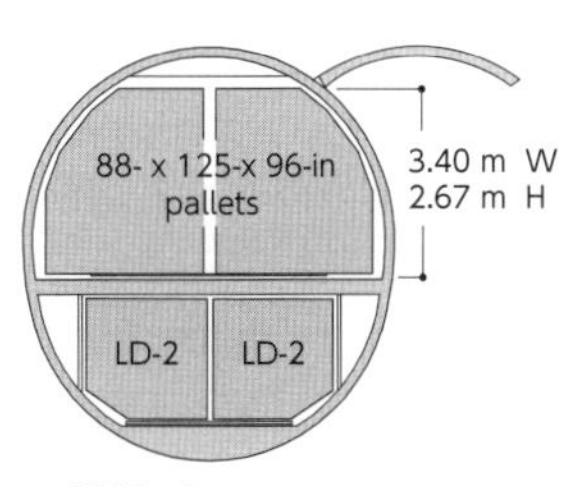

total volume, 336.5 m³

メインデッキ

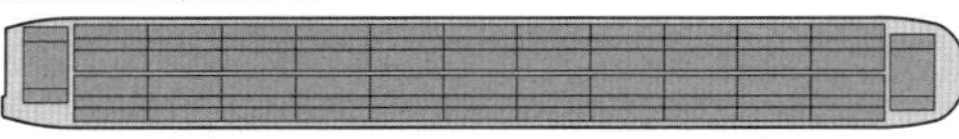

24 88- x 125-in contoured pallets

Total volume, 108.7 m³＊

ロアーホールド

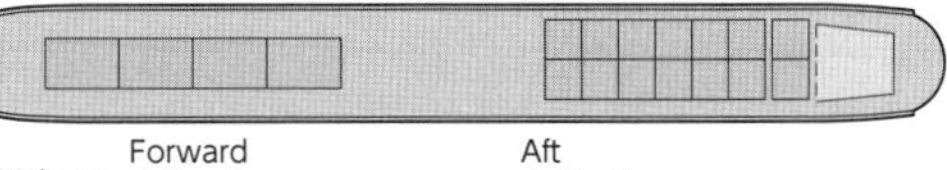

	Forward	Aft
Volume	47.0 m³	49.6 m³
	4 96- x 125-in pallets	14 LD-2s

- The 767-300BCF has 12.2 m³ of bulk cargo

＊Includes bulk cargo

ボーイング
B737-800BCF 型機
Boeing Converted Freighter
（有償）貨物最大搭載量：22.7トン

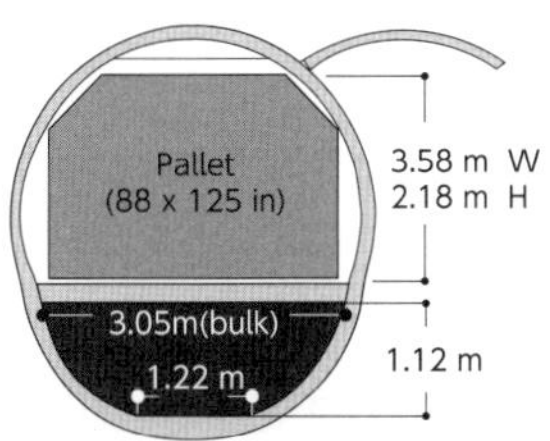

Total volume, 141.4 m³

メインデッキ

11 88- x 125-in pallets
1 60.4- x 61.5-in pallet

Total volume, 44.0 m³ bulk cargo

ロアーホールド

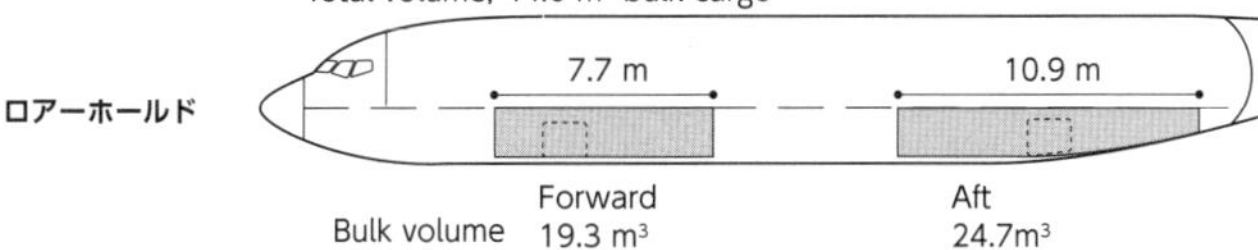

	Forward	Aft
Bulk volume	19.3 m³	24.7m³

ビギナーのための新・航空貨物100問100答

2020年　3月 1日　初 版 発 行

編著者　海　事　プ　レ　ス　社
Daily Cargo編集部
発行人　植　　村　　史　　久

発行所　株式会社 海事プレス社
〒101-0032　東京都千代田区岩本町2－1－15　吉安神田ビル3階
電話：編集03-5835-4167　販売03-5835-4162
e-mail：cargo@kaiji-press.co.jp　ホームページ：http://www.daily-cargo.com/

落丁・乱丁本はお取り替えいたします。　印刷　国府印刷社
※定価はカバーに表示してあります。　Printed in Japan
ISBN978-4-905781-59-2